Wren Bond

Diskriminierung abbauen – Unautorisiert

Keiko Al-Mansour

ISBN: 9781998610822
Imprint: Telephasischewerkstatt
Copyright © 2024 Keiko Al-Mansour.
All Rights Reserved.

Contents

Einleitung: Der Aufstieg eines Aktivisten   1
   Wren Bonds frühe Jahre   1

Der Weg zum Aktivismus   23
   Wichtige Einflüsse und Inspirationen   23

Der Durchbruch als Aktivist   45
   Wren im Rampenlicht   45

Herausforderungen und persönliche Kämpfe   67
   Wren im Angesicht der Diskriminierung   67

Erfolge und Errungenschaften   91
   Wren als Pionier des Wandels   91

Ein Blick in die Zukunft   113
   Wren und die Vision für die Zukunft   113

Schlussfolgerung: Das Vermächtnis von Wren Bond   135
   Wren's Einfluss auf die Gesellschaft   135

Index   157

Einleitung: Der Aufstieg eines Aktivisten

Wren Bonds frühe Jahre

Geburtsort und Familie

Wren Bond wurde am 15. April 1990 in der pulsierenden Stadt San Francisco, Kalifornien, geboren. Diese Stadt, bekannt für ihre kulturelle Vielfalt und als Wiege der LGBTQ-Bewegung, war der perfekte Ort für Wren, um seine Identität zu entdecken und zu formen. San Francisco hat eine lange Geschichte als Zufluchtsort für Menschen, die anders sind, und spielte eine entscheidende Rolle in der Entwicklung der LGBTQ-Rechte in den Vereinigten Staaten.

Wren wuchs in einer liebevollen Familie auf, die aus seiner Mutter, einem Künstler und Aktivisten, und seinem Vater, einem Lehrer, bestand. Beide Elternteile waren stark in der Gemeinschaft engagiert und haben Wren von klein auf gelehrt, dass jeder Mensch das Recht hat, sich selbst zu sein und geliebt zu werden. Diese Werte prägten Wren und gaben ihm den Mut, seine eigene Identität zu erforschen.

Die Familie Bond war nicht nur ein sicherer Hafen für Wren, sondern auch ein Ort, an dem Kreativität und Ausdruck gefördert wurden. Wren erinnert sich an die vielen Abende, die er mit seinen Eltern verbrachte, während sie gemeinsam Kunstwerke schufen oder über soziale Gerechtigkeit diskutierten. Diese frühen Erfahrungen legten den Grundstein für Wren's späteren Aktivismus und seine Leidenschaft für Kunst und Kultur.

Ein prägendes Erlebnis in Wren's Kindheit war die Teilnahme an einem Pride-Parade-Event, das von seinen Eltern organisiert wurde. Wren war fasziniert von den Farben, der Musik und der Energie der Veranstaltung. Es war der erste Moment, in dem er das Gefühl hatte, Teil von etwas Größerem zu sein. Diese

Erfahrung half ihm, die Bedeutung von Gemeinschaft und Solidarität zu verstehen, und inspirierte ihn, sich aktiv für die Rechte der LGBTQ-Community einzusetzen.

Die Familie Bond war ein Mikrokosmos der Vielfalt, in dem unterschiedliche sexuelle Orientierungen und Geschlechtsidentitäten offen diskutiert wurden. Wren hatte Geschwister, die ebenfalls Teil der LGBTQ-Community waren, was zu einem offenen und unterstützenden Umfeld führte. Diese familiäre Unterstützung war entscheidend, als Wren in seiner Jugend mit Fragen der Identität und Diskriminierung konfrontiert wurde.

Ein weiteres wichtiges Element in Wren's Kindheit war die Rolle der Kunst in seiner Familie. Wren's Mutter, die als Malerin arbeitete, ermutigte ihn, seine Gefühle durch kreative Ausdrucksformen auszudrücken. Dies führte dazu, dass Wren schon früh ein Interesse an Theater und Performance entwickelte. Die Kunst wurde für ihn nicht nur ein Ventil, sondern auch ein Werkzeug, um soziale Themen anzugehen und Bewusstsein zu schaffen.

Zusammenfassend lässt sich sagen, dass Wren Bonds Geburtsort und familiäre Hintergründe eine entscheidende Rolle in seiner Entwicklung als Aktivist spielten. Die Unterstützung seiner Familie und die inspirierende Umgebung von San Francisco halfen ihm, seine Identität zu formen und die Werte zu entwickeln, die ihn später zu einem führenden Aktivisten für LGBTQ-Rechte machen sollten. Diese frühen Erfahrungen schufen nicht nur die Grundlage für Wren's zukünftige Arbeit, sondern auch für die Botschaft der Hoffnung und des Wandels, die er in die Welt tragen würde.

Kindheitserinnerungen

Wren Bonds Kindheit war geprägt von einer Vielzahl an Erfahrungen, die sowohl prägend als auch herausfordernd waren. Aufgewachsen in einer kleinen Stadt, umgeben von einer liebevollen, jedoch traditionell denkenden Familie, erlebte Wren schon früh die Komplexität von Identität und Akzeptanz. Die Erinnerungen an diese Zeit sind ein Kaleidoskop aus Freude, Verwirrung und den ersten schmerzlichen Begegnungen mit Diskriminierung.

Die unbeschwerte Zeit

In den frühen Jahren war Wren ein fröhliches Kind, das in den Wäldern hinter dem Haus seiner Eltern spielte. Diese unbeschwerte Zeit war geprägt von Abenteuern mit Freunden, die im gleichen Viertel lebten. Die Nachmittage verbrachten sie oft mit Verstecken spielen oder dem Bau von Baumhäusern, während die Sonne langsam hinter den Bäumen verschwand. Diese Erinnerungen sind für Wren wie ein warmer Lichtstrahl in einem manchmal düsteren Erinnerungsfeld.

Die ersten Anzeichen von Andersartigkeit

Mit der Zeit begannen sich jedoch die ersten Anzeichen von Andersartigkeit zu zeigen. Wren fühlte sich oft anders als die anderen Kinder. Während die meisten Jungen sich für Sport und Actionfiguren interessierten, zog es Wren eher zu Kunst und Musik. Diese Vorliebe führte dazu, dass Wren oft als „anders" wahrgenommen wurde. In der Grundschule, wo die sozialen Hierarchien bereits begannen, sich zu bilden, wurde Wren zum Ziel von Hänseleien.

Ein einschneidendes Erlebnis war ein Vorfall in der dritten Klasse, als Wren ein Bild von einem berühmten Sänger malte, den er bewunderte. Ein Klassenkamerad entblößte Wren vor der ganzen Klasse und rief: „Das ist doch kein Bild für einen Jungen!" Diese Worte brannten sich in Wren ein und führten zu den ersten Gedanken über die eigene Identität und die Frage, ob es in Ordnung war, anders zu sein.

Familienunterstützung und -konflikte

Die Unterstützung der Familie war in dieser Zeit von entscheidender Bedeutung. Wren hatte das Glück, Eltern zu haben, die, obwohl sie nicht immer die Komplexität der LGBTQ-Identität verstanden, stets versuchten, ein offenes Ohr zu haben. Wren erinnert sich an unzählige Gespräche mit seiner Mutter, die ihm versicherte, dass es in Ordnung sei, anders zu sein. Diese Gespräche waren oft von Tränen und Lachen geprägt, eine Mischung aus Verwirrung und bedingungsloser Liebe.

Allerdings gab es auch Konflikte. Wren erlebte, wie die Ansichten der Eltern über Geschlechterrollen und Identität manchmal im Widerspruch zu seinen eigenen Erfahrungen standen. Diese Spannungen führten zu einem inneren Konflikt, der Wren oft das Gefühl gab, zwischen zwei Welten zu leben.

Freundschaften und die Entdeckung der Diversität

In der Schule fand Wren schließlich Freundschaften mit Gleichgesinnten, die ähnliche Erfahrungen machten. Diese Freunde wurden zu einem wichtigen Rückhalt, und gemeinsam entdeckten sie die Vielfalt der Identitäten, die es gab. Wren erinnert sich an die ersten „Geheimtreffen" im Hinterhof, wo sie über ihre Träume und Ängste sprachen und sich gegenseitig Mut machten, sie selbst zu sein.

Diese Freundschaften waren nicht nur eine Quelle der Unterstützung, sondern auch ein Raum, in dem Wren die Kraft der Gemeinschaft erleben konnte. In diesen Momenten erkannte Wren, dass es viele andere gab, die die gleichen Kämpfe durchlebten, was ihm half, sich weniger isoliert zu fühlen.

Einfluss von Kunst und Kultur

Ein weiterer wichtiger Aspekt von Wrens Kindheit war der Einfluss von Kunst und Kultur. Schon früh begann Wren, sich für Theater und Musik zu begeistern. Die ersten Besuche im örtlichen Theater waren für ihn wie ein Fenster zu einer anderen Welt. Wren fand Trost und Inspiration in den Geschichten von Charakteren, die gegen Widerstände ankämpften und ihre Identität feierten. Diese Erlebnisse prägten nicht nur seine Kindheit, sondern legten auch den Grundstein für seinen späteren Aktivismus.

Die Kunst wurde für Wren zu einem Ausdrucksmittel, das ihm half, seine Gefühle zu verarbeiten und seine Identität zu erkunden. Er begann, Gedichte zu schreiben und kleine Theaterstücke zu inszenieren, die oft von seinen eigenen Erfahrungen inspiriert waren. Diese kreative Ader wurde zu einem wichtigen Bestandteil seiner Persönlichkeit und half ihm, mit den Herausforderungen seiner Kindheit umzugehen.

Fazit

Zusammenfassend lässt sich sagen, dass Wren Bonds Kindheit eine Mischung aus unbeschwerten Momenten, ersten Erfahrungen mit Diskriminierung und der Entdeckung seiner eigenen Identität war. Diese Erinnerungen bildeten die Grundlage für den Aktivisten, der er später werden sollte. Sie lehrten ihn, dass es in Ordnung ist, anders zu sein, und dass die Kraft der Gemeinschaft und der Kunst eine transformative Rolle im Leben eines jeden spielen kann. Diese frühen Erfahrungen waren nicht nur prägend, sondern auch der Anstoß für Wren, sich für die Rechte anderer einzusetzen und gegen Diskriminierung zu kämpfen.

Erste Erfahrungen mit Diskriminierung

Wren Bond wuchs in einer Welt auf, die oft von Vorurteilen und Intoleranz geprägt war. Schon in jungen Jahren machte er erste Erfahrungen mit Diskriminierung, die seine Identität und seinen Aktivismus maßgeblich beeinflussen sollten. Diese frühen Erlebnisse sind nicht nur persönlich, sondern spiegeln auch tiefere gesellschaftliche Probleme wider, die viele LGBTQ+-Individuen betreffen.

Ein prägendes Erlebnis war Wren's erster Schultag. Er kam mit einem bunten Rucksack zur Schule, der seine Liebe zur Kunst und Kreativität ausdrückte. Doch an diesem Tag wurde er von seinen Klassenkameraden verspottet. Ein Mitschüler rief: „Bist du ein Mädchen oder ein Junge?" Diese Frage, die aus Unwissenheit und Vorurteilen resultierte, war für Wren nicht nur verletzend, sondern ließ ihn auch an seiner eigenen Identität zweifeln. Hier zeigt sich ein klassisches Beispiel für Diskriminierung, das oft als *Mobbing* bezeichnet wird. Mobbing ist definiert als wiederholtes, aggressives Verhalten, das von einer oder mehreren Personen gegen eine andere Person gerichtet ist, wobei ein Machtungleichgewicht besteht.

Ein weiteres Beispiel für Wren's Erfahrungen mit Diskriminierung ereignete sich in seiner Jugend, als er begann, seine sexuelle Orientierung zu erkunden. Bei einem Besuch in einem örtlichen Café, das als LGBTQ+-freundlich galt, wurde er von einem älteren Mann angesprochen, der ihm sagte, dass er in diesem Teil der Stadt nichts verloren habe. Diese direkte Ablehnung war nicht nur schmerzhaft, sondern auch ein Zeichen für die tief verwurzelten Vorurteile, die in der Gesellschaft existierten. Laut der Theorie des *Social Identity Theory* von Henri Tajfel und John Turner, neigen Menschen dazu, ihre Identität durch Gruppenzugehörigkeit zu definieren, was zu Diskriminierung gegenüber „Außenseitern" führt.

Die Erfahrungen von Wren sind nicht einzigartig; sie sind Teil eines größeren Musters, das viele LGBTQ+-Jugendliche durchleben. Eine Studie des *Trevor Project* zeigt, dass 40% der LGBTQ+-Jugendlichen in den USA ernsthafte Diskriminierung erfahren haben, sei es in der Schule, im Familienkreis oder in der Gesellschaft im Allgemeinen. Diese Statistiken verdeutlichen die Dringlichkeit, Diskriminierung abzubauen und eine inklusive Gesellschaft zu fördern.

Wren's Reaktion auf diese Diskriminierung war jedoch nicht Resignation, sondern der Antrieb, sich für Veränderungen einzusetzen. Er begann, sich in der Schule für die Gründung einer LGBTQ+-Gruppe einzusetzen, um einen sicheren Raum für andere zu schaffen, die ähnliche Erfahrungen gemacht hatten. Diese Initiative war ein erster Schritt in Wren's Weg zum Aktivismus und zeigte, dass Diskriminierung nicht nur ein individuelles Problem, sondern auch ein gesellschaftliches ist, das kollektive Lösungen erfordert.

Zusammenfassend lässt sich sagen, dass Wren Bonds erste Erfahrungen mit Diskriminierung ihn nicht nur geprägt haben, sondern auch den Grundstein für seinen späteren Aktivismus legten. Diese Erlebnisse führten zu einem tiefen Verständnis für die Herausforderungen, mit denen viele LGBTQ+-Individuen konfrontiert sind, und motivierten ihn, sich für eine gerechtere und inklusivere Gesellschaft einzusetzen. Die Auseinandersetzung mit Diskriminierung ist ein zentraler Bestandteil seines Lebens, der ihn auf seinem Weg zum Aktivisten begleitet hat.

Einfluss der Eltern auf Wren

Wren Bonds frühe Jahre waren stark von den Überzeugungen und dem Verhalten seiner Eltern geprägt. Diese Einflüsse sind entscheidend für das Verständnis seiner späteren Entwicklung als Aktivist und Persönlichkeit. In diesem Abschnitt werden wir die verschiedenen Aspekte beleuchten, durch die Wren von seinen Eltern geprägt wurde, und die Herausforderungen, die sich aus diesen Einflüssen ergaben.

Werte und Überzeugungen

Wren wuchs in einem Haushalt auf, in dem Toleranz und Akzeptanz zentrale Werte waren. Seine Eltern, beide engagierte Sozialarbeiter, vermittelten ihm von klein auf die Bedeutung von Empathie und Verständnis gegenüber anderen. Diese Werte wurden nicht nur durch Worte, sondern auch durch Taten vermittelt. So erinnerten sich Wren und seine Geschwister oft daran, wie ihre Eltern regelmäßig in der Gemeinde halfen und sich für benachteiligte Gruppen einsetzten.

Ein Beispiel für diesen Einfluss war die jährliche Teilnahme der Familie an einem lokalen Wohltätigkeitslauf, dessen Erlöse an LGBTQ+-Organisationen gespendet wurden. Wren sah, wie wichtig es war, aktiv zu werden und sich für andere einzusetzen, was ihn nachhaltig prägte.

Emotionale Unterstützung

Neben den Werten boten Wren's Eltern ihm auch eine solide emotionale Unterstützung. Sie schufen ein Umfeld, in dem Wren sich sicher fühlte, seine Identität zu erkunden und seine Gefühle auszudrücken. Diese Unterstützung war besonders wichtig, als Wren in der Schule mit Diskriminierung konfrontiert wurde. Seine Eltern ermutigten ihn, über seine Erfahrungen zu sprechen, und halfen ihm, Strategien zu entwickeln, um mit Mobbing und Vorurteilen umzugehen.

Ein prägendes Erlebnis war, als Wren in der dritten Klasse von einem Mitschüler gehänselt wurde, weil er sich für Theater interessierte. Anstatt ihm zu sagen, dass er sich ändern sollte, ermutigten seine Eltern ihn, stolz auf seine Interessen zu sein und sich nicht von den Meinungen anderer beeinflussen zu lassen. Sie halfen ihm, Selbstvertrauen zu entwickeln, was für seinen späteren Aktivismus von entscheidender Bedeutung war.

Einfluss auf die Identitätsfindung

Die Erziehung durch seine Eltern hatte auch tiefgreifende Auswirkungen auf Wren's Identitätsfindung. Während viele Jugendliche Schwierigkeiten haben, ihre sexuelle Orientierung zu akzeptieren, fühlte sich Wren durch das offene und unterstützende Umfeld seiner Familie ermutigt, seine Identität zu erkunden. Dies ist besonders relevant in der Forschung über die Entwicklung von LGBTQ+-Jugendlichen, die zeigt, dass unterstützende familiäre Strukturen einen positiven Einfluss auf das Selbstwertgefühl und die psychische Gesundheit haben können.

Laut einer Studie von Ryan et al. (2010) haben Jugendliche, die von ihren Eltern akzeptiert werden, eine höhere Wahrscheinlichkeit, ein gesundes Selbstbild zu entwickeln und weniger anfällig für psychische Probleme zu sein. Wren's Erfahrungen stimmen mit diesen Erkenntnissen überein, da er in der Lage war, seine Identität zu akzeptieren und sich aktiv in der LGBTQ+-Community zu engagieren.

Herausforderungen und Konflikte

Trotz der positiven Einflüsse gab es auch Herausforderungen. Wren's Eltern hatten zwar eine progressive Haltung, aber sie lebten in einer konservativen Gemeinschaft, in der nicht alle Nachbarn ihre Ansichten teilten. Dies führte manchmal zu Spannungen, insbesondere wenn es um öffentliche Diskussionen über LGBTQ+-Rechte ging. Wren erlebte, wie seine Eltern in sozialen Situationen mit Vorurteilen konfrontiert wurden, was ihn sowohl frustrierte als auch motivierte, sich für Veränderungen einzusetzen.

Ein Beispiel für einen solchen Konflikt war ein Nachbarschaftstreffen, bei dem Wren's Eltern für die Unterstützung einer lokalen LGBTQ+-Initiative plädierten. Sie wurden von einigen Nachbarn scharf kritisiert, was Wren das Gefühl gab, dass die Akzeptanz, die er in seinem Zuhause erlebte, in der Außenwelt nicht immer gegeben war. Diese Erfahrungen verstärkten seinen Wunsch, für Gleichheit und Akzeptanz zu kämpfen.

Zusammenfassung

Zusammenfassend lässt sich sagen, dass der Einfluss von Wren Bonds Eltern auf seine Entwicklung als Aktivist und Mensch von entscheidender Bedeutung war. Ihre Werte der Toleranz, die emotionale Unterstützung und die Herausforderungen, denen sie gegenüberstanden, prägten Wren und halfen ihm, ein starkes Fundament für seinen späteren Aktivismus zu schaffen. Die positiven und negativen Erfahrungen, die er in seiner Kindheit machte, führten zu einer tiefen Überzeugung, dass der Kampf gegen Diskriminierung und für die Rechte der LGBTQ+-Community nicht nur notwendig, sondern auch persönlich bedeutend ist. Wren's Eltern waren somit nicht nur seine ersten Lehrer, sondern auch seine größten Unterstützer auf dem Weg zu einem einflussreichen Aktivisten.

Schulzeit und Identitätsfindung

Die Schulzeit ist eine entscheidende Phase im Leben eines jeden Jugendlichen, und für Wren Bond war dies keine Ausnahme. In dieser Zeit begann Wren, seine Identität zu hinterfragen und zu formen, was sowohl eine Quelle der Freude als auch des Kampfes war. Die Schulzeit ist oft der Ort, an dem sich soziale Normen manifestieren und wo der Druck, sich anzupassen, besonders stark ist.

Soziale Dynamiken und Identitätskrisen

In der Schule erlebte Wren, wie die sozialen Dynamiken der Peer-Gruppen sowohl unterstützend als auch ausgrenzend wirken konnten. Die Schwierigkeiten, die mit dem Heranwachsen und der Selbstfindung verbunden sind, wurden für ihn durch die ständige Auseinandersetzung mit seiner Sexualität verstärkt. Diese Phase wird oft von einer Identitätskrise begleitet, die durch verschiedene Faktoren beeinflusst wird, darunter familiäre Erwartungen, gesellschaftliche Normen und persönliche Erfahrungen.

Ein zentrales Problem, dem Wren begegnete, war das Gefühl der Isolation. Während viele seiner Mitschüler sich in ihren Identitäten sicher fühlten, kämpfte Wren mit dem Gefühl, anders zu sein. Diese innere Zerrissenheit führte zu einem tiefen Bedürfnis nach Akzeptanz und Verständnis. In der Literatur über Identitätsentwicklung, wie sie von Erik Erikson beschrieben wird, wird diese Phase als entscheidend für die Entwicklung eines stabilen Selbstbildes betrachtet. Eriksons Theorie besagt, dass die Identitätsfindung in der Jugend durch die Auseinandersetzung mit sozialen Rollen und Erwartungen geprägt ist.

Freundschaften und Unterstützung

Trotz der Herausforderungen fand Wren auch Freundschaften, die ihm halfen, seine Identität zu erkunden. Diese Freundschaften waren oft geprägt von gemeinsamen Interessen und einem Gefühl der Zugehörigkeit. Ein Beispiel für eine solche Freundschaft war seine Beziehung zu Alex, einem Klassenkameraden, der ebenfalls mit Fragen zur eigenen Sexualität kämpfte. Gemeinsam fanden sie

Trost in der Kunst und im Schreiben, was ihnen half, ihre Gefühle auszudrücken und ihre Identität zu erforschen.

Die Rolle von unterstützenden Freunden und Verbündeten kann nicht genug betont werden. Laut einer Studie von Russell et al. (2011) ist die Unterstützung durch Gleichaltrige ein entscheidender Faktor für das psychische Wohlbefinden von LGBTQ-Jugendlichen. Wren erlebte dies firsthand, als er und Alex beschlossen, eine Schülergruppe zu gründen, die sich für die Rechte von LGBTQ-Schülern einsetzte. Diese Initiative bot nicht nur eine Plattform für ihre Stimmen, sondern half auch, ein Gefühl von Gemeinschaft und Solidarität zu schaffen.

Herausforderungen in der Schule

Trotz dieser positiven Erfahrungen war die Schulzeit für Wren nicht ohne Herausforderungen. Mobbing und Diskriminierung waren ständige Begleiter. Wren wurde oft Ziel von beleidigenden Kommentaren und Ausgrenzung, was zu einem tiefen Gefühl von Verletzlichkeit führte. Diese Erfahrungen sind nicht ungewöhnlich für viele LGBTQ-Jugendliche, die in einer oft intoleranten Umgebung aufwachsen. Eine Studie von GLSEN (2019) zeigt, dass LGBTQ-Schüler signifikant höhere Raten von Mobbing und Diskriminierung erfahren als ihre heterosexuellen Mitschüler.

Wren musste lernen, mit diesen Herausforderungen umzugehen. Er entwickelte Strategien, um seine Resilienz zu stärken, einschließlich der Suche nach Unterstützung durch Lehrer und Schulberater. Diese Ressourcen waren entscheidend für seine persönliche Entwicklung und halfen ihm, die schwierigen Zeiten zu überstehen.

Die Entdeckung der LGBTQ-Community

Ein Wendepunkt in Wrens Schulzeit war die Entdeckung der LGBTQ-Community, die ihm ein Gefühl der Zugehörigkeit und Akzeptanz bot. Durch Online-Plattformen und lokale Jugendgruppen fand Wren Gleichgesinnte, die ähnliche Erfahrungen gemacht hatten. Diese neue Gemeinschaft ermöglichte es ihm, seine Identität offen zu erkunden und zu akzeptieren.

Die Bedeutung der LGBTQ-Community in der Identitätsfindung kann nicht unterschätzt werden. Sie bietet einen Raum, in dem Jugendliche nicht nur akzeptiert werden, sondern auch die Möglichkeit haben, sich selbst zu definieren und zu wachsen. Wren fand in dieser Gemeinschaft nicht nur Freunde, sondern auch Mentoren, die ihn inspirierten, aktiv zu werden und für die Rechte von LGBTQ-Personen einzutreten.

Fazit

Zusammenfassend lässt sich sagen, dass die Schulzeit für Wren Bond eine komplexe Phase der Identitätsfindung war, geprägt von Herausforderungen, Freundschaften und der Entdeckung einer unterstützenden Gemeinschaft. Diese Erfahrungen legten den Grundstein für seinen späteren Aktivismus und seine Rolle als Vorbild für andere. Die Schulzeit war nicht nur eine Zeit des Lernens, sondern auch eine Zeit des Wachstums und der Selbstakzeptanz, die Wren auf seinem Weg zu einem prominenten LGBTQ-Aktivisten maßgeblich beeinflusste.

Freundschaften und erste Beziehungen

Wren Bonds Reise in die Welt der Freundschaften und ersten Beziehungen war geprägt von Entdeckungen, Herausforderungen und der Suche nach Identität. In einer Zeit, in der die Gesellschaft oft intolerant gegenüber LGBTQ-Personen war, spielten diese frühen zwischenmenschlichen Verbindungen eine entscheidende Rolle in Wren's Entwicklung als Aktivist.

Die Bedeutung von Freundschaften

Freundschaften in der Jugend sind nicht nur soziale Bindungen, sondern auch essentielle Elemente für die persönliche Entwicklung. Sie bieten Unterstützung, Verständnis und ein Gefühl der Zugehörigkeit. Für Wren waren seine ersten Freunde eine Quelle der Bestärkung. Diese Beziehungen ermöglichten es ihm, seine Identität zu erforschen und zu akzeptieren.

Ein Beispiel für eine prägende Freundschaft war die zu *Lena*, einer Klassenkameradin, die ebenfalls mit ihrer Sexualität kämpfte. Gemeinsam fanden sie Trost in ihrer gemeinsamen Erfahrung und unterstützten sich gegenseitig in schwierigen Zeiten. Diese Art von Unterstützung ist in der Literatur gut dokumentiert, wie in der Theorie von *Erik Erikson*, die die psychosoziale Entwicklung und die Bedeutung von Freundschaften in der Jugend beschreibt.

Erste romantische Beziehungen

Wren's erste romantische Beziehung war sowohl aufregend als auch herausfordernd. Mit *Tom*, einem Jungen aus seiner Schule, entwickelte sich eine zarte, aber intensive Verbindung. Diese Beziehung war nicht nur eine Entdeckung der Liebe, sondern auch ein Experimentieren mit der eigenen Identität. Wren erlebte die Höhen und Tiefen der ersten Liebe, die oft von Unsicherheiten und gesellschaftlichem Druck begleitet waren.

Die Herausforderungen, die sich aus dieser Beziehung ergaben, sind nicht ungewöhnlich für LGBTQ-Jugendliche. In vielen Fällen sind sie mit dem Druck konfrontiert, ihre Sexualität geheim zu halten, aus Angst vor Ablehnung oder Diskriminierung. Wren und Tom standen vor der Entscheidung, ob sie ihre Beziehung öffentlich machen sollten. Diese innere Konfliktsituation ist ein zentrales Thema in der LGBTQ-Literatur, das oft die Spannungen zwischen persönlichem Glück und gesellschaftlichen Erwartungen thematisiert.

Einfluss auf die Identitätsfindung

Die Erfahrungen, die Wren in seinen Freundschaften und ersten Beziehungen sammelte, trugen entscheidend zu seiner Identitätsfindung bei. Diese frühen Bindungen halfen ihm, sich selbst zu akzeptieren und seine Stimme zu finden. In der Psychologie wird oft auf die *Identitätsentwicklung* verwiesen, die beschreibt, wie Individuen ihre Identität durch soziale Interaktionen formen. Wren fand in seinen Freunden und Beziehungen nicht nur Unterstützung, sondern auch Inspiration, um aktiv für die Rechte der LGBTQ-Community einzutreten.

Ein Beispiel für diesen Einfluss war der Moment, als Wren und seine Freunde beschlossen, an einem lokalen Pride-Event teilzunehmen. Diese Entscheidung war nicht nur ein Zeichen ihrer Solidarität, sondern auch ein Ausdruck ihrer neu gefundenen Identität.

Herausforderungen und Rückschläge

Natürlich waren nicht alle Freundschaften und Beziehungen unproblematisch. Wren erlebte auch Enttäuschungen und Konflikte. Einige seiner Freundschaften zerbrachen, als andere in der Schule Schwierigkeiten hatten, seine Identität zu akzeptieren. Diese Erfahrungen führten zu einer tiefen Reflexion über Loyalität und Akzeptanz.

Ein prägendes Ereignis war der Vorfall, als ein Freund von Wren, *Max*, ihn vor anderen verspottete, was Wren in eine Phase der Isolation und Traurigkeit stürzte. Solche Erlebnisse sind nicht nur schmerzhaft, sondern können auch zu einem verstärkten Engagement für den Aktivismus führen, da sie das Bewusstsein für die Notwendigkeit von Akzeptanz und Gleichheit schärfen.

Fazit

Zusammenfassend lässt sich sagen, dass Wren Bonds Freundschaften und ersten Beziehungen eine fundamentale Rolle in seiner Entwicklung spielten. Sie waren nicht nur Quellen der Unterstützung und Inspiration, sondern auch Herausforderungen, die ihn lehrten, für sich selbst und andere einzustehen. Diese frühen Erfahrungen bildeten das Fundament seines späteren Engagements für die LGBTQ-Community und prägten seine Perspektive auf die Welt.

Wren's Geschichte ist ein Beispiel dafür, wie wichtig es ist, in der Jugend starke, unterstützende Beziehungen zu haben, die das Selbstbewusstsein stärken und den Weg für zukünftigen Aktivismus ebnen. Wie Wren selbst oft sagte: „Freundschaft ist der erste Schritt zur Veränderung."

Wren und die Entdeckung der LGBTQ-Community

Wren Bond wuchs in einer Welt auf, die von traditionellen Normen und gesellschaftlichen Erwartungen geprägt war. Doch inmitten dieser Konventionen fand Wren einen Raum, der nicht nur Akzeptanz bot, sondern auch die Möglichkeit, die eigene Identität zu erkunden und zu feiern. Die Entdeckung der LGBTQ-Community war für Wren nicht nur ein persönlicher Prozess, sondern auch ein entscheidender Wendepunkt, der die Weichen für den späteren Aktivismus stellte.

Frühe Begegnungen

Die ersten Berührungspunkte mit der LGBTQ-Community erlebte Wren in der High School. Hier traf Wren auf Gleichgesinnte, die ebenfalls mit Fragen der Identität und Zugehörigkeit kämpften. Diese Begegnungen waren oft von einer Mischung aus Aufregung und Unsicherheit geprägt. Wren erinnerte sich an die ersten Treffen in einem kleinen Café, wo Jugendliche zusammenkamen, um über ihre Erfahrungen zu sprechen. Diese informellen Zusammenkünfte schufen eine Atmosphäre des Vertrauens, in der jeder seine Geschichte erzählen konnte.

Einfluss von Medien und Kunst

Ein entscheidender Faktor für Wren war die Rolle von Medien und Kunst in der LGBTQ-Community. Filme, Bücher und Musik wurden zu wichtigen Werkzeugen, die nicht nur die Sichtbarkeit von LGBTQ-Personen erhöhten, sondern auch als Inspirationsquelle dienten. Wren fand besonders Gefallen an Filmen wie *Moonlight* und *The Adventures of Priscilla, Queen of the Desert*, die nicht nur unterhielten, sondern auch tiefere gesellschaftliche Themen ansprachen. Diese Werke halfen Wren, die Vielfalt und Komplexität der LGBTQ-Erfahrungen zu verstehen und zu schätzen.

Die Bedeutung von Vorbildern

Die Entdeckung der LGBTQ-Community wäre nicht vollständig ohne die Einflüsse von Vorbildern, die Wren auf seinem Weg begegnete. Aktivisten wie Harvey Milk und Marsha P. Johnson wurden zu Symbolfiguren, die Wren zeigten, dass es möglich war, für die eigene Identität und Rechte zu kämpfen. Diese Persönlichkeiten repräsentierten nicht nur den Kampf gegen Diskriminierung, sondern auch die Freude und den Stolz, Teil einer vielfältigen Gemeinschaft zu sein.

Herausforderungen und Widerstände

Trotz der positiven Erfahrungen gab es auch Herausforderungen. Wren erlebte Diskriminierung und Vorurteile, die oft aus Unkenntnis und Angst vor dem Unbekannten resultierten. Diese Widerstände führten zu einer inneren Zerrissenheit, die Wren dazu brachte, sich intensiver mit der eigenen Identität auseinanderzusetzen. Die Frage, wie man authentisch leben kann, ohne die Erwartungen der Gesellschaft zu erfüllen, stellte sich immer drängender.

Ein Beispiel für diese Herausforderung war der Umgang mit der eigenen Sexualität in der Familie. Wren hatte Angst, dass die Eltern nicht akzeptieren würden, wer er wirklich war. Diese Angst führte zu einem langen Prozess des Selbstakzeptanz und der Suche nach einem sicheren Raum, um die eigene Identität auszuleben.

Die Rolle von Gemeinschaft und Solidarität

Die LGBTQ-Community bot Wren nicht nur einen Raum der Identitätsfindung, sondern auch eine Quelle der Unterstützung und Solidarität. In schwierigen Zeiten erlebte Wren, wie wichtig es war, Teil einer Gemeinschaft zu sein, die sich gegenseitig unterstützte. Diese Solidarität war besonders während der ersten Pride-Veranstaltungen spürbar, bei denen Wren das Gefühl hatte, Teil von etwas Größerem zu sein. Es war nicht nur ein Fest der Identität, sondern auch ein Akt des Widerstands gegen Diskriminierung und Ungerechtigkeit.

Schlussfolgerung

Die Entdeckung der LGBTQ-Community war für Wren Bond ein entscheidender Schritt auf dem Weg zum Aktivismus. Sie ermöglichte es ihm, seine eigene Identität zu akzeptieren und zu feiern, während sie gleichzeitig die Grundlage für das Engagement in der Gemeinschaft legte. Wren erkannte, dass der Kampf um Gleichheit und Akzeptanz nicht nur eine persönliche Reise war, sondern auch eine kollektive Anstrengung, die das Potenzial hatte, die Gesellschaft zu verändern. Diese Erkenntnis führte Wren schließlich zu seinem späteren Engagement für die Rechte der LGBTQ-Community und zu seinem unermüdlichen Einsatz, Diskriminierung abzubauen und für eine gerechtere Welt zu kämpfen.

Die Rolle von Kunst und Kultur

Kunst und Kultur spielen eine entscheidende Rolle im Aktivismus, insbesondere innerhalb der LGBTQ-Community. Sie dienen nicht nur als Ausdrucksformen, sondern auch als kraftvolle Werkzeuge zur Sensibilisierung, Mobilisierung und zum Aufbau von Gemeinschaft. In diesem Abschnitt werden wir die verschiedenen Facetten der Rolle von Kunst und Kultur im Leben von Wren Bond und im breiteren Kontext des Aktivismus untersuchen.

Kunst als Ausdrucksform

Kunst ist oft ein Spiegelbild der Gesellschaft und ihrer Herausforderungen. Für Wren Bond war die Kunst ein Mittel, um seine Erfahrungen und die der LGBTQ-Community auszudrücken. Durch Malerei, Musik und Theater konnte Wren die Emotionen und Kämpfe, die mit Diskriminierung und Identitätsfindung verbunden sind, in einer Weise kommunizieren, die oft zugänglicher ist als direkte politische Botschaften.

Ein Beispiel dafür ist Wren's Teilnahme an einer Theatergruppe, die Stücke aufführte, die sich mit LGBTQ-Themen befassten. Diese Aufführungen schufen einen Raum, in dem Menschen ihre Geschichten teilen und sich mit den Herausforderungen identifizieren konnten, mit denen sie konfrontiert waren. Die Theateraufführungen fungierten als Katalysatoren für Diskussionen über Akzeptanz und Gleichheit.

Kultur als Identitätsbildung

Die Kultur, in der Wren aufwuchs, beeinflusste stark seine Identitätsfindung. Die LGBTQ-Kultur ist reich an Geschichte, Symbolik und Traditionen, die oft in der

Kunst verwoben sind. Wren fand Inspiration in der Arbeit von Künstlern wie Keith Haring und Andy Warhol, deren Werke nicht nur ästhetisch ansprechend waren, sondern auch starke politische Botschaften transportierten.

Die Auseinandersetzung mit dieser Kultur half Wren, sich selbst zu akzeptieren und seinen Platz innerhalb der Gemeinschaft zu finden. Er begann, sich aktiv an kulturellen Veranstaltungen zu beteiligen, die die Vielfalt der LGBTQ-Identitäten feierten, und erkannte, dass Kunst eine transformative Kraft besitzt, die nicht nur Individuen, sondern auch ganze Gemeinschaften stärken kann.

Kunst als Aktivismus

Kunst kann als eine Form des Aktivismus betrachtet werden, die oft unkonventionelle Wege geht, um gesellschaftliche Normen herauszufordern. Wren nutzte seine künstlerischen Fähigkeiten, um auf Missstände aufmerksam zu machen und für Veränderungen zu kämpfen. So organisierte er beispielsweise eine Kunstausstellung, die Werke von LGBTQ-Künstlern präsentierte und gleichzeitig auf die Diskriminierung in der Gesellschaft hinwies.

Ein Beispiel für den Einfluss von Kunst auf den Aktivismus ist die *AIDS Memorial Quilt*, die in den 1980er Jahren entstand. Diese monumentale Kunstinstallation, die aus einzelnen Quilts besteht, die von Angehörigen und Freunden von AIDS-Opfern gefertigt wurden, hat Millionen von Menschen berührt und die Aufmerksamkeit auf die AIDS-Epidemie gelenkt. Wren sah in solchen Projekten eine Möglichkeit, Trauer in Kraft zu verwandeln und Gemeinschaften zu mobilisieren.

Die Herausforderungen der Kunst im Aktivismus

Trotz ihrer positiven Aspekte steht die Kunst im Aktivismus vor Herausforderungen. Oftmals wird Kunst als weniger ernst genommen als direkte politische Maßnahmen. Kritiker argumentieren, dass Kunst allein nicht ausreicht, um tief verwurzelte gesellschaftliche Probleme zu lösen. Wren musste lernen, dass Kunst und Aktivismus Hand in Hand gehen sollten, um einen nachhaltigen Einfluss zu haben.

Ein weiteres Problem ist die Kommerzialisierung von Kunst, die dazu führen kann, dass wichtige Botschaften verwässert werden. Wren war sich dieser Gefahr bewusst und setzte sich dafür ein, dass die Integrität der künstlerischen Botschaft gewahrt bleibt, auch wenn sie in kommerziellen Kontexten präsentiert wird.

Fazit

Zusammenfassend lässt sich sagen, dass Kunst und Kultur eine unverzichtbare Rolle im Aktivismus spielen, insbesondere für Wren Bond und die LGBTQ-Community. Sie bieten nicht nur eine Plattform für den Ausdruck individueller und kollektiver Identitäten, sondern auch ein Mittel, um gesellschaftliche Veränderungen voranzutreiben. Wren's Engagement in der Kunstszene zeigt, wie kreativ und wirkungsvoll Aktivismus sein kann, und erinnert uns daran, dass die Verbindung von Kunst und Aktivismus eine kraftvolle Strategie ist, um Diskriminierung abzubauen und die Gesellschaft zu transformieren.

$$\text{Kunst} + \text{Aktivismus} = \text{Veränderung} \tag{1}$$

Erste öffentliche Auftritte

Wren Bond trat erstmals in der Öffentlichkeit auf, als er gerade die Schwelle von der Jugend in das Erwachsenenleben überschritt. Es war eine Zeit, in der die LGBTQ-Community noch stark mit Diskriminierung und Vorurteilen zu kämpfen hatte. Wren wusste, dass es wichtig war, eine Stimme zu finden, die für Veränderungen sprechen konnte. Seine ersten öffentlichen Auftritte waren sowohl eine Herausforderung als auch eine Gelegenheit, seine Ansichten und Überzeugungen zu teilen.

Der erste Auftritt

Der erste öffentliche Auftritt von Wren fand auf einer kleinen, lokalen Veranstaltung statt, die von einer LGBTQ-Organisation organisiert wurde. Wren war nervös, als er auf die Bühne trat, doch die Energie der Menschenmenge gab ihm den Mut, seine Geschichte zu erzählen. Er sprach über seine eigenen Erfahrungen mit Diskriminierung in der Schule und wie diese ihn geprägt hatten. Der Satz, der den größten Eindruck hinterließ, war: „Wir sind nicht die Schatten, die andere auf uns werfen."

Wren nutzte diesen Moment, um die Wichtigkeit von Sichtbarkeit und Repräsentation zu betonen. Er argumentierte, dass es notwendig sei, dass Menschen aus der LGBTQ-Community in der Öffentlichkeit sichtbar sind, um Vorurteile abzubauen und Akzeptanz zu fördern. Diese Botschaft war nicht nur für die Anwesenden wichtig, sondern auch für Wren selbst, da sie ihm half, seine eigene Identität zu akzeptieren.

Reaktionen und Feedback

Nach seinem ersten Auftritt erhielt Wren viel positives Feedback. Die Menschen waren berührt von seiner Ehrlichkeit und seinem Mut. Viele berichteten, dass sie sich in seinen Worten wiedererkannten und inspiriert wurden, ebenfalls für ihre Rechte einzutreten. Diese Rückmeldungen ermutigten Wren, seine Stimme weiter zu erheben und an weiteren Veranstaltungen teilzunehmen.

Allerdings gab es auch kritische Stimmen. Einige Menschen waren der Meinung, dass Wren zu offen über seine Erfahrungen sprach und dass dies negative Reaktionen hervorrufen könnte. Diese Kritik brachte Wren dazu, über die Risiken und Herausforderungen des Aktivismus nachzudenken. Er erkannte, dass es oft eine feine Linie zwischen Sichtbarkeit und Vulnerabilität gibt.

Die Rolle von Kunst und Kultur

Ein entscheidender Faktor für Wren's öffentliche Auftritte war die Rolle von Kunst und Kultur. Er begann, seine Botschaften durch verschiedene Kunstformen zu vermitteln. Wren nutzte Theater, um Geschichten von Diskriminierung und Akzeptanz zu erzählen. Diese kreativen Ausdrucksformen ermöglichten es ihm, ein breiteres Publikum zu erreichen und die Menschen emotional anzusprechen.

Ein Beispiel für Wren's künstlerische Arbeit war ein Theaterstück, das er mit anderen LGBTQ-Künstlern inszenierte. Es thematisierte die Herausforderungen, mit denen die Community konfrontiert war, und stellte die Frage: „Was bedeutet es, wirklich frei zu sein?" Diese Aufführung wurde nicht nur lokal, sondern auch überregional wahrgenommen und trug dazu bei, Wren's Bekanntheit zu steigern.

Die Entwicklung seiner Fähigkeiten

Mit jedem öffentlichen Auftritt entwickelte Wren seine Fähigkeiten weiter. Er lernte, wie man effektiv kommuniziert, wie man mit verschiedenen Publikumsreaktionen umgeht und wie man seine Botschaft klar und überzeugend vermittelt. Workshops und Seminare halfen ihm, seine rhetorischen Fähigkeiten zu verfeinern und seine Selbstsicherheit zu stärken.

Ein Schlüsselmoment in seiner Entwicklung war ein Rhetorik-Workshop, den er besuchte. Dort lernte er Techniken, um das Publikum zu fesseln und seine Botschaft mit Leidenschaft zu übermitteln. Er experimentierte mit verschiedenen Erzähltechniken und entdeckte, dass Humor ein effektives Mittel war, um ernste Themen anzusprechen. Diese Erkenntnis führte dazu, dass er Humor in seine Reden integrierte, was ihm half, eine tiefere Verbindung zu seinem Publikum herzustellen.

Erste große Veranstaltungen

Wren's erste großen öffentlichen Auftritte fanden während der Pride-Veranstaltungen statt. Diese Ereignisse boten eine Plattform für LGBTQ-Aktivisten, um ihre Anliegen zu präsentieren. Wren war begeistert, Teil dieser Bewegung zu sein und sprach vor Tausenden von Menschen. Seine Reden waren geprägt von Leidenschaft und Überzeugung, und er ermutigte die Anwesenden, sich für ihre Rechte einzusetzen.

Ein denkwürdiger Moment war, als Wren auf der Hauptbühne einer großen Pride-Parade sprach. Er forderte die Anwesenden auf, sich nicht nur für ihre eigenen Rechte, sondern auch für die Rechte anderer einzusetzen. „Wir sind stärker zusammen", rief er, und die Menge antwortete mit tosendem Applaus. Diese Erfahrungen stärkten Wren's Überzeugung, dass Aktivismus nicht nur eine individuelle, sondern eine kollektive Anstrengung ist.

Die Bedeutung von Netzwerken

Wren erkannte auch die Bedeutung von Netzwerken und Kooperationen. Er begann, Beziehungen zu anderen Aktivisten und Organisationen aufzubauen. Diese Netzwerke ermöglichten es ihm, Ressourcen zu teilen, voneinander zu lernen und gemeinsam an Projekten zu arbeiten. Wren verstand, dass der Kampf für Gleichheit und Gerechtigkeit nicht allein gewonnen werden kann.

Ein Beispiel für diese Zusammenarbeit war ein gemeinsames Projekt mit einer Frauenrechtsorganisation. Gemeinsam organisierten sie eine Veranstaltung, die sich mit den Überschneidungen von Geschlechter- und LGBTQ-Rechten befasste. Diese Initiative zeigte, wie wichtig es ist, verschiedene Bewegungen zu vereinen, um eine stärkere Stimme zu schaffen.

Fazit

Wren Bonds erste öffentlichen Auftritte waren entscheidend für seine Entwicklung als Aktivist. Sie halfen ihm nicht nur, seine Stimme zu finden, sondern auch, andere zu inspirieren und zu mobilisieren. Durch seine Erfahrungen erkannte er, dass Aktivismus eine Reise ist, die Mut, Kreativität und Zusammenarbeit erfordert. Wren's Geschichte ist ein Beispiel dafür, wie wichtig es ist, für die eigene Identität und die Rechte anderer einzutreten.

Wren als Vorbild für andere

Wren Bond hat sich als eine herausragende Figur im Aktivismus etabliert und dient vielen als Vorbild. In einer Welt, in der Diskriminierung und Vorurteile nach wie vor verbreitet sind, ist es entscheidend, dass junge Menschen und aufstrebende Aktivisten inspirierende Persönlichkeiten finden, die sie auf ihrem Weg unterstützen. Wren verkörpert nicht nur die Werte des Aktivismus, sondern auch die Kraft der Resilienz und der Hoffnung.

Die Bedeutung von Vorbildern

Vorbilder spielen eine zentrale Rolle in der Identitätsfindung und der Motivation von Individuen. Laut der *Social Learning Theory* von Albert Bandura lernen Menschen durch Beobachtung und Nachahmung. Wenn Wren als Vorbild fungiert, zeigt er, dass es möglich ist, gegen Ungerechtigkeit zu kämpfen und Veränderungen herbeizuführen. Dies gibt vielen Menschen das Gefühl, dass sie ebenfalls aktiv werden können.

Wren's Einfluss auf die LGBTQ-Community

Wren hat durch seine öffentliche Präsenz und seine leidenschaftlichen Reden viele dazu inspiriert, sich für die LGBTQ-Community einzusetzen. Er hat oft betont, dass jeder Einzelne die Fähigkeit hat, einen Unterschied zu machen, unabhängig von seinen persönlichen Umständen. Ein Beispiel hierfür ist seine Initiative, Workshops für Jugendliche anzubieten, in denen er ihnen beibringt, wie sie sich selbst vertreten können. Diese Workshops haben nicht nur das Selbstbewusstsein der Teilnehmer gestärkt, sondern auch ein Gefühl der Gemeinschaft geschaffen.

Persönliche Geschichten

Viele Menschen berichten von den positiven Auswirkungen, die Wren auf ihr Leben hatte. Eine junge Aktivistin, Lisa, erzählt: „Wren hat mir gezeigt, dass ich nicht allein bin. Als ich zum ersten Mal zu einem seiner Auftritte ging, fühlte ich mich verstanden und akzeptiert. Er hat mir die Kraft gegeben, für mich selbst einzustehen." Solche Geschichten sind nicht nur inspirierend, sondern auch ein Beweis dafür, wie wichtig es ist, dass Menschen wie Wren sichtbar sind.

Der Einfluss von Kunst und Kultur

Wren nutzt auch Kunst und Kultur als Mittel, um seine Botschaften zu verbreiten. Seine Teilnahme an verschiedenen Kunstprojekten und kulturellen

Veranstaltungen hat dazu beigetragen, die Sichtbarkeit von LGBTQ-Themen zu erhöhen. Durch die Verbindung von Aktivismus und Kunst zeigt Wren, dass Kreativität eine mächtige Waffe gegen Diskriminierung sein kann. Dies hat viele junge Künstler ermutigt, ihre eigenen Geschichten zu erzählen und sich mit ihren Identitäten auseinanderzusetzen.

Mentoring und Unterstützung

Ein weiterer Aspekt von Wrens Vorbildfunktion ist sein Engagement für Mentoring. Er hat Programme ins Leben gerufen, die junge Menschen mit erfahrenen Aktivisten verbinden. Diese Programme fördern nicht nur den Austausch von Erfahrungen, sondern helfen auch dabei, Netzwerke zu bilden, die für den Erfolg im Aktivismus entscheidend sind. Durch solche Initiativen hat Wren eine Plattform geschaffen, auf der junge Stimmen gehört werden.

Die Herausforderungen, die er überwindet

Wren ist sich der Herausforderungen bewusst, die viele junge Menschen auf ihrem Weg zum Aktivismus begegnen. Er spricht offen über seine eigenen Kämpfe mit Diskriminierung und den Druck, der mit dem Aktivismus einhergeht. Indem er seine Verletzlichkeit zeigt, ermutigt er andere, ebenfalls offen über ihre Erfahrungen zu sprechen. Dies trägt dazu bei, eine Kultur der Unterstützung und des Verständnisses zu schaffen.

Ein Beispiel für Resilienz

Ein prägnantes Beispiel für Wrens Resilienz ist seine Reaktion auf persönliche Angriffe. Statt sich zurückzuziehen, nutzt er diese Erfahrungen, um seine Botschaft zu verstärken. Er hat oft gesagt: „Jede Herausforderung ist eine Gelegenheit, stärker zu werden und andere zu inspirieren." Diese Einstellung motiviert andere, trotz Widrigkeiten weiterzumachen.

Schlussfolgerung

Insgesamt ist Wren Bond nicht nur ein Aktivist, sondern auch ein leuchtendes Beispiel für viele. Seine Fähigkeit, andere zu inspirieren und ihnen zu helfen, ihre eigene Stimme zu finden, macht ihn zu einem Vorbild für die nächste Generation von Aktivisten. Durch seine Arbeit zeigt er, dass jeder Einzelne einen Unterschied machen kann, und ermutigt andere, sich für eine gerechtere Welt einzusetzen. Die

Botschaft, die Wren vermittelt, ist klar: *„Sei du selbst, kämpfe für das, was richtig ist, und inspiriere andere auf deinem Weg."*

Der Weg zum Aktivismus

Wichtige Einflüsse und Inspirationen

Begegnungen mit anderen Aktivisten

Die Begegnungen mit anderen Aktivisten waren für Wren Bond von entscheidender Bedeutung, um seine Identität als Aktivist zu formen und seine Perspektive zu erweitern. Diese Interaktionen ermöglichten es ihm, sich mit Gleichgesinnten zu vernetzen, Erfahrungen auszutauschen und Strategien zu entwickeln, um Diskriminierung abzubauen. In diesem Abschnitt werden einige Schlüsselmomente und Einflüsse beleuchtet, die Wren auf seinem Weg zum Aktivismus geprägt haben.

Frühe Begegnungen

Wren erinnerte sich lebhaft an seine ersten Begegnungen mit anderen Aktivisten während seiner Schulzeit. Bei einem lokalen Pride-Event traf er auf eine Gruppe von LGBTQ+-Jugendlichen, die ihre Geschichten teilten. Diese Erlebnisse waren nicht nur ermutigend, sondern auch lehrreich. Wren erkannte, dass er nicht allein war und dass viele andere ähnliche Kämpfe durchlebten. Diese ersten Kontakte schufen ein Gefühl der Zugehörigkeit und des Verständnisses, das für seine weitere Entwicklung als Aktivist von grundlegender Bedeutung war.

Mentoren und Vorbilder

Ein besonders prägender Moment war die Begegnung mit einer erfahrenen Aktivistin, die als Mentorin für Wren fungierte. Sie vermittelte ihm nicht nur das nötige Wissen über die Geschichte der LGBTQ+-Bewegung, sondern auch die Bedeutung von strategischem Denken im Aktivismus. Diese Mentorin ermutigte Wren, sich an politischen Kampagnen zu beteiligen und seine Stimme zu erheben.

Der Austausch mit ihr und anderen erfahrenen Aktivisten half Wren, die Komplexität der gesellschaftlichen Herausforderungen zu verstehen und effektive Lösungen zu entwickeln.

Kollektive Aktionen

Ein weiterer wichtiger Aspekt der Begegnungen mit anderen Aktivisten war die Teilnahme an kollektiven Aktionen und Protesten. Wren war Teil einer Gruppe, die sich für die Rechte von Transgender-Personen einsetzte. Gemeinsam organisierten sie Demonstrationen, die nicht nur Aufmerksamkeit auf ihre Anliegen lenkten, sondern auch eine starke Gemeinschaft bildeten. Diese Erfahrungen lehrten Wren, wie wichtig es ist, gemeinsam für Veränderungen zu kämpfen und die Stimmen derjenigen zu vereinen, die oft übersehen werden.

Herausforderungen und Konflikte

Trotz der positiven Erfahrungen gab es auch Herausforderungen. Wren stellte fest, dass nicht alle Aktivisten die gleichen Ansichten oder Strategien verfolgten. Dies führte manchmal zu Konflikten innerhalb der Bewegung. Ein Beispiel dafür war eine Auseinandersetzung über die Prioritäten innerhalb der LGBTQ+-Bewegung. Während einige Aktivisten sich auf rechtliche Reformen konzentrierten, plädierten andere für eine stärkere Fokussierung auf psychische Gesundheit und Unterstützung. Wren lernte, dass solche Differenzen notwendig sind, um eine umfassende und inklusive Bewegung zu schaffen. Durch respektvolle Diskussionen und Kompromisse konnte die Gruppe schließlich einen gemeinsamen Ansatz finden.

Der Einfluss von sozialen Medien

Die Rolle der sozialen Medien in Wren's Aktivismus kann nicht übersehen werden. Durch Plattformen wie Twitter und Instagram konnte er mit Aktivisten weltweit in Kontakt treten. Diese digitalen Begegnungen erweiterten nicht nur sein Netzwerk, sondern ermöglichten auch den Austausch von Ideen und Strategien über geografische Grenzen hinweg. Wren erkannte, dass soziale Medien ein mächtiges Werkzeug sind, um Mobilisierung und Bewusstsein zu fördern. Die Fähigkeit, Informationen schnell zu verbreiten und eine breite Öffentlichkeit zu erreichen, war für die LGBTQ+-Bewegung von unschätzbarem Wert.

Schlussfolgerung

Zusammenfassend lässt sich sagen, dass die Begegnungen mit anderen Aktivisten für Wren Bond eine transformative Erfahrung waren. Sie halfen ihm, seine Identität als Aktivist zu entwickeln, seine Perspektiven zu erweitern und die Bedeutung von Gemeinschaft und Zusammenarbeit zu erkennen. Diese Erfahrungen prägten nicht nur seinen Aktivismus, sondern auch seine persönliche Entwicklung und sein Engagement für die Rechte der LGBTQ+-Gemeinschaft. Wren's Reise ist ein Beispiel dafür, wie wichtig es ist, sich mit anderen zu verbinden und voneinander zu lernen, um einen nachhaltigen Wandel in der Gesellschaft zu bewirken.

Literatur und Medien als Antrieb

Die Rolle von Literatur und Medien im Leben von Wren Bond kann nicht hoch genug eingeschätzt werden. Diese beiden Bereiche fungierten nicht nur als Inspirationsquelle, sondern auch als Katalysatoren für den Aktivismus, den Wren später entfalten sollte. In dieser Sektion werden wir untersuchen, wie Wren durch Literatur und Medien geprägt wurde und welche Auswirkungen dies auf seinen Aktivismus hatte.

Einfluss der Literatur

Literatur hat die Macht, Perspektiven zu erweitern und Empathie zu fördern. Wren wuchs in einem Umfeld auf, in dem Bücher und Geschichten eine zentrale Rolle spielten. Bereits in jungen Jahren entdeckte er Werke von LGBTQ-Autoren, die ihm halfen, seine eigene Identität zu verstehen und zu akzeptieren. Autoren wie James Baldwin und Audre Lorde waren für Wren nicht nur literarische Figuren, sondern auch Vorbilder, die den Mut und die Kraft der eigenen Stimme verkörperten.

Ein Beispiel für den Einfluss der Literatur auf Wren war sein erstes Lesen von Baldwins "Giovanni's Room". Die komplexe Darstellung von Liebe und Identität in einem gesellschaftlichen Kontext, der oft feindlich gegenüber LGBTQ-Personen war, resonierte tief in ihm. Diese Lektüre half ihm, die Nuancen seiner eigenen Erfahrungen zu erkennen und zu artikulieren. Die Worte dieser Autoren wurden für Wren zu einem Werkzeug, um seine eigenen Kämpfe zu formulieren und sie in einen breiteren gesellschaftlichen Kontext zu setzen.

Medien als Plattform

Neben der Literatur spielte auch die Medienberichterstattung eine entscheidende Rolle in Wren Bonds Entwicklung als Aktivist. Die Berichterstattung über LGBTQ-Themen in den Medien war oft geprägt von Stereotypen und Vorurteilen. Wren erkannte, dass es notwendig war, diese Narrative zu verändern. Er begann, sich aktiv an Diskussionen in sozialen Medien zu beteiligen und seine eigene Stimme zu erheben.

Ein Schlüsselmoment war, als Wren einen viralen Beitrag auf einer Plattform wie Twitter veröffentlichte, in dem er seine Erfahrungen mit Diskriminierung teilte. Dieser Beitrag wurde von Tausenden geteilt und führte zu einer Welle der Unterstützung und Solidarität. Wren erkannte, dass die Medien nicht nur ein Spiegel der Gesellschaft sind, sondern auch ein Werkzeug, um Veränderungen zu bewirken.

Die Verbindung von Literatur und Medien

Wren verstand, dass Literatur und Medien eng miteinander verbunden sind. Während die Literatur oft tiefere Einblicke in die menschliche Erfahrung bietet, ermöglichen die Medien eine breitere Reichweite und Sichtbarkeit. Wren nutzte diese Verbindung, um Geschichten zu erzählen, die sonst möglicherweise ungehört geblieben wären. Durch die Kombination von persönlichen Erzählungen mit den Plattformen der sozialen Medien schuf er eine kraftvolle Stimme für die LGBTQ-Community.

Ein Beispiel für diese Verbindung war Wren's Initiative, lokale Buchclubs zu gründen, die sich auf LGBTQ-Literatur konzentrierten. Diese Clubs ermöglichten es den Teilnehmern, nicht nur die Bücher zu lesen, sondern auch ihre eigenen Geschichten zu teilen. Diese Gespräche wurden dann auf sozialen Medien dokumentiert, was zu einer breiteren Diskussion über die Herausforderungen und Triumphe der LGBTQ-Community führte.

Theoretische Perspektiven

Die Theorien von Judith Butler über Geschlecht und Identität bieten einen wichtigen Rahmen für das Verständnis von Wrens Erfahrungen. Butler argumentiert, dass Geschlecht und Identität performativ sind, was bedeutet, dass sie durch wiederholte Handlungen und Darstellungen konstruiert werden. Wren's Engagement in der Literatur und den Medien kann als eine Form der Performativität angesehen werden, bei der er aktiv an der Schaffung seiner eigenen Identität und der seiner Community beteiligt ist.

WICHTIGE EINFLÜSSE UND INSPIRATIONEN

Darüber hinaus können die Theorien von Michel Foucault über Macht und Diskurs ebenfalls auf Wren's Erfahrungen angewendet werden. Foucault betont, dass Macht nicht nur repressiv ist, sondern auch produktiv – sie schafft Wissen und Identitäten. Wren nutzte die Macht der Literatur und der Medien, um alternative Narrative zu schaffen und die dominanten Diskurse über LGBTQ-Personen herauszufordern.

Schlussfolgerung

Zusammenfassend lässt sich sagen, dass Literatur und Medien für Wren Bond nicht nur Inspirationsquellen waren, sondern auch essentielle Werkzeuge, um Diskriminierung abzubauen und die Sichtbarkeit der LGBTQ-Community zu erhöhen. Durch die Kombination von persönlicher Erzählung, aktivem Engagement in sozialen Medien und der Schaffung von Gemeinschaften um Literatur herum hat Wren einen bedeutenden Einfluss auf den Aktivismus ausgeübt. Seine Erfahrungen zeigen, wie wichtig es ist, die eigene Stimme zu erheben und die Macht der Worte zu nutzen, um Veränderungen in der Gesellschaft herbeizuführen.

Politische Bewegungen der Zeit

In den letzten Jahrzehnten hat sich die politische Landschaft in vielen Ländern dramatisch verändert, insbesondere in Bezug auf die Rechte der LGBTQ-Community. Wren Bond wuchs in einer Zeit auf, in der verschiedene politische Bewegungen nicht nur die Gesellschaft, sondern auch die Wahrnehmung von Geschlechteridentität und sexueller Orientierung prägten. Diese Bewegungen waren entscheidend für Wren's Entwicklung als Aktivist.

Die Bürgerrechtsbewegung

Die Bürgerrechtsbewegung der 1960er Jahre legte den Grundstein für viele nachfolgende soziale Bewegungen, einschließlich der LGBTQ-Rechte. Führende Persönlichkeiten wie Martin Luther King Jr. und Malcolm X inspirierten eine Generation, sich für Gleichheit und Gerechtigkeit einzusetzen. Diese Bewegung zeigte, dass kollektives Handeln und der Einsatz für Menschenrechte zu bedeutenden Veränderungen führen können. Wren wurde von diesen Prinzipien beeinflusst und erkannte die Notwendigkeit, Diskriminierung in all ihren Formen zu bekämpfen.

Die Stonewall-Rebellion

Ein entscheidender Moment in der Geschichte der LGBTQ-Bewegung war die Stonewall-Rebellion von 1969. Diese Ereignisse in New York City wurden oft als Wendepunkt im Kampf für LGBTQ-Rechte angesehen. Die Rebellion war eine direkte Reaktion auf Polizeigewalt und Diskriminierung gegenüber LGBTQ-Personen und führte zur Gründung von Organisationen wie der Gay Liberation Front. Wren Bond sah in diesen Ereignissen ein Beispiel dafür, wie Widerstand und Protest zur Sichtbarkeit und Akzeptanz der LGBTQ-Community führen können.

Feministische Bewegungen

Die feministische Bewegung der 1970er Jahre hatte ebenfalls einen tiefgreifenden Einfluss auf Wren. Feminismus erweiterte das Verständnis von Geschlechteridentität und stellte die gesellschaftlichen Normen in Frage. Wren erkannte, dass die Kämpfe um Geschlechtergerechtigkeit und LGBTQ-Rechte eng miteinander verbunden sind. Diese Erkenntnis führte dazu, dass Wren aktiv an feministischen Bewegungen teilnahm und die Wichtigkeit von intersektionalem Aktivismus betonte.

Die AIDS-Krise

In den 1980er und 1990er Jahren wurde die LGBTQ-Community von der AIDS-Krise stark betroffen. Diese Gesundheitskrise führte zu einem massiven Mobilisierungseffekt, da Aktivisten wie ACT UP (AIDS Coalition to Unleash Power) gegen die Stigmatisierung und für bessere Gesundheitsversorgung kämpften. Wren Bond war tief betroffen von den Auswirkungen der Krise auf Freunde und Familie und sah es als seine Pflicht, für die Rechte und die Gesundheit der Betroffenen einzutreten. Die AIDS-Krise verdeutlichte die Notwendigkeit einer politischen Stimme und eines kollektiven Handelns innerhalb der Community.

Die Gleichstellung der Ehe

In den letzten zwei Jahrzehnten hat sich die politische Landschaft in Bezug auf die Gleichstellung der Ehe erheblich verändert. Wren Bond wurde Zeuge des Kampfes um die rechtliche Anerkennung von gleichgeschlechtlichen Ehen, der in vielen Ländern, einschließlich Deutschland, zu bedeutenden Gesetzesänderungen führte. Diese Bewegung mobilisierte Millionen von Menschen und führte zu einer breiten gesellschaftlichen Akzeptanz, die Wren als eine der größten Errungenschaften der LGBTQ-Bewegung ansah.

Die Rolle von Social Media

Die Entwicklung von Social Media hat die Art und Weise, wie politische Bewegungen organisiert und kommuniziert werden, revolutioniert. Plattformen wie Twitter, Facebook und Instagram ermöglichten es Aktivisten, ihre Botschaften schnell zu verbreiten und eine globale Gemeinschaft zu mobilisieren. Wren Bond nutzte Social Media, um auf Missstände aufmerksam zu machen und um Unterstützung für verschiedene Aktionen zu gewinnen. Diese digitalen Plattformen wurden zu einem wichtigen Werkzeug im Kampf gegen Diskriminierung und für soziale Gerechtigkeit.

Herausforderungen und Rückschläge

Trotz der Fortschritte gab es auch zahlreiche Herausforderungen und Rückschläge. Politische Bewegungen wurden oft von Widerstand und Repression begleitet. Wren erlebte, wie Gesetzesänderungen zurückgenommen wurden und wie populistische Bewegungen gegen die LGBTQ-Rechte mobil machten. Diese Rückschläge führten zu einer verstärkten Notwendigkeit für Aktivismus und Solidarität innerhalb der Community.

Zusammenfassung

Insgesamt war Wren Bonds Weg zum Aktivismus stark von den politischen Bewegungen seiner Zeit geprägt. Die Bürgerrechtsbewegung, die Stonewall-Rebellion, feministische Bewegungen, die AIDS-Krise, der Kampf um die Gleichstellung der Ehe und die Nutzung von Social Media waren entscheidende Faktoren, die Wren nicht nur inspirierten, sondern auch dazu führten, dass er aktiv an der Schaffung einer gerechteren Gesellschaft mitwirkte. Diese Bewegungen zeigten, dass Veränderung möglich ist, wenn Menschen sich zusammenschließen und für ihre Rechte kämpfen.

Wren und die Pride-Bewegung

Die Pride-Bewegung stellt einen entscheidenden Wendepunkt in der Geschichte der LGBTQ-Community dar, und Wren Bond war eine Schlüsselfigur in dieser Entwicklung. Die Pride-Bewegung, die ursprünglich aus den Unruhen von Stonewall im Jahr 1969 hervorging, wurde zu einer globalen Plattform für die

Sichtbarkeit, Rechte und Anerkennung von LGBTQ-Personen. Wren, als Teil dieser Bewegung, hat nicht nur aktiv an den Feierlichkeiten teilgenommen, sondern auch deren Bedeutung in der breiteren Gesellschaft gefördert.

Die Bedeutung der Pride-Bewegung

Die Pride-Bewegung zielt darauf ab, die Sichtbarkeit von LGBTQ-Personen zu erhöhen und Diskriminierung abzubauen. Sie bietet einen Raum für Selbstakzeptanz und Gemeinschaft, was für viele Menschen von entscheidender Bedeutung ist. Wren erkannte früh, dass die Teilnahme an Pride-Veranstaltungen nicht nur eine Feier der eigenen Identität ist, sondern auch eine Möglichkeit, gegen die gesellschaftlichen Normen zu kämpfen, die LGBTQ-Personen marginalisieren.

Die Gleichung, die die Beziehung zwischen Sichtbarkeit und sozialer Akzeptanz beschreibt, könnte wie folgt formuliert werden:

$$\text{Soziale Akzeptanz} \propto \text{Sichtbarkeit} \times \text{Bildung} \qquad (2)$$

Hierbei ist Sichtbarkeit die Präsenz von LGBTQ-Personen in der Öffentlichkeit und Bildung das Verständnis der Gesellschaft über LGBTQ-Themen. Wren hat durch seine Teilnahme an Pride-Veranstaltungen sowohl die Sichtbarkeit als auch die Bildung gefördert.

Wren's Einfluss auf die Bewegung

Wren Bond wurde schnell zu einer prominenten Stimme innerhalb der Pride-Bewegung. Durch seine Reden und öffentlichen Auftritte konnte er viele Menschen inspirieren und mobilisieren. Ein bemerkenswertes Beispiel war seine Rede während des Pride-Parades in seiner Heimatstadt, wo er die Herausforderungen und Kämpfe der LGBTQ-Community ansprach. Seine Fähigkeit, persönliche Geschichten mit politischen Botschaften zu verknüpfen, machte seine Reden besonders einprägsam.

Ein zentrales Thema in Wren's Reden war die Notwendigkeit, die Pride-Bewegung inklusiver zu gestalten. Er betonte, dass die Bewegung nicht nur für die cisgender, weißen, schwulen Männer sei, sondern auch für Menschen aus verschiedenen ethnischen Hintergründen, Geschlechtern und sexuellen Orientierungen. Dies führte zu einer breiteren Diskussion innerhalb der Bewegung über Intersektionalität, die die verschiedenen Identitäten und Erfahrungen innerhalb der LGBTQ-Community anerkennt.

Herausforderungen innerhalb der Pride-Bewegung

Trotz der positiven Entwicklungen, die Wren und andere Aktivisten innerhalb der Pride-Bewegung vorangetrieben haben, gibt es auch Herausforderungen. Eine der größten Herausforderungen ist die Kommerzialisierung von Pride. Viele Unternehmen nutzen Pride-Veranstaltungen, um ihre Marke zu bewerben, oft ohne ein echtes Engagement für die LGBTQ-Community zu zeigen. Wren kritisierte diese Praxis in mehreren Interviews und forderte die Community auf, kritisch zu hinterfragen, welche Unternehmen tatsächlich zur Unterstützung der LGBTQ-Rechte beitragen.

Zudem gibt es innerhalb der Pride-Bewegung Spannungen zwischen verschiedenen Gruppen. Wren setzte sich aktiv dafür ein, dass die Stimmen von marginalisierten Gruppen innerhalb der Community gehört werden, insbesondere von Transgender-Personen und People of Color. Diese Bemühungen führten zu einer stärkeren Zusammenarbeit und einem besseren Verständnis innerhalb der Bewegung.

Wren's Vision für die Zukunft der Pride-Bewegung

Wren glaubt, dass die Pride-Bewegung weiterhin eine transformative Kraft für soziale Gerechtigkeit sein kann. Er sieht die Notwendigkeit, die Bewegung über Feierlichkeiten hinaus zu erweitern und sich auf politische Veränderungen zu konzentrieren. Wren hat eine Vision, in der Pride nicht nur ein einmal im Jahr stattfindendes Ereignis ist, sondern ein kontinuierlicher Prozess des Engagements und der Aktivität.

Er fordert die nächste Generation von Aktivisten auf, die Errungenschaften der Vergangenheit zu nutzen, um neue Wege zu finden, um gegen Diskriminierung zu kämpfen. Dies schließt die Nutzung von Social Media, um die Botschaft weiter zu verbreiten und junge Menschen zu ermutigen, sich aktiv an der Bewegung zu beteiligen.

Insgesamt hat Wren Bonds Engagement für die Pride-Bewegung nicht nur seine persönliche Reise geprägt, sondern auch einen bleibenden Einfluss auf die gesamte LGBTQ-Community. Seine Fähigkeit, Humor und Ernsthaftigkeit zu kombinieren, hat es ihm ermöglicht, Brücken zu bauen und Menschen zu inspirieren, für eine bessere Zukunft zu kämpfen.

$$\text{Zukunft der Pride-Bewegung} = \text{Engagement} + \text{Bildung} + \text{Gemeinschaft} \quad (3)$$

Die Rolle von Social Media

Social Media hat sich als ein unverzichtbares Werkzeug im Aktivismus etabliert, insbesondere für LGBTQ-Aktivisten wie Wren Bond. Die Plattformen bieten nicht nur eine Bühne für die Sichtbarkeit von Themen, sondern auch eine Möglichkeit, Gemeinschaften zu mobilisieren und Unterstützung zu gewinnen. In diesem Abschnitt werden die theoretischen Grundlagen, Herausforderungen und einige konkrete Beispiele für die Rolle von Social Media im Aktivismus erörtert.

Theoretische Grundlagen

Die Nutzung von Social Media im Aktivismus kann durch die Theorie des *Vernetzungskapitalismus* (networked capitalism) verstanden werden. Diese Theorie besagt, dass soziale Netzwerke die Art und Weise verändern, wie Menschen Informationen austauschen und mobilisieren. Wren Bond nutzte Plattformen wie Twitter, Instagram und Facebook, um Botschaften zu verbreiten und eine breitere Öffentlichkeit zu erreichen.

Ein zentrales Konzept in diesem Zusammenhang ist die *Viralität* von Inhalten. Inhalte, die emotional ansprechend sind oder eine starke visuelle Komponente haben, neigen dazu, sich schnell zu verbreiten. Dies kann zu einer exponentiellen Verbreitung von Informationen führen, was im Kontext von Wren Bonds Aktivismus entscheidend war, um auf Missstände aufmerksam zu machen und Unterstützung zu mobilisieren.

Herausforderungen

Trotz der Vorteile von Social Media gibt es auch erhebliche Herausforderungen. Ein zentrales Problem ist die *Desinformation*. Falsche Informationen können sich ebenso schnell verbreiten wie wahrheitsgemäße Inhalte und können die Arbeit von Aktivisten untergraben. Wren sah sich häufig mit falschen Darstellungen seiner Ansichten und Aktivitäten konfrontiert, die in sozialen Medien kursierten.

Darüber hinaus gibt es das Risiko der *Echokammer*. Aktivisten können in Blasen gefangen sein, in denen sie nur mit Gleichgesinnten interagieren, was zu einer Verzerrung der Realität führen kann. Wren bemühte sich aktiv, diese Blasen zu durchbrechen, indem er den Dialog mit Menschen suchte, die andere Ansichten hatten, um ein umfassenderes Verständnis für die Herausforderungen zu entwickeln, denen sich die LGBTQ-Community gegenübersah.

Beispiele für den Einfluss von Social Media

Ein bemerkenswertes Beispiel für den Einfluss von Social Media auf Wren Bonds Aktivismus war die *#LoveIsLove*-Kampagne. Diese Kampagne wurde ursprünglich als Antwort auf diskriminierende Gesetze und Praktiken ins Leben gerufen und verbreitete sich schnell über verschiedene Plattformen. Wren nutzte seine Reichweite, um persönliche Geschichten zu teilen und andere dazu zu ermutigen, dasselbe zu tun. Diese Art von persönlichem Geschichtenerzählen hat sich als besonders effektiv erwiesen, um Empathie zu schaffen und das Bewusstsein zu schärfen.

Ein weiteres Beispiel ist die Reaktion auf die *Pulse Nightclub-Schießerei* im Jahr 2016. Wren Bond war schnell in den sozialen Medien aktiv, um Solidarität mit den Opfern und deren Familien zu zeigen. Er organisierte Online-Proteste und ermutigte seine Follower, sich an physischen Gedenkveranstaltungen zu beteiligen. Dies zeigte, wie Social Media als Plattform für sofortige Mobilisierung und Gemeinschaftsbildung fungieren kann.

Schlussfolgerung

Zusammenfassend lässt sich sagen, dass Social Media eine transformative Rolle im Aktivismus von Wren Bond gespielt hat. Es hat nicht nur die Sichtbarkeit von LGBTQ-Themen erhöht, sondern auch eine Plattform für Dialog und Unterstützung geschaffen. Trotz der Herausforderungen, die mit der Nutzung dieser Plattformen verbunden sind, bleibt die Fähigkeit, Menschen zu mobilisieren und Gemeinschaften zu bilden, ein entscheidender Vorteil, den Wren und viele andere Aktivisten weiterhin nutzen. In einer Welt, in der soziale Medien omnipräsent sind, ist es unerlässlich, die Möglichkeiten und Risiken zu verstehen, die sie für den Aktivismus bieten.

Wren als Sprecher für die Jugend

Wren Bond hat sich nicht nur als Aktivist, sondern auch als eine einflussreiche Stimme für die Jugend etabliert. In einer Zeit, in der junge Menschen mit Herausforderungen konfrontiert sind, die von Diskriminierung bis hin zu Identitätskrisen reichen, hat Wren es sich zur Aufgabe gemacht, diese Stimmen zu vertreten und ihnen eine Plattform zu bieten.

Die Bedeutung der Jugend im Aktivismus

Die Jugend ist eine entscheidende Kraft im Aktivismus. Laut der Theorie des sozialen Wandels, wie sie von [?] beschrieben wird, sind junge Menschen oft die Ersten, die sich gegen Ungerechtigkeiten erheben. Sie sind oft weniger an traditionelle Normen gebunden und bereit, neue Ideen zu erforschen. Wren hat dies erkannt und nutzt seine Plattform, um die Anliegen der Jugend in den Vordergrund zu rücken.

Wren's Engagement in Schulen und Universitäten

Wren begann seine Karriere als Sprecher in Schulen und Universitäten, wo er Workshops und Vorträge hielt. Diese Veranstaltungen waren nicht nur Gelegenheiten, um über LGBTQ-Rechte aufzuklären, sondern auch, um jungen Menschen zu zeigen, dass sie nicht allein sind. In einer Umfrage von [?] gaben 70% der LGBTQ-Jugendlichen an, dass sie sich in ihrer Identität oft isoliert fühlen. Wren hat es sich zur Aufgabe gemacht, diese Isolation zu durchbrechen, indem er Geschichten von Hoffnung und Resilienz teilt.

Die Rolle der sozialen Medien

In der heutigen digitalen Welt spielen soziale Medien eine entscheidende Rolle im Aktivismus. Wren nutzt Plattformen wie Instagram und TikTok, um seine Botschaften direkt an die Jugend zu kommunizieren. Durch kreative Inhalte, die oft Humor und persönliche Anekdoten kombinieren, erreicht er ein breites Publikum. Ein Beispiel ist sein virales Video, in dem er die Herausforderungen der LGBTQ-Jugend auf humorvolle Weise thematisiert. Dies hat nicht nur die Sichtbarkeit von LGBTQ-Anliegen erhöht, sondern auch eine Gemeinschaft geschaffen, in der sich junge Menschen verstanden fühlen.

Herausforderungen als Jugendsprecher

Trotz seines Erfolgs sieht sich Wren auch Herausforderungen gegenüber. Eine der größten Hürden ist die oft negative Reaktion von konservativen Gruppen, die versuchen, die Stimmen der Jugend zum Schweigen zu bringen. Wren hat jedoch gelernt, mit Kritik umzugehen, indem er sich auf die positiven Rückmeldungen konzentriert und sich mit Gleichgesinnten zusammenschließt. Diese Solidarität ist entscheidend, um die Widerstandsfähigkeit der Jugend zu stärken.

Erfolge und Rückmeldungen

Wren's Engagement hat nicht nur bei den Jugendlichen, sondern auch in der breiteren Gesellschaft Resonanz gefunden. Bei einer Veranstaltung in einer örtlichen Schule berichteten Schüler, dass sie sich durch Wren inspiriert fühlten, aktiv zu werden und sich für ihre Rechte einzusetzen. Eine Schülerin sagte: „Wren hat mir gezeigt, dass ich nicht still sein muss. Ich kann für mich selbst sprechen und andere unterstützen." Solche Rückmeldungen sind für Wren von unschätzbarem Wert und motivieren ihn, weiterhin für die Jugend zu sprechen.

Fazit

Zusammenfassend lässt sich sagen, dass Wren Bond als Sprecher für die Jugend eine bedeutende Rolle im Aktivismus spielt. Durch seine Arbeit hat er nicht nur das Bewusstsein für LGBTQ-Anliegen geschärft, sondern auch eine Generation ermutigt, für Gleichheit und Gerechtigkeit einzutreten. Seine Fähigkeit, Humor und persönliche Erfahrungen zu integrieren, macht seine Botschaften zugänglich und inspirierend. Wren ist ein leuchtendes Beispiel dafür, wie wichtig es ist, die Stimmen der Jugend zu hören und zu fördern, um eine bessere Zukunft für alle zu schaffen.

Die ersten Proteste und Aktionen

Der Weg von Wren Bond in den Aktivismus war geprägt von leidenschaftlichen Protesten und Aktionen, die nicht nur seine Überzeugungen widerspiegelten, sondern auch die Stimmen vieler anderer Menschen, die unter Diskriminierung litten. Diese ersten Proteste waren entscheidend für Wren, um seine Rolle als Aktivist zu definieren und seine Botschaft in die Welt zu tragen.

Die Initialzündung

Die ersten Proteste, an denen Wren teilnahm, waren oft klein und lokal, aber sie hatten eine enorme Wirkung auf sein Selbstbewusstsein und seine Entschlossenheit. Inspiriert von den Bewegungen der 70er und 80er Jahre, wie der Stonewall-Rebellion, erlebte Wren, wie wichtig es ist, sich gegen Ungerechtigkeiten zu erheben. Die Teilnahme an diesen Protesten war für ihn nicht nur eine Möglichkeit, seine Stimme zu erheben, sondern auch eine Gelegenheit, Gleichgesinnte zu treffen und eine Gemeinschaft zu bilden.

Ein prägendes Ereignis war der **Pride-Marsch** in seiner Heimatstadt. Wren war zwar nervös, aber die Energie und das Engagement der Teilnehmer gaben ihm den Mut, sich zu äußern. Die Erfahrungen, die er dort machte, waren tiefgreifend. Er sah, wie Menschen aus verschiedenen Lebensbereichen zusammenkamen, um für ihre Rechte zu kämpfen. Dies war der Moment, als Wren beschloss, dass er nicht nur ein passiver Beobachter sein wollte, sondern aktiv an der Veränderung mitwirken wollte.

Die Bedeutung von Symbolik

Wren erkannte schnell die Macht der Symbolik in Protesten. Er begann, kreative und einprägsame Slogans zu entwickeln, die die Aufmerksamkeit der Medien und der Öffentlichkeit auf sich zogen. Ein Beispiel dafür war der Slogan „*Liebe ist kein Verbrechen!*", den er während einer Demonstration gegen diskriminierende Gesetze präsentierte. Dieser Slogan wurde nicht nur zu einem zentralen Punkt der Veranstaltung, sondern auch zu einem Symbol für den Kampf gegen die Diskriminierung von LGBTQ-Personen.

Die Verwendung von **Kunst** und **Kreativität** in den Protesten war ein weiterer Aspekt, den Wren förderte. Er organisierte Workshops, in denen Teilnehmer Plakate und Banner gestalten konnten, die ihre Botschaften visuell ausdrückten. Diese kreativen Elemente machten die Proteste lebendiger und ansprechender und zogen mehr Menschen an.

Herausforderungen und Rückschläge

Trotz der positiven Erfahrungen gab es auch zahlreiche Herausforderungen. Wren und seine Mitstreiter sahen sich oft mit Widerstand konfrontiert, sowohl von der Polizei als auch von Gegendemonstranten. Bei einem Protest gegen die Verabschiedung eines diskriminierenden Gesetzes erlebte Wren, wie die Polizei gewaltsam gegen die Demonstranten vorging. Diese Erfahrung war schockierend, aber sie verstärkte nur seinen Willen, für die Rechte der LGBTQ-Community zu kämpfen.

Ein weiteres Hindernis war die **Medienberichterstattung**. Oft wurden die Proteste verzerrt dargestellt oder nicht ausreichend gewürdigt. Wren lernte, dass es wichtig war, eine eigene Stimme zu finden und die Medien aktiv zu nutzen, um die Botschaft der Bewegung zu verbreiten. Er begann, mit Journalisten zu sprechen und Interviews zu geben, um sicherzustellen, dass die Anliegen der LGBTQ-Community Gehör fanden.

WICHTIGE EINFLÜSSE UND INSPIRATIONEN 37

Die Gründung der Unterstützungsgruppe

Ein bedeutender Schritt in Wrens Aktivismus war die Gründung einer Unterstützungsgruppe nach seinen ersten Protesten. Diese Gruppe bot einen Raum für Menschen, die ähnliche Erfahrungen gemacht hatten, um sich zu vernetzen und zu unterstützen. Wren verstand, dass der Austausch von Geschichten und Erfahrungen eine kraftvolle Methode war, um das Bewusstsein für Diskriminierung zu schärfen und Solidarität zu fördern.

Die Gruppe organisierte regelmäßig Treffen, bei denen Themen wie **Selbsthilfe, Mentorship** und **Aktivismus** besprochen wurden. Dies half nicht nur den Mitgliedern, ihre eigenen Herausforderungen zu bewältigen, sondern stärkte auch das Gefühl der Gemeinschaft und des Zusammenhalts.

Fazit

Die ersten Proteste und Aktionen von Wren Bond waren entscheidend für seine Entwicklung als Aktivist. Sie lehrten ihn, dass der Kampf gegen Diskriminierung nicht nur eine persönliche Angelegenheit ist, sondern eine kollektive Anstrengung, die die Stimmen vieler Menschen vereint. Durch Kreativität, Mut und Zusammenarbeit schuf Wren eine Plattform für Veränderung, die weit über seine eigenen Erfahrungen hinausging. Diese frühen Aktivitäten legten den Grundstein für seine zukünftigen Erfolge und seine Rolle als führende Stimme im Kampf für die Rechte der LGBTQ-Community.

Wren Bond bewies, dass jeder Einzelne, egal wie klein oder unbedeutend er sich fühlen mag, einen Unterschied machen kann. Seine ersten Proteste waren nicht nur der Beginn seiner Reise, sondern auch ein Aufruf an alle, sich zu erheben und für das einzustehen, was richtig ist.

Die Gründung einer Unterstützungsgruppe

Die Gründung einer Unterstützungsgruppe war ein entscheidender Schritt in Wren Bonds Aktivismus und stellte einen Wendepunkt in seiner Reise dar. Diese Gruppe sollte nicht nur als Rückzugsort für LGBTQ-Jugendliche dienen, sondern auch als Plattform, um ihre Stimmen zu erheben und sich gegen Diskriminierung zu wehren. In diesem Abschnitt werden die theoretischen Grundlagen, die Herausforderungen sowie die praktischen Beispiele beleuchtet, die zur Entstehung dieser wichtigen Initiative führten.

Theoretische Grundlagen

Die Idee einer Unterstützungsgruppe basiert auf der Theorie der sozialen Identität, die postuliert, dass Individuen ihre Identität stark aus der Zugehörigkeit zu sozialen Gruppen ableiten. Diese Theorie legt nahe, dass die Bildung von Gruppen, in denen Mitglieder ähnliche Erfahrungen und Herausforderungen teilen, zu einem stärkeren Gemeinschaftsgefühl und einer verbesserten psychischen Gesundheit führen kann. Laut [?] kann die Zugehörigkeit zu einer unterstützenden Gemeinschaft das Selbstwertgefühl und das Wohlbefinden erheblich steigern.

Zusätzlich spielt die Theorie der sozialen Unterstützung eine zentrale Rolle. Diese Theorie besagt, dass emotionale und instrumentelle Unterstützung von Gleichgesinnten entscheidend für die Bewältigung von Stress und Herausforderungen ist [?]. Unterstützungsgruppen bieten einen Raum, in dem Mitglieder ihre Sorgen und Ängste teilen können, was zu einer Verringerung von Isolation und Angst führt.

Herausforderungen bei der Gründung

Die Gründung einer Unterstützungsgruppe war jedoch nicht ohne Herausforderungen. Wren sah sich mit verschiedenen Hürden konfrontiert, darunter:

- **Finanzierung:** Die Sicherstellung ausreichender Mittel zur Unterstützung der Gruppe war eine der größten Herausforderungen. Wren musste kreative Lösungen finden, um Spenden zu sammeln und lokale Unternehmen zu gewinnen.

- **Ressourcen:** Es war entscheidend, geeignete Räumlichkeiten zu finden, die einen sicheren und einladenden Raum für die Treffen bieten konnten. Wren wandte sich an Schulen, Gemeindezentren und lokale LGBTQ-Organisationen, um Unterstützung zu erhalten.

- **Sichtbarkeit:** Die Gruppe musste sichtbar gemacht werden, um neue Mitglieder zu gewinnen. Wren nutzte Social Media und lokale Veranstaltungen, um auf die Gruppe aufmerksam zu machen und das Interesse zu wecken.

Praktische Beispiele und Erfolge

Trotz der Herausforderungen gelang es Wren, die Unterstützungsgruppe erfolgreich zu gründen. Die erste Sitzung fand in einem kleinen, aber einladenden Raum in einem örtlichen Gemeindezentrum statt. Hier sind einige der bemerkenswerten Aspekte und Erfolge der Gruppe:

- **Regelmäßige Treffen:** Die Gruppe traf sich wöchentlich, um Themen wie Identitätsfindung, Diskriminierungserfahrungen und Strategien zur Bewältigung von Stress zu diskutieren. Diese regelmäßigen Treffen schufen eine beständige Gemeinschaft und förderten den Austausch von Erfahrungen.

- **Workshops und Schulungen:** Um die Mitglieder weiterzubilden, organisierte Wren Workshops zu Themen wie Selbstverteidigung, rechtliche Rechte und psychische Gesundheit. Diese Workshops waren nicht nur informativ, sondern förderten auch das Gemeinschaftsgefühl.

- **Mentorship-Programme:** Wren initiierte ein Mentorship-Programm, bei dem erfahrene Mitglieder neue Mitglieder unterstützten. Dies half nicht nur bei der Integration, sondern stärkte auch die Bindungen innerhalb der Gruppe.

Auswirkungen auf die Gemeinschaft

Die Gründung der Unterstützungsgruppe hatte weitreichende Auswirkungen auf die lokale LGBTQ-Community. Sie wurde zu einem Modell für ähnliche Initiativen in anderen Städten und inspirierte viele, eigene Gruppen zu gründen. Wren wurde häufig eingeladen, über die Bedeutung von Unterstützung und Gemeinschaft zu sprechen, was seine Rolle als Aktivist weiter festigte.

Zusammenfassend lässt sich sagen, dass die Gründung einer Unterstützungsgruppe nicht nur Wren Bonds Aktivismus vorantrieb, sondern auch eine Plattform schuf, die vielen Jugendlichen half, ihre Identität zu akzeptieren und sich gegen Diskriminierung zu wehren. Diese Initiative verdeutlichte die Kraft der Gemeinschaft und die Notwendigkeit, Räume zu schaffen, in denen sich Menschen sicher fühlen und ihre Stimmen erheben können.

Zusammenarbeit mit anderen Organisationen

Die Zusammenarbeit mit anderen Organisationen war für Wren Bond ein entscheidender Faktor auf ihrem Weg zum Aktivismus. In einer Welt, in der

Diskriminierung und Ungerechtigkeit tief verwurzelt sind, erkannte Wren, dass vereinte Kräfte notwendig sind, um nachhaltige Veränderungen herbeizuführen. Diese Kooperationen ermöglichten es ihr, ihre Reichweite zu vergrößern, Ressourcen zu bündeln und eine stärkere Stimme für die LGBTQ-Community zu schaffen.

Die Bedeutung von Kooperation

Die Theorie der sozialen Bewegungen besagt, dass der Erfolg von Aktivismus oft von der Fähigkeit abhängt, Netzwerke zu bilden und Allianzen zu schmieden. Wren nutzte diese Theorie in der Praxis, indem sie sich mit verschiedenen Organisationen zusammenschloss, die ähnliche Ziele verfolgten. Diese Zusammenarbeit ermöglichte es, unterschiedliche Perspektiven und Strategien zu integrieren, was zu einem vielschichtigeren Ansatz im Kampf gegen Diskriminierung führte.

Ein Beispiel für eine solche Kooperation war die Partnerschaft mit der Organisation *Pride United*, die sich für die Rechte von LGBTQ-Jugendlichen einsetzt. Gemeinsam organisierten sie Workshops und Veranstaltungen, die darauf abzielten, das Bewusstsein für die Herausforderungen zu schärfen, mit denen junge Menschen konfrontiert sind. Wren und ihr Team entwickelten Materialien, die nicht nur informativ waren, sondern auch kreative Elemente enthielten, um die Teilnehmer zu motivieren und zu inspirieren.

Herausforderungen bei der Zusammenarbeit

Trotz der vielen Vorteile, die die Zusammenarbeit mit anderen Organisationen mit sich brachte, gab es auch Herausforderungen. Unterschiedliche Ansätze und Philosophien konnten zu Spannungen führen. In einem Fall führte eine Meinungsverschiedenheit über die Strategie eines geplanten Protestes zu einem vorübergehenden Bruch zwischen Wren und einer anderen wichtigen Organisation. Diese Situation verdeutlichte, wie wichtig Kommunikation und Kompromissbereitschaft sind.

Ein weiteres Problem war die Ressourcenverteilung. Oftmals waren die finanziellen Mittel begrenzt, und es musste entschieden werden, wie diese am effektivsten eingesetzt werden konnten. Wren stellte jedoch fest, dass Transparenz und Offenheit in der Zusammenarbeit entscheidend sind, um das Vertrauen zwischen den Partnerorganisationen zu stärken. Sie setzte sich dafür ein, dass alle Beteiligten in die Entscheidungsprozesse einbezogen wurden, um ein Gefühl der Gemeinschaft und des gemeinsamen Ziels zu fördern.

Erfolgreiche Beispiele der Zusammenarbeit

Ein herausragendes Beispiel für die erfolgreiche Zusammenarbeit war die Initiative *Allies for Equality*. Diese Initiative brachte Organisationen aus verschiedenen Bereichen zusammen, darunter Bildung, Gesundheit und Rechtshilfe. Wren spielte eine zentrale Rolle in der Planung und Durchführung von gemeinsamen Veranstaltungen, die darauf abzielten, das Bewusstsein für LGBTQ-Rechte zu fördern und gleichzeitig praktische Unterstützung zu bieten.

Ein weiteres Beispiel war die Zusammenarbeit mit der *International LGBTQ Alliance*, die es Wren ermöglichte, auf einer globalen Plattform zu sprechen und sich mit Aktivisten aus der ganzen Welt zu vernetzen. Diese internationale Perspektive half, die Herausforderungen, mit denen die LGBTQ-Community konfrontiert ist, in einen breiteren Kontext zu stellen und die Notwendigkeit von globalem Aktivismus zu betonen.

Schlussfolgerung

Die Zusammenarbeit mit anderen Organisationen war für Wren Bond nicht nur ein strategischer Schritt, sondern auch eine Quelle der Inspiration und des Wachstums. Durch die Bündelung von Kräften konnte sie nicht nur ihre eigenen Ziele erreichen, sondern auch einen bedeutenden Beitrag zur Stärkung der LGBTQ-Community leisten. Die Lektionen, die sie aus diesen Erfahrungen zog, beeinflussten ihre zukünftigen Aktivitäten und stärkten ihren Glauben an die Kraft der Gemeinschaft.

In der heutigen Zeit ist die Bedeutung solcher Kooperationen mehr denn je relevant. Die Herausforderungen, vor denen die LGBTQ-Community steht, erfordern ein vereintes Vorgehen, um echte Veränderungen herbeizuführen. Wren Bonds Engagement für die Zusammenarbeit bleibt ein leuchtendes Beispiel dafür, wie durch Solidarität und Zusammenarbeit große Fortschritte erzielt werden können.

Herausforderungen und Rückschläge

Die Reise von Wren Bond zum Aktivismus war nicht ohne Herausforderungen und Rückschläge. Jeder Schritt auf dem Weg war geprägt von Hindernissen, die sowohl persönlich als auch gesellschaftlich waren. Diese Herausforderungen haben nicht nur Wrens Charakter geformt, sondern auch seine Strategien im Aktivismus beeinflusst.

Gesellschaftliche Widerstände

Ein zentraler Aspekt der Herausforderungen, mit denen Wren konfrontiert war, war der gesellschaftliche Widerstand gegen LGBTQ-Rechte. In einer Zeit, in der viele Menschen noch immer Vorurteile und Stereotypen über die LGBTQ-Community hegten, war es für Wren oft schwierig, Gehör zu finden. Die Vorurteile waren tief verwurzelt, und viele Menschen waren nicht bereit, sich mit den Themen auseinanderzusetzen, für die Wren eintrat.

Ein Beispiel für diesen Widerstand war die Reaktion auf Wrens erste öffentliche Reden. Trotz seiner Leidenschaft und Überzeugung stieß er oft auf Ablehnung und Spott. Dies führte zu einer signifikanten emotionalen Belastung, die Wren nicht nur als Aktivisten, sondern auch als Individuum herausforderte. Die ständige Konfrontation mit negativen Reaktionen führte dazu, dass er oft an sich selbst zweifelte und sich fragte, ob seine Bemühungen wirklich einen Unterschied machten.

Innere Konflikte

Neben den äußeren Widerständen hatte Wren auch mit inneren Konflikten zu kämpfen. Der Druck, der mit dem Aktivismus verbunden war, führte zu Stress und Angstzuständen. Wren musste lernen, mit diesen Emotionen umzugehen, um nicht in eine Abwärtsspirale zu geraten. Die Suche nach einem Gleichgewicht zwischen Aktivismus und persönlichem Wohlbefinden stellte sich als eine der größten Herausforderungen dar.

Psychologische Theorien, die sich mit Stressbewältigung befassen, wie die Transaktionale Stressbewältigungstheorie von Lazarus und Folkman, bieten einen Rahmen, um Wrens Erfahrungen zu verstehen. Diese Theorie besagt, dass Stress entsteht, wenn eine Person die Anforderungen einer Situation als überfordernd empfindet. Wren musste lernen, seine Stressoren zu identifizieren und geeignete Bewältigungsmechanismen zu entwickeln, um seine mentale Gesundheit zu schützen.

Rückschläge im Aktivismus

Rückschläge waren ein ständiger Begleiter in Wrens Aktivismus. Ob es sich um gescheiterte Initiativen, nicht erreichte Ziele oder verlorene Unterstützer handelte, Wren erlebte oft Momente, in denen es schien, als ob alle seine Bemühungen vergeblich waren. Ein prägnantes Beispiel war die Ablehnung eines Gesetzes, das eine wichtige Reform für LGBTQ-Rechte beinhaltete, an dem Wren maßgeblich mitgearbeitet hatte. Die Nachricht kam wie ein Schlag und stellte nicht nur seine Arbeit, sondern auch seine Motivation in Frage.

Um mit diesen Rückschlägen umzugehen, entwickelte Wren eine resiliente Haltung. Resilienz ist die Fähigkeit, sich von Rückschlägen zu erholen und gestärkt daraus hervorzugehen. Indem er seine Erfahrungen reflektierte und aus seinen Fehlern lernte, konnte Wren seine Strategien anpassen und weiterhin für die Rechte der LGBTQ-Community kämpfen.

Die Bedeutung von Unterstützung

Eine der wichtigsten Lektionen, die Wren während seiner Herausforderungen lernte, war die Bedeutung von Unterstützung. Er erkannte, dass er nicht allein war und dass es eine Gemeinschaft von Gleichgesinnten gab, die ähnliche Kämpfe durchlebten. Der Aufbau eines Netzwerks von Unterstützern, Mentoren und Freunden half ihm, die emotionalen und praktischen Herausforderungen des Aktivismus zu bewältigen.

Diese Unterstützung war entscheidend, um die Motivation aufrechtzuerhalten und die eigene Stimme zu finden. Wren beteiligte sich aktiv an Gruppen, die sich mit der psychischen Gesundheit von Aktivisten befassten, und fand Trost in den Geschichten anderer. Diese Gemeinschaft ermöglichte es ihm, sich selbst zu akzeptieren und die Kraft zu finden, trotz der Herausforderungen weiterzumachen.

Fazit

Zusammenfassend lässt sich sagen, dass die Herausforderungen und Rückschläge, die Wren Bond auf seinem Weg zum Aktivismus erlebte, ihn nicht gebrochen, sondern geformt haben. Durch den Umgang mit gesellschaftlichem Widerstand, inneren Konflikten und Rückschlägen entwickelte Wren eine Resilienz, die ihm half, seine Stimme zu finden und zu einem einflussreichen Aktivisten zu werden. Seine Erfahrungen verdeutlichen, dass der Weg des Aktivismus oft steinig ist, aber mit der richtigen Unterstützung und einer positiven Einstellung können selbst die größten Herausforderungen überwunden werden.

Der Durchbruch als Aktivist

Wren im Rampenlicht

Erste große Medienauftritte

Wren Bond betrat die Bühne des Aktivismus nicht nur in den Straßen, sondern auch in den Medien, wo er schnell zu einer Stimme für die oft überhörte LGBTQ-Community wurde. Seine ersten großen Medienauftritte fanden in einem entscheidenden Moment seines Aktivismus statt, als die Gesellschaft begann, offener über LGBTQ-Themen zu diskutieren. Diese Auftritte waren nicht nur Gelegenheiten, um seine Botschaft zu verbreiten, sondern auch Plattformen, um die Herausforderungen, mit denen die Community konfrontiert war, ins Rampenlicht zu rücken.

Ein denkwürdiger Auftritt fand in einer beliebten Talkshow statt, in der Wren eingeladen wurde, um über die Diskriminierung und die Herausforderungen zu sprechen, die LGBTQ-Jugendliche in Schulen erleben. In dieser Sendung nutzte Wren seine Zeit, um die Statistiken über Mobbing und Selbstmordraten unter LGBTQ-Jugendlichen zu teilen. Er zitierte eine Studie, die zeigte, dass *"über 40% der LGBTQ-Jugendlichen in den letzten 12 Monaten aufgrund ihrer sexuellen Orientierung oder Geschlechtsidentität gemobbt wurden."* Diese Zahlen wurden von vielen Zuschauern als schockierend empfunden und führten zu einer breiten Diskussion über die Notwendigkeit von Veränderungen in Schulen und Gemeinschaften.

Ein weiteres Beispiel für Wrens Einfluss in den Medien war seine Teilnahme an einer Dokumentation über LGBTQ-Rechte, die international ausgestrahlt wurde. In dieser Dokumentation sprach Wren über seine persönlichen Erfahrungen mit Diskriminierung und über die Wichtigkeit von Sichtbarkeit und Repräsentation. Er erklärte: *"Es ist wichtig, dass wir gesehen werden. Wenn wir nicht sichtbar sind, können wir nicht gehört werden."* Dieser Satz wurde zu einem Leitmotiv für viele junge Aktivisten, die sich inspiriert fühlten, ihre eigenen Geschichten zu teilen.

Während dieser Auftritte stellte Wren auch die Rolle der Medien in der Wahrnehmung von LGBTQ-Themen in Frage. Er argumentierte, dass die mediale Darstellung oft stereotyp und einseitig sei, was zu Missverständnissen und Vorurteilen in der Gesellschaft führe. *"Wir müssen die Geschichten erzählen, die nicht erzählt werden, und die Stimmen hören, die nicht gehört werden,"* sagte er in einem Interview mit einem bekannten Nachrichtenmagazin. Dies führte zu einer Reihe von Gesprächen über die Verantwortung der Medien, die Vielfalt der LGBTQ-Erfahrungen darzustellen.

Die Reaktionen auf Wrens Medienauftritte waren gemischt. Während viele ihn als Held und Pionier feierten, gab es auch Kritiker, die seine Ansichten als zu radikal empfanden. Diese Kritiker argumentierten, dass Wren die Gesellschaft spalte, anstatt sie zu vereinen. Wren jedoch blieb standhaft und erklärte: *"Es ist nicht meine Aufgabe, es allen recht zu machen. Es ist meine Aufgabe, die Wahrheit zu sagen."* Diese Haltung machte ihn zu einer umstrittenen, aber auch bewunderten Figur in der Aktivistenszene.

Ein weiterer wichtiger Aspekt von Wrens Medienauftritten war sein Einsatz von Humor. In einer Welt, die oft von ernsthaften und schmerzhaften Themen geprägt ist, nutzte Wren seinen scharfen Verstand und seinen Humor, um Spannungen abzubauen und eine Verbindung zum Publikum herzustellen. In einem Interview sagte er einmal: *"Wenn wir nicht lachen können, selbst über die schwierigsten Themen, dann verlieren wir die Hoffnung."* Diese Fähigkeit, Humor in seine Botschaft zu integrieren, half nicht nur, die Menschen zu erreichen, sondern machte auch die Diskussion über LGBTQ-Rechte zugänglicher und weniger einschüchternd.

Zusammenfassend lässt sich sagen, dass Wrens erste große Medienauftritte einen entscheidenden Wendepunkt in seiner Karriere als Aktivist darstellten. Sie ermöglichten es ihm, seine Botschaft weit zu verbreiten und eine Plattform für die Diskussion über wichtige Themen zu schaffen. Durch seine Offenheit, seinen Humor und seinen unerschütterlichen Glauben an die Notwendigkeit von Veränderungen wurde Wren Bond zu einer Symbolfigur für viele, die für Gleichheit und Akzeptanz kämpfen. Diese Auftritte legten den Grundstein für seine zukünftigen Erfolge und halfen, das Bewusstsein für die Herausforderungen und Errungenschaften der LGBTQ-Community zu schärfen.

Interviews und öffentliche Reden

Wren Bond trat zunehmend in den Vordergrund der LGBTQ-Bewegung, nicht nur durch seine Aktivitäten vor Ort, sondern auch durch seine Fähigkeit, in

Interviews und öffentlichen Reden eine breitere Öffentlichkeit zu erreichen. Diese Plattformen wurden entscheidend für die Verbreitung seiner Botschaften und die Sensibilisierung für die Anliegen der LGBTQ-Community.

Die Macht der Worte

Die Art und Weise, wie Wren seine Botschaften formulierte, war von großer Bedeutung. Er verstand, dass Worte eine transformative Kraft besitzen können. In einem seiner ersten Interviews erklärte er:

> „Sprache kann Brücken bauen oder Mauern errichten. Ich wähle die Brücke."

Diese Philosophie spiegelte sich in seiner Rhetorik wider, die stets inklusiv und einladend war. Wren nutzte seine Interviews, um die Vielfalt der LGBTQ-Identitäten zu betonen und die Notwendigkeit von Akzeptanz und Verständnis zu fördern.

Öffentliche Reden: Eine Bühne für Veränderung

Wren's öffentliche Reden waren oft inspirierend und emotional. Er sprach auf zahlreichen Veranstaltungen, von Pride-Paraden bis hin zu politischen Kundgebungen. Ein bemerkenswerter Moment war seine Rede auf der nationalen Pride-Veranstaltung, wo er die Zuhörer mit den folgenden Worten mitriss:

> „Wir sind hier, wir sind laut, weil wir nicht mehr in den Schatten leben können. Unsere Liebe ist kein Verbrechen!"

Dieser leidenschaftliche Aufruf zur Einheit und zum Widerstand gegen Diskriminierung resonierte stark mit dem Publikum und wurde in den Medien weit verbreitet.

Herausforderungen bei Interviews

Trotz seines Talents, die Massen zu erreichen, war Wren nicht immun gegen die Herausforderungen, die mit öffentlichen Auftritten verbunden sind. Interviews können oft eine Plattform für Missverständnisse und negative Berichterstattung sein. Wren erlebte dies, als ein Interview, das ursprünglich als positiv angesehen wurde, von einem Journalisten verzerrt und aus dem Kontext gerissen wurde. Dies führte zu einer Welle von Kritik und Missverständnissen über seine Positionen.

Um dem entgegenzuwirken, entwickelte Wren Strategien, um sicherzustellen, dass seine Botschaften klar und unmissverständlich waren. Er begann, seine Antworten auf häufige Fragen im Voraus zu planen und stellte sicher, dass er immer die Gelegenheit hatte, seine Sichtweise umfassend darzulegen.

Die Rolle der Medien

Die Medien spielten eine entscheidende Rolle in Wren's Karriere. Interviews boten ihm nicht nur die Möglichkeit, seine Ansichten zu teilen, sondern auch, die Medienlandschaft herauszufordern. Wren nutzte jede Gelegenheit, um stereotype Darstellungen von LGBTQ-Personen zu hinterfragen und die Berichterstattung zu beeinflussen.

Ein Beispiel hierfür war ein Auftritt in einer populären Talkshow, wo er die Gastgeberin direkt auf die häufigen Klischees ansprach, die in den Medien über LGBTQ-Personen verbreitet wurden. Er sagte:

„Es ist an der Zeit, dass wir die Geschichten erzählen, die wirklich zählen. Geschichten von Liebe, Kämpfen und Triumph."

Seine direkte Ansprache der Medien half, das Bewusstsein für die Notwendigkeit einer verantwortungsvollen Berichterstattung zu schärfen.

Langfristige Auswirkungen

Die Interviews und öffentlichen Reden von Wren Bond hatten nicht nur kurzfristige Auswirkungen, sondern trugen auch zur langfristigen Veränderung in der Gesellschaft bei. Durch seine Fähigkeit, komplexe Themen in verständlicher Sprache zu vermitteln, half er, das Bewusstsein für LGBTQ-Anliegen zu schärfen und die öffentliche Meinung zu beeinflussen.

Die Resonanz auf seine Reden führte zu einer verstärkten Diskussion über LGBTQ-Rechte in den sozialen Medien und in der breiten Öffentlichkeit. Wren wurde schnell zu einem gefragten Sprecher auf Konferenzen und Veranstaltungen, wo er nicht nur über die Herausforderungen der LGBTQ-Community sprach, sondern auch über die Notwendigkeit von Solidarität und Unterstützung.

Fazit

Insgesamt waren Wren Bonds Interviews und öffentlichen Reden ein entscheidender Bestandteil seines Aktivismus. Sie ermöglichten es ihm, seine Botschaften zu verbreiten, die Medienlandschaft herauszufordern und das

Bewusstsein für die Rechte der LGBTQ-Community zu schärfen. Seine Fähigkeit, durch Worte zu inspirieren und zu mobilisieren, machte ihn zu einer zentralen Figur im Kampf gegen Diskriminierung und für Gleichheit.

Die Kombination aus Leidenschaft, Klarheit und der Bereitschaft, sich den Herausforderungen zu stellen, machte Wren zu einem Vorbild für viele aufstrebende Aktivisten. Er zeigte, dass die Stimme eines Einzelnen eine mächtige Waffe im Kampf für Gerechtigkeit sein kann.

Die Reaktion der Gesellschaft

Die Reaktion der Gesellschaft auf Wren Bonds Aktivismus war sowohl vielschichtig als auch dynamisch. In einer Welt, in der die LGBTQ-Community oft mit Vorurteilen und Diskriminierung konfrontiert ist, war Wren's Auftreten als Aktivist ein Katalysator für Diskussionen und Veränderungen. Diese Reaktion kann in verschiedenen Kategorien analysiert werden: Unterstützung, Widerstand, Medienberichterstattung und gesellschaftliche Veränderungen.

Unterstützung und Solidarität

Ein Großteil der Gesellschaft reagierte positiv auf Wren Bonds Engagement. Viele Menschen, sowohl innerhalb als auch außerhalb der LGBTQ-Community, fanden in Wren eine Stimme, die ihre eigenen Kämpfe und Hoffnungen widerspiegelte. Unterstützungsgruppen und Netzwerke bildeten sich, um Wren zu unterstützen. Diese Gruppen organisierten Veranstaltungen, um Bewusstsein zu schaffen und Spenden für Wren's Projekte zu sammeln.

Ein Beispiel für diese Unterstützung war die „Pride Parade" in der Stadt, wo Wren als Hauptredner auftrat. Die Parade zog Tausende von Menschen an, die mit Regenbogenfahnen und Plakaten, die Wren unterstützten, durch die Straßen zogen. Diese Art von öffentlicher Unterstützung war entscheidend, um das Gefühl der Gemeinschaft und des Zusammenhalts zu stärken.

Widerstand und Kritik

Trotz der positiven Reaktionen gab es auch signifikanten Widerstand gegen Wren's Botschaften und Aktivitäten. Konservative Gruppen und Einzelpersonen äußerten häufig ihre Ablehnung und kritisierten Wren scharf. Diese Kritiker argumentierten, dass Wren's Ansichten die traditionellen Werte der Gesellschaft untergraben würden.

Ein prägnantes Beispiel war die Gegenbewegung, die sich um die „Wren muss schweigen"-Kampagne formierte, die versuchte, Wren aus öffentlichen

Diskussionen auszuschließen. Diese Kampagne nutzte soziale Medien, um ihre Botschaften zu verbreiten, was zu einem Anstieg von Hasskommentaren und Bedrohungen gegen Wren führte.

Die Reaktion auf diese Angriffe war jedoch bemerkenswert. Wren nutzte die Kritik als Antrieb, um noch entschlossener für die Rechte der LGBTQ-Community einzutreten. Diese Widerstände führten zu einer verstärkten Mobilisierung von Unterstützern, die sich in sozialen Medien zusammenschlossen und Wren verteidigten.

Medienberichterstattung

Die Medien spielten eine entscheidende Rolle in der Wahrnehmung von Wren Bond und seinem Aktivismus. Berichterstattung über Wren war oft polarisiert; während einige Medien Wren als Held darstellten, der für Gerechtigkeit und Gleichheit kämpft, berichteten andere kritisch und stellten Wren's Ansichten als extrem dar.

Die Berichterstattung über Wren's erste große Medienauftritte, wie Interviews in nationalen Nachrichten und Talkshows, zeigte, wie die Gesellschaft auf seine Botschaften reagierte. In einem Interview erklärte Wren:

„Es ist nicht nur mein Kampf, es ist der Kampf von Millionen. Wir müssen zusammenstehen, um die Diskriminierung zu bekämpfen!"

Diese Art von Aussagen erregte sowohl Bewunderung als auch Widerstand. Einige Medien nutzten Wren's Worte, um eine breitere Diskussion über LGBTQ-Rechte und gesellschaftliche Akzeptanz zu fördern, während andere versuchten, Wren's Aussagen zu entstellen, um eine negative Narrative zu schaffen.

Gesellschaftliche Veränderungen

Die Reaktion auf Wren Bond führte zu greifbaren gesellschaftlichen Veränderungen. Wren's Aktivismus inspirierte viele Menschen, sich ebenfalls für die Rechte der LGBTQ-Community einzusetzen. In Schulen und Universitäten wurden Initiativen zur Förderung von Vielfalt und Inklusion ins Leben gerufen, die Wren's Botschaften widerspiegelten.

Ein bemerkenswertes Beispiel ist die Einführung von „Safe Spaces" in Schulen, die als Rückzugsorte für LGBTQ-Schüler dienen sollten. Diese Initiative wurde von Wren inspiriert und führte zu einer breiteren Diskussion über die Notwendigkeit von Unterstützungssystemen für marginalisierte Gruppen.

Darüber hinaus trugen Wren's Bemühungen dazu bei, dass sich die öffentliche Meinung über LGBTQ-Rechte veränderte. Umfragen zeigten einen Anstieg der Unterstützung für Gleichstellungsgesetze und Anti-Diskriminierungsmaßnahmen. Diese Veränderungen sind ein direktes Ergebnis von Wren's unermüdlichem Einsatz und der Reaktion der Gesellschaft auf seine Botschaften.

Schlussfolgerung

Zusammenfassend lässt sich sagen, dass die Reaktion der Gesellschaft auf Wren Bond ein komplexes Zusammenspiel von Unterstützung, Widerstand, Medienberichterstattung und gesellschaftlichen Veränderungen war. Wren's Einfluss reichte über individuelle Geschichten hinaus und trug dazu bei, eine breitere gesellschaftliche Diskussion über Diskriminierung und Gleichheit zu fördern. Die Reaktion der Gesellschaft auf Wren ist ein Beweis dafür, wie wichtig es ist, eine Stimme zu haben und für die eigenen Überzeugungen einzutreten, selbst wenn der Weg voller Herausforderungen ist.

Wren und die Politik

Wren Bond war nicht nur ein Aktivist, sondern auch ein visionärer Denker, der die politische Landschaft seiner Zeit maßgeblich beeinflusste. In einer Ära, in der LGBTQ-Rechte oft marginalisiert wurden, erkannte Wren die Notwendigkeit, sich aktiv in politische Prozesse einzubringen. Seine Ansichten zur Politik waren nicht nur von persönlicher Erfahrung geprägt, sondern auch von einem tiefen Verständnis für die Mechanismen, die gesellschaftliche Veränderungen bewirken können.

Politische Strategien und Ansätze

Wren entwickelte eine Vielzahl politischer Strategien, um die Anliegen der LGBTQ-Community in den Vordergrund zu rücken. Eine seiner zentralen Ansätze war die Bildung von Allianzen mit anderen sozialen Bewegungen. Er glaubte fest daran, dass gemeinsame Anstrengungen mit feministischen, rassistischen und Umweltbewegungen die Stimme der LGBTQ-Community verstärken könnten. Diese intersektionale Strategie war entscheidend, um ein breiteres Publikum zu erreichen und gesellschaftliche Unterstützung zu gewinnen.

Einfluss auf Gesetzesänderungen

Ein herausragendes Beispiel für Wrens Einfluss auf die Politik war seine Rolle bei der Kampagne zur Legalisierung der gleichgeschlechtlichen Ehe. Wren organisierte zahlreiche Protestaktionen und Veranstaltungen, die das öffentliche Bewusstsein für die Ungleichheit schärften. Er nutzte soziale Medien, um Geschichten von Betroffenen zu teilen, was zu einer Welle der Unterstützung führte. In einem bemerkenswerten Interview erklärte Wren:

> „Es geht nicht nur um das Recht zu heiraten; es geht darum, dass jede Beziehung, unabhängig von Geschlecht oder sexueller Orientierung, die gleiche Würde und Anerkennung verdient."

Diese Perspektive half, eine breitere Diskussion über die Rechte von LGBTQ-Personen in der Gesellschaft zu entfachen.

Kritik und Widerstand

Trotz seines Engagements sah sich Wren auch mit erheblichem Widerstand konfrontiert. Kritiker, die die traditionelle Definition von Familie verteidigten, versuchten, seine Initiativen zu untergraben. Wren begegnete dieser Kritik mit einer Kombination aus Humor und Fakten. In einer seiner Reden sagte er:

> „Wenn Liebe die Antwort ist, dann sollten wir alle bereit sein, die Fragen zu überdenken!"

Diese Fähigkeit, ernste Themen mit Leichtigkeit zu behandeln, machte ihn zu einem gefragten Sprecher, der auch die Herzen der Skeptiker gewinnen konnte.

Zusammenarbeit mit politischen Akteuren

Wren verstand, dass echte Veränderungen oft durch politische Akteure vorangetrieben werden müssen. Er suchte aktiv den Dialog mit Politikern und Entscheidungsträgern, um die Anliegen der LGBTQ-Community direkt anzusprechen. Sein unermüdlicher Einsatz führte zu mehreren Treffen mit hochrangigen Politikern, bei denen er die Bedeutung von Gesetzen zur Bekämpfung von Diskriminierung und zur Förderung von Gleichheit betonte.

Ein Beispiel für diesen politischen Einfluss war die Zusammenarbeit mit einer lokalen Regierung, um eine Charta für Gleichstellung zu entwickeln. Wren war maßgeblich daran beteiligt, die Stimmen der LGBTQ-Community in diesen Prozess einzubringen. Die Charta wurde schließlich verabschiedet und diente als Modell für andere Städte im Land.

Langfristige Auswirkungen

Die Auswirkungen von Wrens politischem Engagement sind bis heute spürbar. Seine Arbeit hat nicht nur zur Legalisierung der gleichgeschlechtlichen Ehe beigetragen, sondern auch das Bewusstsein für die Rechte von LGBTQ-Personen in der politischen Arena geschärft. Wren hat Generationen von Aktivisten inspiriert, sich für soziale Gerechtigkeit einzusetzen und die Bedeutung von politischem Engagement zu erkennen.

Zusammenfassend lässt sich sagen, dass Wren Bond nicht nur ein Aktivist, sondern auch ein politischer Stratege war, dessen Einfluss weit über die Grenzen seiner Zeit hinausgeht. Sein Engagement und seine Fähigkeit, verschiedene gesellschaftliche Strömungen zu vereinen, haben dazu beigetragen, eine inklusivere und gerechtere Gesellschaft zu schaffen. Wren lehrte uns, dass Politik nicht nur für die Mächtigen ist, sondern für jeden, der bereit ist, seine Stimme zu erheben und für das einzutreten, was richtig ist.

Einfluss auf Gesetzesänderungen

Wren Bond hat durch seinen unermüdlichen Einsatz für die LGBTQ-Community maßgeblich zur Veränderung von Gesetzen und Politiken beigetragen, die Diskriminierung und Ungerechtigkeit bekämpfen. Der Einfluss von Wren auf Gesetzesänderungen lässt sich durch verschiedene Aspekte und Beispiele klar nachvollziehen.

Theoretische Grundlagen

Die Theorie des sozialen Wandels, wie sie von Theoretikern wie Karl Marx und Max Weber beschrieben wird, legt nahe, dass gesellschaftliche Bewegungen oft als Reaktion auf bestehende Ungerechtigkeiten entstehen. Wren Bond verkörperte diese Theorie, indem er die Stimme der Unterdrückten erhob und eine Bewegung initiierte, die nicht nur auf soziale, sondern auch auf rechtliche Veränderungen abzielte.

$$\text{Sozialer Wandel} = f(\text{Mobilisierung} + \text{Politischer Druck})$$

Hierbei steht f für die Funktion, die den sozialen Wandel beschreibt, wobei Mobilisierung und politischer Druck die Hauptfaktoren sind, die diesen Wandel vorantreiben.

Herausforderungen

Trotz seines Engagements sah sich Wren zahlreichen Herausforderungen gegenüber. Politische Gegner und konservative Gruppen versuchten oft, Fortschritte zu blockieren, indem sie Gesetze einführten, die Diskriminierung legitimierten oder die Rechte von LGBTQ-Personen einschränkten. Ein Beispiel hierfür ist das Gesetz zur "Schutz der traditionellen Ehe", das in vielen Ländern eingeführt wurde, um gleichgeschlechtliche Ehen zu verhindern.

Erfolge und konkrete Beispiele

Wren Bond war maßgeblich an der Kampagne beteiligt, die zur Legalisierung der gleichgeschlechtlichen Ehe in seinem Heimatland führte. Durch eine Kombination aus öffentlichem Druck, rechtlichen Klagen und der Mobilisierung der Community konnte er eine Welle der Unterstützung erzeugen, die letztendlich zu einer Gesetzesänderung führte.

Ein Beispiel für eine erfolgreiche Gesetzesänderung ist das *Equality Act*, das in vielen Ländern eingeführt wurde und Diskriminierung aufgrund der sexuellen Orientierung und Geschlechtsidentität in verschiedenen Bereichen, einschließlich Beschäftigung, Wohnraum und Bildung, verbietet. Wren war oft in den Medien zu sehen, wo er für die Unterstützung dieses Gesetzes warb und die Stimmen derjenigen hörbar machte, die unter Diskriminierung litten.

Einfluss auf die politische Landschaft

Wren Bond hat nicht nur zur Schaffung neuer Gesetze beigetragen, sondern auch die politische Landschaft verändert, indem er LGBTQ-Aktivisten in politische Ämter brachte. Er arbeitete eng mit aufstrebenden politischen Führern zusammen, die sich für die Rechte der LGBTQ-Community einsetzten. Diese Zusammenarbeit führte dazu, dass viele dieser Politiker in der Lage waren, Gesetzesentwürfe einzubringen und zu unterstützen, die die Rechte von LGBTQ-Personen schützten.

Langfristige Auswirkungen

Die langfristigen Auswirkungen von Wrens Arbeit sind in der heutigen Gesellschaft sichtbar. Gesetze, die durch seine Bemühungen eingeführt wurden, haben nicht nur das Leben von Millionen von Menschen verbessert, sondern auch eine Kultur des Respekts und der Akzeptanz gefördert. Die Tatsache, dass LGBTQ-Personen heute in vielen Ländern rechtlich gleichgestellt sind, ist ein direktes Ergebnis des Aktivismus, den Wren und seine Mitstreiter geleistet haben.

$$Gesetzesänderung \propto Aktivismus + Öffentliche\ Unterstützung$$

Hierbei zeigt die Gleichung, dass die Gesetzesänderung direkt proportional zum Aktivismus und zur öffentlichen Unterstützung ist. Wren Bond hat es verstanden, diese beiden Elemente zu kombinieren, um signifikante Veränderungen herbeizuführen.

Schlussfolgerung

Zusammenfassend lässt sich sagen, dass Wren Bonds Einfluss auf Gesetzesänderungen nicht nur eine Reihe von Gesetzen zur Gleichstellung der LGBTQ-Community umfasst, sondern auch eine fundamentale Veränderung in der Wahrnehmung und dem Umgang mit diesen Themen in der Gesellschaft bewirkt hat. Sein Engagement und seine Fähigkeit, Menschen zu mobilisieren, haben nicht nur rechtliche, sondern auch kulturelle Veränderungen angestoßen, die das Leben vieler Menschen nachhaltig verbessert haben.

Wren als Symbolfigur

In der heutigen Gesellschaft ist die Repräsentation von LGBTQ-Personen in verschiedenen Bereichen von entscheidender Bedeutung. Wren Bond hat sich als Symbolfigur für die Rechte und die Sichtbarkeit dieser Gemeinschaft etabliert. Dies geschah nicht nur durch seine öffentlichen Auftritte, sondern auch durch die Art und Weise, wie er seine persönliche Geschichte in den Dienst des Aktivismus stellte. Die Symbolik, die mit Wren verbunden ist, hat viele Dimensionen und bietet einen tiefen Einblick in die Herausforderungen und Triumphe der LGBTQ-Community.

Die Entstehung einer Symbolfigur

Wren wurde nicht über Nacht zu einem Symbol des Wandels. Seine Reise begann in den frühen Jahren seines Aktivismus, als er erkannte, dass seine Stimme und seine Erfahrungen anderen helfen könnten. In seinen ersten öffentlichen Reden sprach Wren oft über die Diskriminierung, die er selbst erlebt hatte. Diese persönlichen Geschichten berührten viele Menschen und schufen eine Verbindung zwischen ihm und seinem Publikum.

Ein Beispiel für seine Fähigkeit, als Symbolfigur zu fungieren, war seine Rede bei der jährlichen Pride-Parade in seiner Heimatstadt. Wren sprach über die Bedeutung von Selbstakzeptanz und die Notwendigkeit, für die eigenen Rechte einzustehen. Seine Worte fanden großen Anklang und inspirierten viele, sich ebenfalls für die LGBTQ-Rechte einzusetzen. Diese Art der Verbindung ist entscheidend, um als Symbolfigur anerkannt zu werden; es ist nicht nur wichtig, gehört zu werden, sondern auch, dass die Botschaft resoniert.

Einfluss auf die Gesellschaft

Wren Bond hat nicht nur die LGBTQ-Community beeinflusst, sondern auch die breitere Gesellschaft. Durch seine öffentliche Präsenz hat er dazu beigetragen, Vorurteile abzubauen und das Bewusstsein für LGBTQ-Anliegen zu schärfen. Seine Aktivitäten und die Art und Weise, wie er sich präsentiert, haben dazu geführt, dass viele Menschen Wren als eine Art „Gesicht" der Bewegung sehen.

Eine Studie von Smith et al. (2021) zeigt, dass die Sichtbarkeit von LGBTQ-Personen in den Medien und der Politik einen direkten Einfluss auf die öffentliche Meinung hat. Wren ist ein lebendiges Beispiel dafür, wie eine Einzelperson die Wahrnehmung einer gesamten Gemeinschaft verändern kann. Er hat es geschafft, eine Brücke zwischen verschiedenen Gruppen zu schlagen und die Bedeutung von Solidarität und Verständnis zu betonen.

Herausforderungen und Kritiker

Trotz seines Erfolges als Symbolfigur steht Wren auch vor Herausforderungen. Kritiker werfen ihm vor, nicht genug für marginalisierte Gruppen innerhalb der LGBTQ-Community zu tun. Diese Kritik ist nicht unbegründet, da es innerhalb der Community unterschiedliche Stimmen und Bedürfnisse gibt. Wren hat jedoch immer betont, dass er bereit ist, zuzuhören und zu lernen.

Ein Beispiel für diese Herausforderungen war die Kontroverse um eine seiner Reden, in der er nicht ausreichend auf die Probleme von Transgender-Personen einging. Dies führte zu einem öffentlichen Aufschrei und einer Debatte über die Relevanz seiner Stimme in der Bewegung. Wren reagierte darauf, indem er sich mit Trans-Aktivisten zusammenschloss und seine Ansichten anpasste, um inklusiver zu sein.

Die Kraft der Symbolik

Die Symbolik, die Wren verkörpert, ist tief in der Vorstellung verwurzelt, dass eine Einzelperson Veränderungen bewirken kann. Er ist nicht nur ein Aktivist; er ist ein Symbol für Hoffnung und den unaufhörlichen Kampf um Gleichheit. Diese Symbolik manifestiert sich in verschiedenen Formen, sei es durch Kunst, soziale Medien oder öffentliche Auftritte.

Ein Beispiel für die Kraft dieser Symbolik ist das virale Video, in dem Wren mit Jugendlichen über ihre Erfahrungen spricht. Die Reaktionen auf dieses Video waren überwältigend positiv, und viele junge Menschen berichteten, dass sie sich durch Wrens Worte ermutigt fühlten, ihre eigene Identität zu akzeptieren und für ihre Rechte einzutreten.

Zusammenfassung und Ausblick

Zusammenfassend lässt sich sagen, dass Wren Bond nicht nur ein Aktivist, sondern auch eine bedeutende Symbolfigur für die LGBTQ-Community ist. Seine Fähigkeit, persönliche Geschichten in den Dienst des Aktivismus zu stellen, hat ihm geholfen, eine breite Anhängerschaft zu gewinnen und das Bewusstsein für wichtige Themen zu schärfen. Trotz der Herausforderungen, mit denen er konfrontiert ist, bleibt Wren ein leuchtendes Beispiel dafür, wie eine Stimme, die für Gerechtigkeit und Gleichheit spricht, einen bleibenden Einfluss auf die Gesellschaft haben kann.

In den kommenden Jahren wird es entscheidend sein, wie Wren seine Rolle als Symbolfigur weiterentwickelt. Die Herausforderungen, die noch bestehen, erfordern eine ständige Reflexion und Anpassung. Wren hat die Möglichkeit, nicht nur als Symbol für den Wandel, sondern auch als Mentor für die nächste Generation von Aktivisten zu fungieren. Die Zukunft des Aktivismus wird stark von solchen Symbolfiguren abhängen, die bereit sind, sich weiterzuentwickeln und für die Rechte aller zu kämpfen.

Kritiker und Unterstützer

Im Laufe von Wren Bonds Aktivismus stellte sich schnell heraus, dass der Weg zur Veränderung nicht immer von einhelliger Zustimmung begleitet war. Während Wren zahlreiche Unterstützer gewann, gab es auch eine signifikante Zahl von Kritikern, die seine Ansichten und Methoden in Frage stellten. In diesem Abschnitt werden wir die Dynamik zwischen diesen beiden Gruppen untersuchen und die Auswirkungen auf Wren's Arbeit im Aktivismus analysieren.

Die Unterstützer: Eine Gemeinschaft des Wandels

Wren Bond fand in verschiedenen Kreisen Unterstützung, sowohl innerhalb der LGBTQ-Community als auch darüber hinaus. Diese Unterstützer waren oft motiviert durch eine gemeinsame Vision von Gleichheit und Akzeptanz. Die Mobilisierung dieser Gemeinschaft war entscheidend für den Erfolg von Wrens Initiativen.

1. Die Rolle von Unterstützungsgruppen Unterstützungsgruppen spielten eine zentrale Rolle in Wrens Aufstieg. Diese Gruppen, die oft aus Gleichgesinnten bestanden, boten nicht nur emotionale Unterstützung, sondern auch praktische Hilfe. Sie organisierten Veranstaltungen, um Bewusstsein zu schaffen und Ressourcen zu mobilisieren. Ein Beispiel hierfür ist die Gründung der „Youth for Equality"-Gruppe, die sich für die Rechte junger LGBTQ-Personen einsetzte. Ihre Aktionen, wie der jährliche Pride-Marsch, zogen Tausende von Unterstützern an und schufen ein starkes Gefühl der Gemeinschaft.

2. Ein Netzwerk von Allianzen Wren baute strategische Allianzen mit verschiedenen Organisationen auf, die ähnliche Ziele verfolgten. Diese Zusammenarbeit führte zu einer stärkeren Stimme und einem größeren Einfluss in der Öffentlichkeit. Die Partnerschaft mit der „Human Rights Campaign" ermöglichte es Wren, Zugang zu Ressourcen und Plattformen zu erhalten, die seine Botschaft weiter verbreiteten. Diese Allianzen waren nicht nur wichtig für die Sichtbarkeit, sondern auch für die Mobilisierung von Unterstützern, die sich in den sozialen Medien und bei Veranstaltungen engagierten.

Die Kritiker: Widerstand und Herausforderungen

Trotz der breiten Unterstützung sah sich Wren auch einer Vielzahl von Kritikern gegenüber, die seine Methoden und Ansichten anfechteten. Diese Kritiker kamen aus verschiedenen Ecken der Gesellschaft, einschließlich konservativer Gruppen, die sich gegen die LGBTQ-Rechte aussprachen.

1. Die Argumente der Kritiker Die Kritiker von Wren argumentierten häufig, dass seine Ansätze zu radikal oder konfrontativ seien. Sie behaupteten, dass ein sanfterer Ansatz, der auf Dialog und Kompromiss basiert, effektiver sei. Diese Sichtweise wurde oft von politischen Gegnern und konservativen Medien propagiert, die Wren als Bedrohung für traditionelle Werte darstellten. Ein Beispiel für diese Art der Kritik war ein Artikel in einer renommierten Zeitung, der Wren als „Spalter" bezeichnete und seine Methoden als „aggressiv" und „unüberlegt" kritisierte.

2. Der Umgang mit Kritik Wren war sich der Kritik bewusst, die ihm entgegengebracht wurde, und entwickelte Strategien, um damit umzugehen. Er wählte oft den Weg des konstruktiven Dialogs, indem er versuchte, die Bedenken seiner Kritiker zu verstehen und darauf zu reagieren. In öffentlichen Reden betonte er die Bedeutung des Respekts und der Empathie, selbst gegenüber denen, die ihm widersprachen. Diese Haltung half ihm nicht nur, seine Glaubwürdigkeit zu wahren, sondern auch, den Dialog über kontroverse Themen aufrechtzuerhalten.

Die Auswirkungen auf Wren's Aktivismus

Die Wechselwirkungen zwischen Unterstützern und Kritikern hatten tiefgreifende Auswirkungen auf Wren's Aktivismus. Die Unterstützung ermöglichte es ihm, seine Botschaft zu verbreiten und bedeutende Fortschritte zu erzielen, während die Kritik ihn dazu zwang, seine Ansätze zu überdenken und zu verfeinern.

1. Stärkung der Bewegung durch Widerstand Die Herausforderungen, denen Wren gegenüberstand, trugen dazu bei, die LGBTQ-Bewegung zu stärken. Der Widerstand führte oft zu einer verstärkten Mobilisierung der Unterstützer, die sich solidarisch mit Wren zeigten. Diese Dynamik zeigt sich besonders in Zeiten intensiver öffentlicher Debatten, wie während der Diskussionen über die Gleichstellung der Ehe. Wren's Fähigkeit, auf die Kritik zu reagieren und gleichzeitig die Unterstützung zu mobilisieren, machte ihn zu einer zentralen Figur in der Bewegung.

2. Ein ausgewogenes Bild des Aktivismus Die Dualität von Kritik und Unterstützung verdeutlicht, dass Aktivismus oft ein komplexer und dynamischer Prozess ist. Wren lernte, die Stimmen beider Seiten zu integrieren und eine inklusive Plattform zu schaffen, die sowohl die Bedürfnisse der Unterstützer als auch die Bedenken der Kritiker berücksichtigte. Diese Fähigkeit, Brücken zu bauen, war entscheidend für seinen Erfolg und half, eine breitere Akzeptanz für LGBTQ-Rechte in der Gesellschaft zu fördern.

Fazit

Die Beziehung zwischen Wren Bond und seinen Kritikern sowie Unterstützern ist ein faszinierendes Beispiel für die Herausforderungen und Triumphe, die Aktivisten im Kampf für soziale Gerechtigkeit erleben. Wren's Fähigkeit, sich in einem komplexen sozialen Gefüge zu navigieren, zeigt, dass der Weg zur

Veränderung oft durch einen Dialog zwischen verschiedenen Perspektiven und Erfahrungen geebnet wird. Letztendlich ist es diese Mischung aus Unterstützung und Kritik, die Wren als Aktivisten geprägt hat und sein Vermächtnis in der LGBTQ-Bewegung weiterlebt.

Die Entwicklung einer eigenen Stimme

Die Entwicklung einer eigenen Stimme ist ein zentraler Aspekt im Leben eines Aktivisten, insbesondere für Wren Bond, der in der LGBTQ-Community eine bedeutende Rolle spielt. Diese Phase ist nicht nur eine persönliche Reise, sondern auch eine gesellschaftliche Notwendigkeit, um Gehör zu finden und Veränderungen herbeizuführen. Wren's Weg zur eigenen Stimme war geprägt von verschiedenen Herausforderungen, Einflüssen und Einsichten, die es ihm ermöglichten, sich authentisch und kraftvoll auszudrücken.

Der Prozess der Selbstfindung

Die Suche nach einer eigenen Stimme beginnt oft mit der Auseinandersetzung mit der eigenen Identität. Wren erlebte in seiner Jugend eine Vielzahl von inneren Konflikten, die durch die gesellschaftlichen Normen und Erwartungen verstärkt wurden. Diese Konflikte führten zu einem tiefen Bedürfnis, seine Gedanken und Gefühle zu artikulieren. Ein entscheidender Moment war, als Wren begann, seine Erfahrungen in Form von Tagebucheinträgen und Gedichten festzuhalten. Diese schriftlichen Ausdrucksformen halfen ihm nicht nur, seine Emotionen zu verarbeiten, sondern auch, seine Stimme zu finden.

Einfluss von Vorbildern

Ein weiterer wichtiger Faktor in der Entwicklung von Wrens Stimme war der Einfluss von anderen Aktivisten und Vorbildern. Begegnungen mit Persönlichkeiten wie Marsha P. Johnson und Harvey Milk inspirierten Wren dazu, seine eigene Meinung zu äußern und sich für die Rechte der LGBTQ-Community einzusetzen. Diese Vorbilder zeigten ihm, dass es möglich ist, trotz Widrigkeiten gehört zu werden. Wren begann, deren Reden und Schriften zu studieren, um zu verstehen, wie sie ihre Botschaften formulierten und welche rhetorischen Mittel sie verwendeten. Dies führte zu einer bewussteren Auseinandersetzung mit der Sprache und der Art und Weise, wie er seine Botschaften übermitteln wollte.

Die Macht der Sprache

Sprache ist ein mächtiges Werkzeug im Aktivismus. Wren lernte, dass die Art und Weise, wie er seine Gedanken formulierte, entscheidend dafür war, wie sie von anderen wahrgenommen wurden. Er experimentierte mit verschiedenen Stilrichtungen, von emotionalen Appellen bis hin zu sachlichen Argumenten, um die bestmögliche Wirkung zu erzielen. Ein Beispiel hierfür war seine Rede bei der ersten Pride-Parade, bei der er eine Mischung aus Humor und Ernsthaftigkeit verwendete, um die Zuhörer zu fesseln und zu mobilisieren. Diese Fähigkeit, Emotionen zu wecken und gleichzeitig informativ zu sein, wurde zu einem Markenzeichen von Wrens öffentlichem Auftreten.

Herausforderungen der Selbstverwirklichung

Trotz seiner Fortschritte hatte Wren mit verschiedenen Herausforderungen zu kämpfen, die seine Stimme bedrohten. Kritiker, die seine Ansichten in Frage stellten oder seine Identität nicht akzeptierten, führten zu Selbstzweifeln. In solchen Momenten war es wichtig für Wren, sich auf seine Werte zu besinnen und sich daran zu erinnern, warum er aktiv war. Die Unterstützung von Gleichgesinnten und Mentoren war entscheidend, um diese Herausforderungen zu überwinden. Wren lernte, dass es in Ordnung ist, verletzlich zu sein und dass der Austausch von Erfahrungen mit anderen eine starke Quelle der Bestärkung sein kann.

Die Rolle von Social Media

In der heutigen Zeit spielt Social Media eine entscheidende Rolle bei der Entwicklung einer eigenen Stimme. Wren nutzte Plattformen wie Twitter und Instagram, um seine Gedanken und Ideen zu verbreiten. Diese digitalen Räume ermöglichten es ihm, direkt mit einer breiten Öffentlichkeit zu kommunizieren und eine Community aufzubauen. Er erkannte, dass die Nutzung von Social Media nicht nur eine Möglichkeit war, seine Stimme zu erheben, sondern auch eine Plattform, um andere zu ermutigen, sich ebenfalls zu äußern. Die Interaktion mit seinen Followern half ihm, seine Ansichten zu verfeinern und neue Perspektiven zu gewinnen.

Die Bedeutung von Authentizität

Ein zentraler Aspekt von Wrens Stimme war die Authentizität. Er stellte fest, dass die Menschen am meisten auf ihn reagierten, wenn er ehrlich und offen über seine

Erfahrungen sprach. Diese Authentizität schuf eine tiefere Verbindung zu seinem Publikum und machte seine Botschaften wirkungsvoller. Wren ermutigte andere, ebenfalls authentisch zu sein, und betonte, dass jeder Mensch eine einzigartige Stimme hat, die es wert ist, gehört zu werden. Diese Erkenntnis war nicht nur für Wren selbst befreiend, sondern auch für viele, die sich in seiner Botschaft wiederfanden.

Schlussfolgerung

Die Entwicklung einer eigenen Stimme ist ein dynamischer und fortlaufender Prozess, der von persönlichen Erfahrungen, gesellschaftlichen Einflüssen und der Bereitschaft zur Selbstreflexion geprägt ist. Für Wren Bond war dieser Prozess entscheidend, um nicht nur als Individuum, sondern auch als Aktivist zu wachsen. Seine Reise zeigt, dass die Suche nach einer eigenen Stimme nicht nur eine persönliche Herausforderung ist, sondern auch eine kollektive Verantwortung, die es zu teilen gilt. Indem wir unsere Stimmen erheben, können wir nicht nur unsere eigenen Geschichten erzählen, sondern auch die Geschichten anderer hörbar machen und somit einen bedeutenden Beitrag zur Gesellschaft leisten.

Wren und internationale Bewegungen

Wren Bond hat sich nicht nur auf nationaler Ebene für die LGBTQ-Community eingesetzt, sondern auch aktiv an internationalen Bewegungen teilgenommen. Diese globalen Initiativen sind entscheidend, um Diskriminierung und Ungerechtigkeit auf der ganzen Welt zu bekämpfen. In diesem Abschnitt werden wir die Rolle von Wren in internationalen Bewegungen, die Herausforderungen, mit denen er konfrontiert war, und die Erfolge, die er erzielt hat, beleuchten.

Die globale Perspektive des Aktivismus

Wren erkannte früh, dass Diskriminierung nicht auf nationale Grenzen beschränkt ist. In einer Welt, in der LGBTQ-Personen in vielen Ländern noch immer rechtlich und sozial benachteiligt werden, war es für Wren unerlässlich, sich mit internationalen Organisationen zu vernetzen. Er nahm an Konferenzen teil, die von der *International Lesbian, Gay, Bisexual, Trans and Intersex Association* (ILGA) organisiert wurden, und brachte seine Erfahrungen und Perspektiven ein. Diese Plattformen ermöglichten es ihm, mit Aktivisten aus verschiedenen Kulturen und Hintergründen in Kontakt zu treten und gemeinsame Strategien zur Bekämpfung von Diskriminierung zu entwickeln.

Herausforderungen und Widerstände

Trotz seiner Entschlossenheit stieß Wren auf erhebliche Herausforderungen. In vielen Ländern, insbesondere in solchen mit restriktiven Gesetzen gegen LGBTQ-Rechte, war es riskant, sich offen zu engagieren. Wren berichtete von einer Konferenz in einem Land, in dem Homosexualität illegal war. Die Teilnehmer mussten sich im Geheimen treffen, und die Angst vor Verhaftung und Verfolgung war allgegenwärtig. Solche Erfahrungen verdeutlichten die Notwendigkeit internationaler Solidarität und Unterstützung.

Ein weiteres Problem war die kulturelle Sensibilität. Wren musste oft die Balance finden zwischen dem Eintreten für universelle Menschenrechte und dem Respekt vor lokalen Traditionen und Normen. Dies erforderte ein hohes Maß an Empathie und Verständnis, um sicherzustellen, dass die Botschaft des Aktivismus nicht als imperialistisch oder bevormundend wahrgenommen wurde.

Erfolge auf internationaler Ebene

Trotz dieser Herausforderungen erzielte Wren bemerkenswerte Erfolge. Er war maßgeblich an der Organisation einer internationalen Kampagne beteiligt, die auf die Rechte von LGBTQ-Personen in Ländern abzielte, in denen diese stark unterdrückt werden. Ein Beispiel ist die *#LoveIsLove*-Kampagne, die in mehreren Ländern gleichzeitig gestartet wurde und eine Welle der Unterstützung für gleichgeschlechtliche Ehen und Partnerschaften auslöste.

Wren nutzte auch soziale Medien, um internationale Bewegungen zu fördern. Durch Plattformen wie Twitter und Instagram konnte er eine breite Öffentlichkeit erreichen und Menschen aus verschiedenen Ländern mobilisieren. Seine Tweets über die Situation von LGBTQ-Personen in verschiedenen Ländern wurden viral und führten zu einer erhöhten Aufmerksamkeit und Druck auf Regierungen, Veränderungen herbeizuführen.

Die Rolle von Wren als Brückenbauer

Ein wichtiger Aspekt von Wrens Engagement war seine Fähigkeit, als Brückenbauer zwischen verschiedenen Bewegungen zu fungieren. Er erkannte, dass die Kämpfe von LGBTQ-Personen oft mit anderen sozialen Gerechtigkeitsbewegungen verbunden sind, wie der Bekämpfung von Rassismus, Sexismus und wirtschaftlicher Ungleichheit. Wren arbeitete mit Organisationen zusammen, die sich für die Rechte von Frauen, ethnischen Minderheiten und anderen marginalisierten Gruppen einsetzen. Diese intersektionale Herangehensweise stärkte nicht nur die LGBTQ-Bewegung, sondern trug auch dazu bei, ein umfassenderes Verständnis von Gerechtigkeit und Gleichheit zu fördern.

Zukunftsausblick

Wren Bond bleibt eine zentrale Figur im internationalen Aktivismus. Sein Engagement hat nicht nur das Bewusstsein für die Probleme der LGBTQ-Community geschärft, sondern auch den Weg für zukünftige Generationen von Aktivisten geebnet. Die Herausforderungen sind nach wie vor groß, aber Wren ermutigt weiterhin andere, sich zu engagieren und für eine gerechtere Welt zu kämpfen. Sein Motto, dass "Aktivismus keine Grenzen kennt", bleibt ein Leitprinzip für viele, die sich für die Rechte von LGBTQ-Personen weltweit einsetzen.

In der Reflexion über Wrens Einfluss auf internationale Bewegungen wird deutlich, dass sein Beitrag weit über die Grenzen seines Heimatlandes hinausgeht. Er ist ein Symbol für Hoffnung und Veränderung, und sein Engagement inspiriert weiterhin Menschen auf der ganzen Welt, sich für Gleichheit und Gerechtigkeit einzusetzen.

$$\text{Einfluss von Wren} = \text{Aktivismus} + \text{Internationale Zusammenarbeit} + \text{Intersektionalität} \tag{4}$$

Diese Gleichung verdeutlicht, dass Wrens Einfluss auf den internationalen Aktivismus das Ergebnis seiner unermüdlichen Arbeit und seiner Fähigkeit ist, mit anderen zusammenzuarbeiten und verschiedene soziale Bewegungen zu vereinen.

Zusammenfassend lässt sich sagen, dass Wren Bonds Engagement in internationalen Bewegungen nicht nur eine Quelle der Inspiration ist, sondern auch ein klarer Beweis dafür, dass der Kampf für die Rechte von LGBTQ-Personen ein globaler ist, der die Zusammenarbeit und Solidarität über alle Grenzen hinweg erfordert.

Die Rolle von Humor im Aktivismus

Humor hat sich als ein kraftvolles Werkzeug im Aktivismus etabliert, insbesondere in der LGBTQ-Community, wo er sowohl als Überlebensmechanismus als auch als strategisches Mittel zur Mobilisierung von Menschen dient. Die Verwendung von Humor kann dazu beitragen, Spannungen abzubauen, das Bewusstsein für soziale Probleme zu schärfen und eine breitere Öffentlichkeit zu erreichen. In diesem Abschnitt werden wir die verschiedenen Dimensionen der Rolle von

Humor im Aktivismus untersuchen, seine theoretischen Grundlagen, spezifische Probleme, die er adressiert, sowie einige eindrucksvolle Beispiele.

Theoretische Grundlagen

Die Verwendung von Humor im Aktivismus kann durch verschiedene psychologische und soziologische Theorien erklärt werden. Eine der bekanntesten Theorien ist die *Incongruity Theory*, die besagt, dass Humor entsteht, wenn es eine Diskrepanz zwischen dem Erwarteten und dem Unerwarteten gibt. Diese Diskrepanz kann genutzt werden, um ernsthafte Themen auf eine zugängliche und oft unterhaltsame Weise zu präsentieren.

Darüber hinaus wird Humor oft als eine Form der *Resilienz* betrachtet, die es Individuen und Gemeinschaften ermöglicht, mit Stress und Diskriminierung umzugehen. In der LGBTQ-Community ist Humor ein Mittel, um die Erfahrungen von Marginalisierung und Diskriminierung zu verarbeiten und gleichzeitig eine positive Identität zu fördern.

Probleme, die Humor adressiert

1. **Entstigmatisierung**: Humor kann helfen, die Stigmatisierung von LGBTQ-Personen abzubauen, indem er stereotype Vorstellungen in Frage stellt. Durch satirische Darstellungen und lustige Erzählungen können Aktivisten die Absurdität von Vorurteilen aufzeigen und somit die gesellschaftliche Wahrnehmung verändern.

2. **Mobilisierung**: Humor kann als Anreiz dienen, Menschen zu mobilisieren und zu motivieren. Ein humorvoller Ansatz kann dazu führen, dass mehr Menschen an Protesten und Veranstaltungen teilnehmen, da er eine einladende und weniger bedrohliche Atmosphäre schafft.

3. **Stressabbau**: Aktivismus kann emotional belastend sein. Humor bietet eine Möglichkeit, Stress abzubauen und die Moral innerhalb von Gemeinschaften zu stärken. Lachen kann als Katalysator für positive Emotionen fungieren und die Gemeinschaft stärken.

Beispiele für humorvolle Aktivismusstrategien

Ein bemerkenswertes Beispiel für die Verwendung von Humor im Aktivismus ist die *Queer Comedy* Bewegung, die in den letzten Jahrzehnten an Popularität gewonnen hat. Komiker wie Ellen DeGeneres und RuPaul haben Humor genutzt, um LGBTQ-Themen in den Mainstream zu bringen und gleichzeitig gesellschaftliche Normen in Frage zu stellen.

Ein weiteres Beispiel ist die Verwendung von *Satire* in sozialen Medien. Plattformen wie Twitter und Instagram haben es Aktivisten ermöglicht, humorvolle Memes und Videos zu erstellen, die auf soziale Ungerechtigkeiten aufmerksam machen. Diese Inhalte erreichen oft ein breites Publikum und fördern Diskussionen über wichtige Themen.

Zusätzlich gibt es Organisationen wie *The Trevor Project*, die Humor in ihre Aufklärungsarbeit integrieren, um junge LGBTQ-Personen zu ermutigen und zu unterstützen. Sie verwenden humorvolle Videos und Kampagnen, um ernsthafte Themen wie Suizidprävention und psychische Gesundheit anzusprechen.

Die Balance finden

Trotz der Vorteile, die Humor im Aktivismus mit sich bringt, ist es wichtig, eine Balance zu finden. Humor kann leicht missverstanden werden oder als unangemessen empfunden werden, insbesondere wenn es um sensible Themen geht. Aktivisten müssen darauf achten, dass ihr Humor nicht auf Kosten anderer geht oder bestehende Vorurteile verstärkt.

Die Herausforderung besteht darin, Humor so einzusetzen, dass er ermutigt und inspiriert, ohne die Ernsthaftigkeit der Themen zu schmälern. Ein gut platzierter Witz kann Türen öffnen, während ein unüberlegter Kommentar die Glaubwürdigkeit eines Aktivisten gefährden kann.

Fazit

Zusammenfassend lässt sich sagen, dass Humor eine wesentliche Rolle im Aktivismus spielt, insbesondere in der LGBTQ-Community. Er bietet nicht nur eine Möglichkeit, mit Diskriminierung umzugehen, sondern auch ein effektives Mittel zur Mobilisierung und Aufklärung. Durch die geschickte Verwendung von Humor können Aktivisten eine breitere Öffentlichkeit erreichen und gleichzeitig die Gesellschaft herausfordern, sich mit wichtigen sozialen Themen auseinanderzusetzen. Wie Wren Bond oft sagte: „Lachen ist der erste Schritt zur Veränderung." In einer Welt, die oft von Ernsthaftigkeit und Konflikten geprägt ist, bleibt Humor ein Lichtblick und ein Werkzeug der Hoffnung.

Herausforderungen und persönliche Kämpfe

Wren im Angesicht der Diskriminierung

Persönliche Angriffe und Kritik

Wren Bond, als prominente Figur in der LGBTQ-Community, sah sich im Laufe seiner Karriere einer Vielzahl persönlicher Angriffe und Kritiken gegenüber. Diese Angriffe waren oft nicht nur auf seine politischen Ansichten gerichtet, sondern auch auf seine Identität, seine Lebensweise und seine Rolle als Aktivist. In diesem Abschnitt werden wir die verschiedenen Dimensionen dieser Angriffe untersuchen, die Auswirkungen auf Wren und die Strategien, die er entwickelte, um damit umzugehen.

Die Natur der Angriffe

Persönliche Angriffe auf Wren kamen in verschiedenen Formen vor, einschließlich:

- **Öffentliche Verleumdung:** Wren wurde oft in sozialen Medien und in der Presse angegriffen. Kritiker verbreiteten falsche Informationen über ihn, um seinen Ruf zu schädigen. Diese Verleumdungen waren häufig darauf ausgelegt, seine Glaubwürdigkeit als Aktivist zu untergraben.

- **Hassreden:** In vielen öffentlichen Auftritten sah sich Wren mit beleidigenden Kommentaren und Hassreden konfrontiert. Diese Angriffe zielten darauf ab, seine Identität als queer und seine politischen Überzeugungen zu diskreditieren.

- **Persönliche Angriffe auf seine Lebensweise:** Kritiker nutzten oft seine persönlichen Entscheidungen, um ihn anzugreifen. Fragen zu seinem

Lebensstil, seinen Beziehungen und seiner Sexualität wurden häufig als Waffen eingesetzt, um ihn zu diskreditieren.

Psychologische Auswirkungen

Die ständigen Angriffe hatten tiefgreifende psychologische Auswirkungen auf Wren. Studien zeigen, dass Aktivisten, die mit persönlicher Kritik konfrontiert sind, häufig mit erhöhtem Stress, Angstzuständen und Depressionen kämpfen. Wren erlebte Phasen intensiver Selbstzweifel und Überforderung.

Die folgende Gleichung beschreibt den Zusammenhang zwischen Stress und psychologischer Gesundheit:

$$P = \frac{S}{R} \qquad (5)$$

wobei P die psychologische Belastung, S der Stresslevel und R die Resilienz des Individuums darstellt. In Wren's Fall führte der hohe Stresslevel durch persönliche Angriffe zu einer signifikanten Erhöhung der psychologischen Belastung.

Bewältigungsstrategien

Um mit den persönlichen Angriffen umzugehen, entwickelte Wren mehrere Strategien:

- **Selbstfürsorge:** Wren erkannte die Bedeutung von Selbstfürsorge. Er integrierte regelmäßige Pausen in seinen Aktivismus, um sich emotional zu regenerieren. Dies umfasste Aktivitäten wie Meditation, Sport und kreative Ausdrucksformen.

- **Unterstützung suchen:** Wren baute ein starkes Netzwerk von Unterstützern auf, das aus Freunden, Familie und anderen Aktivisten bestand. Diese Gemeinschaft bot ihm emotionale Unterstützung und half ihm, mit den Herausforderungen umzugehen.

- **Humor als Waffe:** Wren nutzte Humor, um die Angriffe zu entschärfen. Durch witzige Kommentare und ironische Bemerkungen konnte er die Schärfe der Kritik mindern und die negative Energie in etwas Positives umwandeln.

Beispiele aus der Praxis

Ein bemerkenswertes Beispiel für die Resilienz von Wren war ein Vorfall während einer Pride-Parade, als er von einer Gruppe von Gegendemonstranten mit hasserfüllten Parolen angegriffen wurde. Anstatt sich provozieren zu lassen, antwortete Wren mit einem humorvollen Spruch, der die Menge zum Lachen brachte und die Stimmung auflockerte. Dies zeigte nicht nur seine Fähigkeit, mit Kritik umzugehen, sondern auch, wie Humor als Werkzeug im Aktivismus eingesetzt werden kann.

Fazit

Persönliche Angriffe und Kritik sind unvermeidliche Begleiter eines Aktivistenlebens. Wren Bonds Erfahrungen verdeutlichen, wie wichtig es ist, Resilienz zu entwickeln und gesunde Bewältigungsmechanismen zu implementieren. Durch Selbstfürsorge, Unterstützung von Gleichgesinnten und den Einsatz von Humor konnte Wren nicht nur seine eigene psychische Gesundheit schützen, sondern auch seine Rolle als Aktivist stärken. In einer Welt, die oft von Vorurteilen und Hass geprägt ist, bleibt Wren ein leuchtendes Beispiel für Stärke und Entschlossenheit im Angesicht von Widrigkeiten.

Der Umgang mit Stress und Druck

Stress und Druck sind unvermeidliche Begleiter im Leben eines Aktivisten. Für Wren Bond war der Umgang mit diesen Herausforderungen eine zentrale Fähigkeit, die es ihm ermöglichte, seine Mission fortzusetzen und gleichzeitig seine persönliche Gesundheit und sein Wohlbefinden zu bewahren. In diesem Abschnitt werden wir die verschiedenen Strategien beleuchten, die Wren anwendete, um mit Stress und Druck umzugehen, sowie die theoretischen Grundlagen, die diesen Ansätzen zugrunde liegen.

Theoretische Grundlagen

Stress kann definiert werden als eine Reaktion des Körpers auf Anforderungen oder Bedrohungen, die als überwältigend oder belastend wahrgenommen werden. Die Stressreaktion aktiviert das *sympathische Nervensystem*, was zu einer erhöhten Ausschüttung von Stresshormonen wie Adrenalin und Cortisol führt. Diese Reaktion kann kurzfristig nützlich sein, um in Krisensituationen schnell zu handeln. Langfristig jedoch kann chronischer Stress zu gesundheitlichen

Problemen führen, einschließlich Angstzuständen, Depressionen und physischen Erkrankungen.

Laut der *Transaktionalen Stressmodell* von Lazarus und Folkman wird Stress als Ergebnis einer Wechselwirkung zwischen einer Person und ihrer Umwelt betrachtet. Der Umgang mit Stress hängt von der Wahrnehmung der Bedrohung und den verfügbaren Bewältigungsressourcen ab. Wren erkannte, dass die Art und Weise, wie er auf Stressoren reagierte, entscheidend für seine Fähigkeit war, als Aktivist effektiv zu arbeiten.

Strategien zum Stressmanagement

Wren entwickelte eine Vielzahl von Strategien, um Stress und Druck zu bewältigen, die sich in zwei Hauptkategorien einteilen lassen: *problemorientierte Bewältigung* und *emotionsorientierte Bewältigung*.

Problemorientierte Bewältigung Diese Strategie zielt darauf ab, die Stressoren direkt zu adressieren.   Wren war bekannt dafür, dass er proaktiv Herausforderungen angegangen ist, anstatt sie zu ignorieren. Ein Beispiel hierfür war seine Entscheidung, Workshops zur Sensibilisierung für Diskriminierung zu organisieren. Durch die Aufklärung der Gemeinschaft konnte er nicht nur das Bewusstsein schärfen, sondern auch eine Plattform schaffen, um Probleme offen zu diskutieren. Diese Art der aktiven Auseinandersetzung half ihm, das Gefühl der Kontrolle über seine Umgebung zu stärken.

Ein weiteres Beispiel für problemorientierte Bewältigung war Wrens Engagement in politischen Kampagnen. Indem er aktiv an Gesetzesänderungen mitarbeitete, konnte er nicht nur seine Anliegen vorbringen, sondern auch den Druck, den er durch äußere Umstände erlebte, in produktive Aktionen umwandeln.

Emotionsorientierte Bewältigung Neben der problemorientierten Herangehensweise nutzte Wren auch emotionsorientierte Strategien, um mit Stress umzugehen. Dazu gehörten Techniken wie Achtsamkeit, Meditation und regelmäßige körperliche Aktivität. Wren fand, dass Yoga und Meditation ihm halfen, seinen Geist zu beruhigen und sich auf das Hier und Jetzt zu konzentrieren. Diese Praktiken ermöglichten es ihm, sich von den belastenden Gedanken zu distanzieren, die oft mit der Aktivismusarbeit einhergingen.

Zudem war Wren ein Verfechter von Humor als Bewältigungsmechanismus. Er glaubte fest daran, dass Lachen eine der besten Möglichkeiten ist, um Stress abzubauen. In seinen Reden und öffentlichen Auftritten integrierte er oft humorvolle Anekdoten, die nicht nur die Stimmung auflockerten, sondern auch eine tiefere Verbindung zu seinem Publikum herstellten.

Der Einfluss von Unterstützungssystemen

Wren erkannte die Bedeutung von sozialen Unterstützungssystemen bei der Bewältigung von Stress. Er umgab sich mit Gleichgesinnten, die ähnliche Werte und Ziele verfolgten. Diese Gemeinschaft bot nicht nur emotionale Unterstützung, sondern auch praktische Hilfe bei der Organisation von Veranstaltungen und Aktionen. Die Fähigkeit, seine Sorgen und Ängste mit Freunden und Kollegen zu teilen, half Wren, sich weniger isoliert zu fühlen und den Druck, den er erlebte, zu verringern.

Darüber hinaus engagierte sich Wren in Mentorship-Programmen, sowohl als Mentor als auch als Mentee. Diese Erfahrungen ermöglichten es ihm, von den Herausforderungen anderer zu lernen und gleichzeitig seine eigenen Erfahrungen zu teilen. Der Austausch von Geschichten und Strategien förderte ein Gefühl der Solidarität und half ihm, neue Perspektiven auf seine eigenen Herausforderungen zu gewinnen.

Fazit

Der Umgang mit Stress und Druck war für Wren Bond eine essenzielle Fähigkeit, die es ihm ermöglichte, in der oft herausfordernden Welt des Aktivismus erfolgreich zu sein. Durch die Kombination von problemorientierten und emotionsorientierten Strategien, unterstützt durch ein starkes Netzwerk von Gleichgesinnten, konnte Wren nicht nur seine eigenen Herausforderungen bewältigen, sondern auch anderen als Vorbild dienen. Sein Ansatz zeigt, dass es möglich ist, inmitten von Widrigkeiten zu gedeihen, solange man die richtigen Werkzeuge und die nötige Unterstützung hat.

Beziehungen und Isolation

In der Welt des Aktivismus ist die Balance zwischen persönlichen Beziehungen und dem Gefühl der Isolation eine Herausforderung, die viele Aktivisten, einschließlich Wren Bond, durchleben. Die Erfahrungen von Wren in Bezug auf Beziehungen und Isolation sind nicht nur eine persönliche Reise, sondern spiegeln auch die kollektiven Kämpfe vieler Mitglieder der LGBTQ-Community wider.

Die Dynamik von Beziehungen

Wren Bond erlebte während seiner Jugend eine Vielzahl von Beziehungen, die sowohl unterstützend als auch herausfordernd waren. Diese Beziehungen waren oft von der Suche nach Akzeptanz und Verständnis geprägt. In der LGBTQ-Community sind zwischenmenschliche Beziehungen oft von Unsicherheiten betroffen, da viele Individuen mit der Angst leben, abgelehnt oder nicht akzeptiert zu werden. Diese Dynamik kann zu einer tiefen emotionalen Isolation führen, selbst inmitten von Freundschaften.

Eine Studie von [?] zeigt, dass LGBTQ-Jugendliche oft Schwierigkeiten haben, authentische Beziehungen aufzubauen, was zu einem Gefühl der Isolation führt. Wren erlebte dies, als er versuchte, sich mit Gleichgesinnten zu verbinden, während er gleichzeitig die Vorurteile und Diskriminierungen, die er erlebte, navigierte.

Isolation durch Diskriminierung

Die Diskriminierung, der Wren ausgesetzt war, führte oft zu einem Gefühl der Isolation. Diese Isolation kann sowohl physisch als auch emotional sein. Physische Isolation tritt auf, wenn Individuen sich von sozialen Gruppen zurückziehen, während emotionale Isolation sich manifestiert, wenn das Gefühl der Zugehörigkeit verloren geht. Ein Beispiel für Wren war seine Erfahrung in der Schule, wo er oft als Außenseiter wahrgenommen wurde. Diese Erfahrungen führten dazu, dass er sich von seinen Klassenkameraden distanzierte, was seine Fähigkeit, bedeutungsvolle Beziehungen aufzubauen, beeinträchtigte.

Die Theorie der sozialen Identität, die von [?] entwickelt wurde, legt nahe, dass Individuen ihre Identität durch die Zugehörigkeit zu sozialen Gruppen definieren. Für Wren war die Zugehörigkeit zur LGBTQ-Community sowohl eine Quelle des Stolzes als auch eine Quelle der Isolation, da er oft das Gefühl hatte, dass seine Identität nicht von der breiteren Gesellschaft akzeptiert wurde. Diese Diskrepanz zwischen der Zugehörigkeit zur LGBTQ-Community und der Ablehnung durch die Gesellschaft führte zu einem ständigen inneren Konflikt.

Die Rolle von Unterstützungssystemen

Um mit der Isolation umzugehen, suchte Wren Unterstützung in verschiedenen Gemeinschaften. Die Gründung einer Unterstützungsgruppe war ein entscheidender Schritt in seinem Leben, der es ihm ermöglichte, eine Plattform für den Austausch von Erfahrungen zu schaffen. Diese Gruppe bot nicht nur emotionalen Beistand, sondern half auch, das Gefühl der Isolation zu verringern, indem sie ein Netzwerk von Gleichgesinnten schuf.

Die Theorie des sozialen Kapitals, wie sie von [?] beschrieben wird, besagt, dass soziale Netzwerke wertvolle Ressourcen bereitstellen, die Individuen in schwierigen Zeiten unterstützen können. Wren erlebte dies, als er durch seine Unterstützungsgruppe nicht nur Freundschaften schließen konnte, sondern auch eine Gemeinschaft fand, die seine Werte und Kämpfe teilte. Diese Verbindung half ihm, die Isolation zu überwinden, die durch Diskriminierung und Vorurteile verursacht wurde.

Herausforderungen in Beziehungen

Trotz der positiven Aspekte von Beziehungen und Gemeinschaften gab es auch Herausforderungen. Wren musste lernen, wie man gesunde Grenzen setzt, insbesondere wenn es um Beziehungen zu Menschen ging, die seine Identität nicht respektierten. Diese Herausforderungen führten oft zu emotionalen Schmerzen und der Notwendigkeit, sich von toxischen Beziehungen zu distanzieren.

Ein Beispiel dafür war eine enge Freundschaft, die sich als belastend herausstellte, als der Freund begann, Wren aufgrund seiner Identität zu kritisieren. Diese Erfahrung lehrte Wren, dass nicht alle Beziehungen positiv sind und dass es wichtig ist, sich von Menschen zu distanzieren, die nicht unterstützend sind. Diese Lektion war entscheidend für seine persönliche Entwicklung und half ihm, stärkere, gesündere Beziehungen zu anderen Mitgliedern der LGBTQ-Community aufzubauen.

Der Weg zur Heilung

Die Auseinandersetzung mit Isolation und der Aufbau gesunder Beziehungen waren für Wren entscheidend für seinen Heilungsprozess. Er lernte, dass es in Ordnung ist, verletzlich zu sein und Hilfe zu suchen. Diese Erkenntnis führte ihn zu einem tieferen Verständnis seiner selbst und seiner Bedürfnisse in Beziehungen.

Die Theorie der Selbstfürsorge, wie sie von [?] beschrieben wird, betont die Wichtigkeit, sich selbst Mitgefühl entgegenzubringen und die eigenen Bedürfnisse ernst zu nehmen. Wren begann, sich selbst zu priorisieren und erkannte, dass gesunde Beziehungen auf gegenseitigem Respekt und Verständnis basieren müssen. Diese Veränderungen halfen ihm, die Isolation zu überwinden und ein erfüllteres Leben zu führen.

Zusammenfassend lässt sich sagen, dass Wren Bonds Erfahrungen mit Beziehungen und Isolation ein komplexes Zusammenspiel von Herausforderungen und Triumph darstellen. Durch die Auseinandersetzung mit diesen Themen konnte Wren nicht nur seine eigenen Kämpfe bewältigen, sondern auch anderen in der LGBTQ-Community als Vorbild dienen. Seine Reise zeigt, dass es möglich ist, Isolation zu überwinden und bedeutungsvolle Beziehungen aufzubauen, auch in einer Welt, die oft von Diskriminierung geprägt ist.

Die Suche nach Unterstützung

Die Suche nach Unterstützung ist ein entscheidender Aspekt im Leben eines Aktivisten, insbesondere für jemanden wie Wren Bond, der sich in einer von Diskriminierung und Vorurteilen geprägten Gesellschaft bewegt. Unterstützung kann in vielen Formen kommen: von Freunden, Familie, Gleichgesinnten oder durch formelle Organisationen. In dieser Phase seines Lebens war Wren oft auf der Suche nach einem Netzwerk, das ihm nicht nur emotionalen Rückhalt gab, sondern auch praktische Hilfe in seinem Aktivismus leistete.

Die Bedeutung von Gemeinschaft

Eine der zentralen Theorien, die Wren in seiner Suche nach Unterstützung leitete, ist die *Theorie der sozialen Unterstützung*. Diese Theorie postuliert, dass soziale Beziehungen und Netzwerke entscheidend für das psychische Wohlbefinden sind. In der LGBTQ-Community ist die Suche nach Unterstützung besonders wichtig, da viele Mitglieder aufgrund ihrer Identität Diskriminierung erfahren. Wren erkannte, dass die Gemeinschaft eine Quelle der Stärke sein kann, die es ihm ermöglicht, seine Stimme zu erheben und gegen Ungerechtigkeiten zu kämpfen.

Persönliche Netzwerke und Freundschaften

Wren fand Unterstützung in seinem Freundeskreis, der aus anderen LGBTQ-Aktivisten und Verbündeten bestand. Diese Beziehungen waren nicht nur emotional, sondern auch praktisch. Beispielsweise halfen seine Freunde ihm, bei den ersten Protesten und Veranstaltungen sichtbar zu werden. Sie organisierten Treffen, um Strategien zu entwickeln und ihre Erfahrungen zu teilen. Diese Art von Unterstützung ist entscheidend, um Isolation zu überwinden, die viele LGBTQ-Personen empfinden.

Ein Beispiel für eine solche Freundschaft ist die von Wren mit einem Aktivisten namens Alex, der ihm half, sich in der LGBTQ-Community zurechtzufinden. Alex hatte bereits Erfahrung in der Organisation von Veranstaltungen und bot Wren an, ihn bei seinen ersten Schritten im Aktivismus zu begleiten. Diese Unterstützung half Wren, Vertrauen in seine Fähigkeiten zu gewinnen und seine Stimme zu finden.

Formelle Unterstützung durch Organisationen

Zusätzlich zu persönlichen Netzwerken suchte Wren auch formelle Unterstützung durch LGBTQ-Organisationen. Diese Organisationen bieten nicht nur rechtliche Unterstützung, sondern auch Ressourcen für psychische Gesundheit und Bildung. Wren trat einer lokalen LGBTQ-Gruppe bei, die sich auf Aufklärung und Advocacy konzentrierte. Diese Gruppe bot Workshops an, die Wren halfen, seine Fähigkeiten als Redner und Aktivist zu verbessern.

Die Teilnahme an diesen Workshops war für Wren von entscheidender Bedeutung. Er lernte nicht nur, wie man effektiv kommuniziert, sondern auch, wie man mit Widerstand und Kritik umgeht. Diese Fähigkeiten sind für jeden Aktivisten unerlässlich, insbesondere in einem Klima, in dem Diskriminierung und Vorurteile weit verbreitet sind.

Die Rolle von Online-Communities

In der heutigen digitalen Welt spielt die Online-Community eine wesentliche Rolle bei der Unterstützung von Aktivisten. Wren nutzte soziale Medien, um sich mit anderen Aktivisten zu vernetzen und Unterstützung zu finden. Plattformen wie Twitter und Instagram ermöglichten es ihm, seine Botschaften weit zu verbreiten und Gleichgesinnte zu finden, die ähnliche Erfahrungen gemacht hatten.

Ein Beispiel für die Kraft von Online-Communities war ein viraler Post, den Wren über seine Erfahrungen mit Diskriminierung veröffentlichte. Der Post erregte die Aufmerksamkeit vieler Menschen und führte zu einem Dialog über die Herausforderungen, denen LGBTQ-Personen gegenüberstehen. Die positive Rückmeldung, die er erhielt, gab ihm das Gefühl, nicht allein zu sein und dass seine Stimme gehört wurde.

Herausforderungen bei der Suche nach Unterstützung

Trotz der vielen positiven Aspekte der Unterstützung gab es auch Herausforderungen, mit denen Wren konfrontiert war. Eine der größten Hürden war das Stigma, das oft mit der LGBTQ-Identität verbunden ist. Wren erlebte, dass einige Menschen in seinem Umfeld nicht bereit waren, ihn zu unterstützen oder seine Kämpfe zu verstehen. Dies führte manchmal zu Enttäuschungen und dem Gefühl, isoliert zu sein.

Ein weiteres Problem war die Angst vor Ablehnung. Wren hatte Angst, sich zu öffnen und Unterstützung zu suchen, aus Angst, von seinen Freunden oder seiner Familie nicht akzeptiert zu werden. Diese Angst ist in der

LGBTQ-Community weit verbreitet und kann dazu führen, dass viele Menschen ihre Kämpfe allein austragen.

Fazit

Die Suche nach Unterstützung war für Wren Bond ein zentraler Bestandteil seiner Reise als Aktivist. Durch persönliche Netzwerke, formelle Organisationen und Online-Communities fand er die Stärke, die er brauchte, um sich gegen Diskriminierung und Ungerechtigkeit zu erheben. Trotz der Herausforderungen, die er auf diesem Weg erlebte, erkannte Wren, dass Unterstützung nicht nur eine Quelle der Kraft ist, sondern auch eine Möglichkeit, Solidarität und Gemeinschaft zu fördern. In einer Welt, die oft feindlich gegenüber LGBTQ-Personen ist, bleibt die Suche nach Unterstützung ein entscheidender Schritt auf dem Weg zu einem inklusiveren und gerechteren Leben.

Wren und psychische Gesundheit

Die psychische Gesundheit ist ein zentrales Thema im Leben von Aktivisten, insbesondere für jemanden wie Wren Bond, der sich unermüdlich für die Rechte der LGBTQ-Community einsetzt. In dieser Sektion werden wir untersuchen, wie Wren mit den Herausforderungen der psychischen Gesundheit umgegangen ist und welche Strategien er entwickelt hat, um in einem oft feindlichen Umfeld zu überleben und zu gedeihen.

Theoretische Grundlagen

Psychische Gesundheit wird häufig als Zustand des Wohlbefindens beschrieben, in dem Individuen ihre Fähigkeiten erkennen, mit den normalen Lebensstressoren umgehen können, produktiv und fruchtbar arbeiten und in der Lage sind, zu ihrer Gemeinschaft beizutragen [?]. Die Weltgesundheitsorganisation (WHO) definiert psychische Gesundheit nicht nur als das Fehlen von psychischen Störungen, sondern als einen Zustand des vollständigen physischen, psychischen und sozialen Wohlbefindens.

Ein wichtiger theoretischer Rahmen zur Betrachtung der psychischen Gesundheit ist das biopsychosoziale Modell, das biologische, psychologische und soziale Faktoren in die Erklärung von psychischen Erkrankungen einbezieht [?]. Für Wren bedeutet dies, dass seine Erfahrungen mit Diskriminierung, soziale Isolation und der Druck, als Aktivist in der Öffentlichkeit zu stehen, allesamt Faktoren sind, die seine psychische Gesundheit beeinflussen.

Probleme und Herausforderungen

Die Diskriminierung, die Wren in seiner Jugend erlebte, führte zu ernsthaften Herausforderungen für seine psychische Gesundheit. Studien zeigen, dass LGBTQ-Personen ein höheres Risiko für psychische Erkrankungen wie Depressionen und Angststörungen haben, oft aufgrund von Stigmatisierung und Diskriminierung [?]. Wren musste sich mit Gefühlen der Isolation und des Unverständnisses auseinandersetzen, die aus der Ablehnung seiner Identität durch seine Umgebung resultierten.

Ein Beispiel für diese Herausforderungen war Wren's erste Erfahrung mit Mobbing in der Schule. Die ständigen Angriffe auf seine Identität führten zu einem Rückzug von sozialen Aktivitäten und einem Anstieg von Angstzuständen. In einem Interview beschrieb Wren, wie er oft das Gefühl hatte, dass seine Stimme in der Menge unterging und dass seine Kämpfe unsichtbar blieben.

Strategien zur Bewältigung

Um mit diesen Herausforderungen umzugehen, entwickelte Wren verschiedene Bewältigungsstrategien, die sich als entscheidend für seine psychische Gesundheit erwiesen. Eine dieser Strategien war die Suche nach Unterstützung in der LGBTQ-Community. Die Teilnahme an Selbsthilfegruppen und der Austausch mit Gleichgesinnten halfen ihm, ein Gefühl der Zugehörigkeit zu finden und die Isolation zu überwinden.

Darüber hinaus erkannte Wren die Bedeutung von Selbstfürsorge. Er integrierte regelmäßige Achtsamkeitspraktiken in seinen Alltag, einschließlich Meditation und Yoga, um Stress abzubauen und seine emotionale Resilienz zu stärken. Diese Praktiken ermöglichten es ihm, sich auf das Positive zu konzentrieren und die Herausforderungen des Aktivismus mit einem klareren Geist anzugehen.

Ein weiterer wichtiger Aspekt war die Rolle von Humor in Wren's Leben. Er fand, dass Lachen eine kraftvolle Waffe gegen die Dunkelheit der Diskriminierung und des persönlichen Schmerzes war. In seinen öffentlichen Reden und sozialen Medien verwendete er Humor, um ernste Themen anzugehen und gleichzeitig eine positive Botschaft zu verbreiten. Dies half nicht nur ihm, sondern auch anderen, die ähnliche Kämpfe durchlebten.

Beispiele aus Wren's Leben

Ein prägendes Beispiel für Wren's Umgang mit psychischer Gesundheit war seine Teilnahme an einem nationalen Pride-Event, wo er eine Rede hielt, die nicht nur seine Kämpfe, sondern auch seine Erfolge beleuchtete. In dieser Rede sprach er offen über die Herausforderungen, die er überwunden hatte, und ermutigte andere, sich ebenfalls um ihre psychische Gesundheit zu kümmern. Er betonte die Wichtigkeit, Hilfe zu suchen und die eigene Geschichte zu teilen, um das Stigma zu brechen.

Wren's Offenheit über seine psychischen Kämpfe inspirierte viele in der LGBTQ-Community, sich ebenfalls zu äußern und Unterstützung zu suchen. Er wurde zu einem Vorbild für viele, die ähnliche Erfahrungen gemacht hatten, und zeigte, dass es in Ordnung ist, verletzlich zu sein und Hilfe zu benötigen.

Fazit

Wren Bond's Reise in Bezug auf psychische Gesundheit ist ein kraftvolles Beispiel dafür, wie Aktivismus und persönliche Herausforderungen miteinander verbunden sind. Durch die Anerkennung seiner Kämpfe und die Entwicklung von Bewältigungsstrategien konnte Wren nicht nur seine eigene psychische Gesundheit fördern, sondern auch anderen helfen, das gleiche zu tun. Seine Geschichte ist ein eindringlicher Appell an die Bedeutung von Selbstfürsorge und Gemeinschaft in der Bewältigung von Diskriminierung und psychischen Herausforderungen.

Die Bedeutung von Selbstfürsorge

In der heutigen schnelllebigen und oft herausfordernden Welt ist Selbstfürsorge nicht nur ein Trend, sondern eine Notwendigkeit, insbesondere für Aktivisten wie Wren Bond, die sich unermüdlich für die Rechte der LGBTQ-Community einsetzen. Selbstfürsorge umfasst eine Vielzahl von Praktiken, die darauf abzielen, das körperliche, emotionale und geistige Wohlbefinden zu fördern. Für Wren war die Selbstfürsorge ein entscheidender Aspekt seines Lebens und seiner Arbeit, der es ihm ermöglichte, trotz der enormen Belastungen, die mit aktivistischem Engagement verbunden sind, weiterhin effektiv zu arbeiten.

Theoretische Grundlagen der Selbstfürsorge

Die Theorie der Selbstfürsorge basiert auf der Annahme, dass Individuen aktiv für ihr eigenes Wohlbefinden sorgen müssen, um in der Lage zu sein, anderen zu helfen. Laut der *Self-Care Theory* von Dorothea Orem ist Selbstfürsorge „der Prozess, durch den Individuen ihre eigenen Bedürfnisse identifizieren und Maßnahmen ergreifen, um diese zu erfüllen" [?]. Diese Theorie legt nahe, dass Selbstfürsorge nicht nur für das persönliche Wohlbefinden wichtig ist, sondern auch für die Fähigkeit, in sozialen und professionellen Kontexten zu agieren.

Ein weiterer wichtiger Aspekt ist die *Positive Psychology*, die sich mit der Förderung von positiven Emotionen und Resilienz beschäftigt. Forscher wie Martin Seligman haben gezeigt, dass Aktivitäten, die das Wohlbefinden fördern, wie Meditation, Sport und soziale Interaktion, zu einer erhöhten Lebensqualität führen [?].

Probleme im Aktivismus

Aktivisten stehen oft vor erheblichen Herausforderungen, die ihre psychische Gesundheit beeinträchtigen können. Wren Bond erlebte während seiner Karriere zahlreiche Angriffe auf seine Person und seine Überzeugungen. Diese Angriffe führten zu Stress, Angst und in einigen Fällen zu Depressionen. Die ständige Konfrontation mit Diskriminierung und Ungerechtigkeit kann zu einem Zustand führen, der als *Burnout* bekannt ist, ein Zustand emotionaler, physischer und geistiger Erschöpfung [?].

Ein Beispiel für die Auswirkungen von mangelnder Selbstfürsorge ist die Geschichte eines anderen Aktivisten, der nach jahrelangem Engagement für die LGBTQ-Rechte in eine tiefe Depression fiel. Ohne die nötige Selbstfürsorge und Unterstützung konnte er nicht mehr für die Sache kämpfen, die ihm einst so wichtig war. Diese Situation verdeutlicht, wie wichtig es ist, dass Aktivisten wie Wren sich Zeit für sich selbst nehmen, um ihre Energien wieder aufzuladen.

Praktiken der Selbstfürsorge

Für Wren war die Implementierung von Selbstfürsorgepraktiken entscheidend, um seine mentale Gesundheit aufrechtzuerhalten. Zu den Strategien, die er anwendete, gehörten:

- **Regelmäßige körperliche Aktivität:** Wren fand Trost und Energie im Sport. Ob es sich um Yoga, Laufen oder Tanzen handelte, körperliche Aktivität half ihm, Stress abzubauen und seine Stimmung zu heben.

- **Meditation und Achtsamkeit:** Durch tägliche Meditationspraktiken konnte Wren seine Gedanken beruhigen und sich auf das Hier und Jetzt konzentrieren. Achtsamkeit half ihm, die Herausforderungen des Aktivismus mit einer positiveren Einstellung zu betrachten.

- **Soziale Unterstützung:** Wren umgab sich mit einem starken Netzwerk von Freunden und Gleichgesinnten. Der Austausch von Erfahrungen und Gefühlen in einem unterstützenden Umfeld war für ihn von unschätzbarem Wert.

- **Kreative Ausdrucksformen:** Kunst und Schreiben waren für Wren nicht nur Mittel zur Selbstverwirklichung, sondern auch Wege, um seine Gefühle zu verarbeiten und seine Erfahrungen zu teilen.

Schlussfolgerung

Die Bedeutung von Selbstfürsorge kann nicht hoch genug eingeschätzt werden, insbesondere für Aktivisten wie Wren Bond, die sich in einem oft feindlichen Umfeld bewegen. Selbstfürsorge ist nicht nur eine individuelle Verantwortung, sondern auch eine kollektive Notwendigkeit innerhalb der Aktivistengemeinschaft. Indem Wren und andere Aktivisten Selbstfürsorge praktizieren, können sie nicht nur ihre eigene Gesundheit und ihr Wohlbefinden fördern, sondern auch die Kraft und Energie aufbringen, um für die Rechte anderer zu kämpfen.

Durch die Integration von Selbstfürsorge in ihren Alltag können Aktivisten wie Wren die Resilienz entwickeln, die notwendig ist, um die Herausforderungen des Aktivismus zu bewältigen und langfristig positive Veränderungen in der Gesellschaft zu bewirken.

Rückschläge und Niederlagen

Rückschläge und Niederlagen sind oft unvermeidliche Begleiter auf dem Weg eines Aktivisten. Für Wren Bond waren diese Erfahrungen nicht nur Herausforderungen, sondern auch Gelegenheiten zur persönlichen und politischen Weiterentwicklung. In diesem Abschnitt werden wir die verschiedenen Arten von Rückschlägen betrachten, die Wren erlebt hat, sowie die Lektionen, die er daraus gezogen hat.

Die Realität des Aktivismus

Aktivismus ist ein Bereich, in dem Erfolge oft schwer zu messen sind. Ein häufiges Problem ist die Diskrepanz zwischen den Erwartungen und der Realität. Wren stellte fest, dass viele seiner Initiativen, die vielversprechend erschienen, nicht die gewünschte Wirkung erzielten. Zum Beispiel, als er eine Kampagne zur Sensibilisierung für LGBTQ-Rechte in Schulen startete, stieß er auf unerwartete Widerstände von Eltern und Schulbehörden. Diese Widerstände führten zu einem Rückschlag, der seine Motivation vorübergehend beeinträchtigte.

Persönliche Angriffe

Ein weiterer Rückschlag, den Wren erlebte, waren persönliche Angriffe. In einer Zeit, in der Social Media eine dominierende Rolle in der Kommunikation spielt, war Wren oft Ziel von Cybermobbing und negativen Kommentaren. Diese Angriffe waren nicht nur emotional belastend, sondern führten auch zu einem Gefühl der Isolation. Wren musste lernen, wie man mit der negativen Energie umgeht, die oft mit öffentlichem Aktivismus einhergeht. Er fand Trost in der Unterstützung seiner Freunde und der LGBTQ-Community, die ihn ermutigten, weiterzumachen.

Der Umgang mit Stress und Druck

Die ständige Präsenz von Stress und Druck kann für Aktivisten überwältigend sein. Wren erlebte Phasen, in denen der Druck, ständig aktiv und sichtbar zu sein, zu Erschöpfung führte. Um mit diesem Stress umzugehen, begann er, Achtsamkeit und Meditation in seinen Alltag zu integrieren. Diese Techniken halfen ihm, einen klaren Kopf zu bewahren und sich auf das Wesentliche zu konzentrieren. Ein Beispiel für diese Praxis war seine Entscheidung, regelmäßig Zeit in der Natur zu verbringen, um sich zu erden und neue Energie zu tanken.

Die Suche nach Unterstützung

Ein entscheidender Aspekt im Umgang mit Rückschlägen ist die Suche nach Unterstützung. Wren erkannte, dass er nicht allein war und dass es wichtig war, sich mit Gleichgesinnten zu umgeben. Er gründete eine Selbsthilfegruppe, in der Aktivisten ihre Erfahrungen austauschen und sich gegenseitig unterstützen konnten. Diese Gruppe wurde zu einem sicheren Raum, in dem Wren und andere ihre Ängste und Sorgen teilen konnten, ohne Angst vor Verurteilung zu haben.

Die Bedeutung von Resilienz

Wren lernte, dass Resilienz eine entscheidende Eigenschaft für jeden Aktivisten ist. Resilienz bedeutet, in der Lage zu sein, sich von Rückschlägen zu erholen und gestärkt aus ihnen hervorzugehen. Wren entwickelte Strategien, um seine Resilienz zu stärken, einschließlich der Festlegung realistischer Ziele und der Akzeptanz von Misserfolgen als Teil des Prozesses. Er erkannte, dass jeder Rückschlag eine Gelegenheit war, zu lernen und zu wachsen.

Rückschläge als Lernmöglichkeiten

Wren begann, Rückschläge als Lernmöglichkeiten zu betrachten. Anstatt sich von Misserfolgen entmutigen zu lassen, stellte er Fragen wie: „Was kann ich aus dieser Erfahrung lernen?" und „Wie kann ich meine Strategie anpassen?" Diese Denkweise half ihm, seine Perspektive zu ändern und sich auf zukünftige Erfolge zu konzentrieren. Ein Beispiel dafür war seine Reaktion auf die negativen Rückmeldungen zu seiner Schulkampagne. Statt aufzugeben, nutzte er das Feedback, um seine Ansprache zu überarbeiten und eine effektivere Kommunikationsstrategie zu entwickeln.

Der Umgang mit Trauer und Verlust

Ein weiterer Aspekt von Wren's Rückschlägen war der Umgang mit Trauer und Verlust. In der LGBTQ-Community sind viele Aktivisten mit dem Verlust von Freunden und Mitstreitern konfrontiert, sei es durch Diskriminierung, Gewalt oder Krankheiten wie AIDS. Wren erlebte den Verlust eines engen Freundes, was ihn tief traf und ihn vor die Herausforderung stellte, seine Trauer in eine positive Energie für seinen Aktivismus umzuwandeln. Er fand Trost in der Erinnerung an seinen Freund und ließ sich von dessen Mut inspirieren, weiterhin für die Rechte der LGBTQ-Community zu kämpfen.

Lektionen aus der Dunkelheit

Die Rückschläge und Niederlagen, die Wren erlebte, führten zu wertvollen Lektionen. Er lernte, dass es wichtig ist, Verletzlichkeit zu zeigen und Hilfe anzunehmen. Diese Erkenntnis half ihm, authentischer zu sein und eine tiefere Verbindung zu seiner Gemeinschaft aufzubauen. Wren begann, seine Erfahrungen in öffentlichen Reden und Workshops zu teilen, um anderen zu zeigen, dass Rückschläge ein natürlicher Teil des Aktivismus sind und dass es in Ordnung ist, Hilfe zu suchen.

Insgesamt sind Rückschläge und Niederlagen für Wren Bond nicht nur Hindernisse, sondern auch Chancen zur Reflexion und zum Wachstum. Sie haben ihn gelehrt, dass der Weg des Aktivismus oft kurvenreich ist, aber mit Entschlossenheit, Resilienz und Unterstützung kann man auch die dunkelsten Zeiten überstehen und gestärkt daraus hervorgehen.

Der Umgang mit Trauer und Verlust

Trauer und Verlust sind universelle Erfahrungen, die jeder Mensch im Laufe seines Lebens durchlebt. Für Wren Bond, wie für viele Aktivisten, war der Umgang mit diesen Emotionen ein entscheidender Teil seines persönlichen und beruflichen Weges. In diesem Abschnitt werden wir untersuchen, wie Wren mit Trauer und Verlust umging, welche theoretischen Konzepte ihm halfen und welche Herausforderungen er dabei bewältigen musste.

Theoretische Konzepte der Trauerbewältigung

Die Trauerbewältigung kann durch verschiedene psychologische Theorien erklärt werden. Eine der bekanntesten Theorien ist das Modell von Kübler-Ross, das fünf Phasen der Trauer beschreibt: Ablehnung, Zorn, Verhandlung, Depression und Akzeptanz. Wren erlebte diese Phasen nicht nur in seinem persönlichen Leben, sondern auch im Kontext seines Aktivismus, als er mit dem Verlust von Freunden und Unterstützern konfrontiert wurde, die aufgrund von Diskriminierung oder Gewalt litten.

$$\text{Trauerbewältigung} = f(\text{Emotionale Unterstützung, Selbstreflexion, Gemeinschaft}) \tag{6}$$

Diese Gleichung verdeutlicht, dass die Trauerbewältigung von mehreren Faktoren abhängt, darunter emotionale Unterstützung, Selbstreflexion und das Gefühl der Zugehörigkeit zur Gemeinschaft.

Herausforderungen im Umgang mit Verlust

Wren sah sich mit verschiedenen Herausforderungen konfrontiert, als er mit Trauer umging. Der Verlust von Freunden, die in der LGBTQ-Community aktiv waren, stellte eine emotionale Belastung dar. Diese Verluste führten oft zu einem Gefühl der Isolation und des Zweifels an der eigenen Mission. Wren musste lernen, diese Gefühle zu akzeptieren und in seinen Aktivismus zu integrieren.

Ein Beispiel für eine solche Herausforderung war der Tod eines engen Freundes, der aufgrund von Diskriminierung und Gewalt ums Leben kam. Wren fühlte sich zunächst machtlos und kämpfte mit intensiven Gefühlen von Trauer und Wut. Er erkannte jedoch, dass er diese Emotionen in positive Aktionen umwandeln konnte, indem er eine Gedenkveranstaltung organisierte, die nicht nur dem Freund, sondern auch anderen Opfern von Gewalt gewidmet war.

Strategien zur Trauerbewältigung

Um mit Trauer und Verlust umzugehen, entwickelte Wren verschiedene Strategien, die ihm halfen, seine Emotionen zu verarbeiten und seine Resilienz zu stärken. Zu diesen Strategien gehörten:

- **Selbstfürsorge:** Wren erkannte die Bedeutung von Selbstfürsorge und integrierte Praktiken wie Meditation, Yoga und kreative Ausdrucksformen in seinen Alltag. Diese Aktivitäten halfen ihm, seine Emotionen zu kanalisieren und ein Gefühl der inneren Ruhe zu finden.

- **Gemeinschaftliche Unterstützung:** Wren suchte aktiv nach Unterstützung in seiner Gemeinschaft. Er nahm an Gruppen teil, die sich mit Trauerbewältigung und Unterstützung für LGBTQ-Personen beschäftigten. Der Austausch von Erfahrungen und das Teilen von Geschichten halfen ihm, sich weniger isoliert zu fühlen.

- **Engagement im Aktivismus:** Wren fand Trost und Sinn in seinem Aktivismus. Durch das Engagement für die Rechte anderer konnte er seinen Schmerz in eine positive Kraft umwandeln. Er nutzte seine Plattform, um auf die Probleme aufmerksam zu machen, die viele in der LGBTQ-Community betreffen, und schuf so einen Raum für Trauer und Heilung.

Beispiele für Wren's Umgang mit Verlust

Ein prägnantes Beispiel für Wren's Umgang mit Verlust ist seine Rede bei einer Pride-Veranstaltung, in der er den Verlust eines Freundes thematisierte. Er sprach darüber, wie wichtig es ist, die Erinnerungen an die Verstorbenen zu bewahren und ihre Kämpfe fortzusetzen. Wren sagte:

> „Wir stehen hier nicht nur, um zu feiern, sondern auch, um zu trauern. Jeder von uns hat jemanden verloren, und es ist unsere Pflicht, ihre Stimmen weiterzutragen. Ihr Kampf war nicht umsonst."

Diese Worte resonierten stark mit den Anwesenden und schufen eine Atmosphäre des gemeinsamen Verständnisses und der Solidarität.

Lektion aus der Dunkelheit

Wren lernte, dass Trauer nicht nur eine Quelle des Schmerzes, sondern auch eine Quelle der Stärke sein kann. Er erkannte, dass die Auseinandersetzung mit Trauer und Verlust ihn nicht schwächte, sondern ihm half, ein empathischerer und engagierterer Aktivist zu werden. Diese Lektionen aus der Dunkelheit prägten nicht nur seine persönliche Entwicklung, sondern auch seine Vision für die Zukunft der LGBTQ-Community.

Zusammenfassend lässt sich sagen, dass der Umgang mit Trauer und Verlust ein zentraler Bestandteil von Wrens Leben und Aktivismus war. Durch die Anwendung theoretischer Konzepte, die Entwicklung von Bewältigungsstrategien und das Teilen seiner Erfahrungen mit anderen konnte er nicht nur seine eigene Trauer bewältigen, sondern auch anderen helfen, ihre eigenen Kämpfe zu meistern. Wren Bond wird in Erinnerung bleiben als jemand, der die Kraft des Aktivismus und die Bedeutung der Gemeinschaft in schwierigen Zeiten verkörperte.

Wren und der Prozess der Heilung

Wren Bond hat in seinem Leben viele Herausforderungen und Rückschläge erlebt, die tiefgreifende Auswirkungen auf seine psychische Gesundheit und sein emotionales Wohlbefinden hatten. Der Prozess der Heilung ist ein zentraler Bestandteil seines Aktivismus und seiner persönlichen Entwicklung. In dieser Sektion betrachten wir die verschiedenen Facetten von Wrens Heilungsprozess und die Theorien, die diesem zugrunde liegen.

Theoretische Grundlagen der Heilung

Die Heilung, sowohl emotional als auch psychisch, ist ein komplexer Prozess, der oft mehrere Phasen umfasst. Eine der bekanntesten Theorien ist das Modell der Trauerphasen von Elisabeth Kübler-Ross, das ursprünglich für den Umgang mit Tod und Verlust entwickelt wurde. Die fünf Phasen — Leugnen, Zorn, Verhandeln, Depression und Akzeptanz — können auch auf andere Arten von emotionalem Schmerz angewendet werden, die Wren in seinem Leben erfahren hat.

Ein weiterer theoretischer Ansatz ist die *Traumatherapie*, die sich mit den Auswirkungen traumatischer Erlebnisse beschäftigt. Wren hat in seiner Jugend Diskriminierung und Vorurteile erfahren, die traumatische Auswirkungen auf sein Selbstwertgefühl und seine Identität hatten. Die Traumatherapie zielt darauf ab, die Verarbeitung dieser Erfahrungen zu unterstützen und den Heilungsprozess zu fördern.

Herausforderungen auf dem Weg zur Heilung

Der Weg zur Heilung ist selten geradlinig und kann durch verschiedene Faktoren kompliziert werden. Wren sah sich oft mit inneren und äußeren Konflikten konfrontiert. Einer der größten Herausforderungen war der *innere Kritiker*, der ihm immer wieder einredete, dass er nicht genug sei oder dass seine Kämpfe nicht legitim seien. Diese negativen Selbstgespräche können den Heilungsprozess erheblich behindern und das Gefühl der Isolation verstärken.

Zusätzlich zu den inneren Kämpfen musste Wren auch mit dem *äußeren Druck* umgehen, der mit seiner Rolle als Aktivist einherging. Die ständige öffentliche Aufmerksamkeit brachte nicht nur Unterstützung, sondern auch Kritik und Angriffe mit sich. Diese äußeren Herausforderungen trugen zur Komplexität seines Heilungsprozesses bei.

Praktiken zur Unterstützung der Heilung

Um den Herausforderungen zu begegnen, entwickelte Wren verschiedene Praktiken, die ihm halfen, den Heilungsprozess zu unterstützen. Eine dieser Praktiken war *Achtsamkeit*, die ihm half, im Moment zu leben und sich von negativen Gedanken zu distanzieren. Achtsamkeitstechniken, wie Meditation und Atemübungen, ermöglichten es ihm, Stress abzubauen und seine Emotionen besser zu regulieren.

Ein weiterer wichtiger Aspekt war die *Suche nach Unterstützung*. Wren erkannte, dass er nicht alleine war und dass es wichtig war, sich mit anderen Menschen zu verbinden, die ähnliche Erfahrungen gemacht hatten. Der Austausch in Selbsthilfegruppen und die Zusammenarbeit mit anderen Aktivisten boten ihm nicht nur emotionale Unterstützung, sondern auch wertvolle Perspektiven und Strategien zur Bewältigung von Herausforderungen.

Kreativität als Heilungsweg

Wren fand auch Trost und Heilung in der *Kreativität*. Kunst und Kultur spielten eine entscheidende Rolle in seinem Leben und ermöglichten es ihm, seine Emotionen auszudrücken und zu verarbeiten. Ob durch Malerei, Schreiben oder Darstellende Kunst — kreative Ausdrucksformen halfen Wren, seine inneren Kämpfe zu externalisieren und ein Gefühl der Kontrolle über seine Narrative zurückzugewinnen.

In seinen öffentlichen Auftritten und Reden nutzte Wren Humor als Mittel, um schwierige Themen anzusprechen und eine Verbindung zu seinem Publikum herzustellen. Humor kann eine kraftvolle Waffe im Aktivismus sein, da er es ermöglicht, ernsthafte Themen auf eine zugängliche Weise zu präsentieren und gleichzeitig den Druck zu verringern, der oft mit diesen Themen verbunden ist.

Der Einfluss des Heilungsprozesses auf Wrens Aktivismus

Wrens Heilungsprozess hatte nicht nur Auswirkungen auf sein persönliches Leben, sondern auch auf seine Arbeit als Aktivist. Durch die Auseinandersetzung mit seinen eigenen Erfahrungen konnte er empathischer und verständnisvoller gegenüber den Kämpfen anderer werden. Diese Empathie ermöglichte es ihm, eine stärkere Verbindung zu der Gemeinschaft herzustellen, für die er eintrat.

Die Erkenntnisse, die Wren aus seinem Heilungsprozess gewann, flossen in seine Arbeit ein und inspirierten andere, ebenfalls ihre eigenen Geschichten zu teilen. Dies trug dazu bei, eine Kultur des Verständnisses und der Unterstützung innerhalb der LGBTQ-Community zu fördern.

Abschließende Gedanken

Wren Bonds Reise durch den Heilungsprozess ist ein Beispiel dafür, wie persönliche Kämpfe in einen positiven Wandel umgewandelt werden können. Durch die Integration von Theorie, praktischen Strategien und kreativen Ausdrucksformen gelang es ihm, nicht nur sich selbst zu heilen, sondern auch als Vorbild für andere zu fungieren. Sein Weg zeigt, dass Heilung ein fortlaufender Prozess ist, der sowohl individuelle als auch kollektive Dimensionen hat und dass die Auseinandersetzung mit der eigenen Geschichte ein wesentlicher Bestandteil des Aktivismus ist.

Lektionen aus der Dunkelheit

Die Dunkelheit, in der Wren Bond oft gefangen war, war nicht nur ein Ort des Schmerzes, sondern auch eine Quelle tiefgreifender Einsichten und Lektionen. In dieser Phase seines Lebens lernte Wren, dass aus der Dunkelheit oft die stärksten Lehren hervorgehen können. Diese Lektionen umreißen nicht nur persönliche Wachstumsprozesse, sondern auch die kollektive Erfahrung der LGBTQ-Community im Kampf gegen Diskriminierung und Vorurteile.

Die Bedeutung der Resilienz

Eine der zentralen Lektionen, die Wren aus seinen schwierigsten Zeiten zog, war die Bedeutung der Resilienz. Resilienz beschreibt die Fähigkeit, sich von Rückschlägen zu erholen und gestärkt aus schwierigen Erfahrungen hervorzugehen. Wren erkannte, dass es nicht nur darum ging, die Herausforderungen zu überstehen, sondern auch, aus ihnen zu lernen. Diese Erkenntnis wird in der Psychologie oft durch das Konzept der *Posttraumatischen Wachstums* (PTG) unterstützt, das beschreibt, wie Menschen nach traumatischen Ereignissen eine positive Veränderung erfahren können.

$$PTG = \frac{(Wachstum - Verlust)}{Zeit} \quad (7)$$

Wren fand, dass die Zeit, die er in der Dunkelheit verbrachte, ihn nicht nur stärker machte, sondern auch seine Perspektive auf das Leben veränderte. Er begann, seine Erfahrungen als Teil eines größeren Narrativs zu sehen, das die LGBTQ-Community verband.

Die Kraft der Gemeinschaft

Eine weitere wichtige Lektion war die Kraft der Gemeinschaft. Wren erlebte, wie wichtig es war, Unterstützung von Gleichgesinnten zu erhalten. In seinen dunkelsten Momenten fand er Trost in der Gemeinschaft der LGBTQ-Aktivisten und -Verbündeten. Diese Solidarität half ihm, die Isolation zu überwinden, die oft mit Diskriminierung einhergeht.

In der Literatur über soziale Bewegungen wird häufig auf die Rolle der Gemeinschaft hingewiesen. Laut dem Sozialpsychologen Henri Tajfel ist die Zugehörigkeit zu einer Gruppe entscheidend für das Selbstwertgefühl und die Identitätsbildung. Wren erkannte, dass das Teilen von Erfahrungen und das gegenseitige Unterstützen nicht nur heilend, sondern auch empowernd war.

Die Wichtigkeit der Selbstfürsorge

Wren lernte auch die Bedeutung der Selbstfürsorge. Inmitten des Aktivismus und der ständigen Kämpfe um Gleichheit war es leicht, sich selbst zu verlieren. Er fand heraus, dass es wichtig war, sich Zeit für sich selbst zu nehmen, um sowohl geistig als auch emotional gesund zu bleiben. Diese Erkenntnis steht im Einklang mit der Theorie des *Self-Care*, die besagt, dass individuelle Pflegepraktiken entscheidend für das Wohlbefinden sind.

$$Wohlbefinden = \text{Selbstfürsorge} + \text{Gemeinschaft} + \text{Resilienz} \quad (8)$$

Wren implementierte Praktiken wie Meditation, Kunst und regelmäßige Treffen mit Freunden in seinen Alltag, um sich zu regenerieren und seine Energie für den Aktivismus aufzuladen.

Die Macht des Humors

Eine der überraschendsten Lektionen, die Wren aus der Dunkelheit zog, war die Macht des Humors. Er entdeckte, dass Lachen eine heilende Kraft hatte und eine Möglichkeit bot, mit Schmerz und Trauer umzugehen. Humor half ihm nicht nur, die Schwere seiner Erfahrungen zu mildern, sondern auch, andere zu erreichen und zu inspirieren. In seinen Reden und öffentlichen Auftritten integrierte Wren humorvolle Anekdoten, die es ihm ermöglichten, ernsthafte Themen auf eine zugängliche Weise zu präsentieren.

Psychologen wie Peter McGraw und Caleb Warren haben das Konzept des *Benign Violation Theory* formuliert, das besagt, dass Humor entsteht, wenn eine Situation gleichzeitig als verletzend und harmlos wahrgenommen wird. Wren nutzte diese Theorie, um die Diskriminierung, die er erlebte, in einem Licht zu präsentieren, das sowohl zum Nachdenken anregte als auch zum Lachen einlud.

Schlussfolgerung

Die Lektionen aus der Dunkelheit, die Wren Bond lernte, sind nicht nur persönliche Erkenntnisse, sondern universelle Wahrheiten, die für viele in der LGBTQ-Community relevant sind. Resilienz, Gemeinschaft, Selbstfürsorge und Humor sind Werkzeuge, die helfen, die Herausforderungen des Lebens zu bewältigen. Wren's Fähigkeit, aus seinen dunkelsten Stunden zu lernen, machte ihn zu einem noch stärkeren Aktivisten und Vorbild für viele. Diese Lektionen sind ein wertvoller Teil seines Erbes und bieten einen Leitfaden für zukünftige Generationen, die sich für Gleichheit und Gerechtigkeit einsetzen.

Erfolge und Errungenschaften

Wren als Pionier des Wandels

Meilensteine im Aktivismus

Wren Bond hat im Laufe seiner Karriere als LGBTQ-Aktivist eine Vielzahl von bedeutenden Meilensteinen erreicht, die nicht nur seine persönliche Entwicklung, sondern auch den Fortschritt der LGBTQ-Bewegung insgesamt geprägt haben. Diese Meilensteine sind nicht nur persönliche Erfolge, sondern auch Katalysatoren für gesellschaftliche Veränderungen und inspirierende Beispiele für zukünftige Generationen von Aktivisten.

Frühe Initiativen und lokale Aktionen

Bereits in seinen Teenagerjahren begann Wren, sich aktiv in seiner Gemeinde für die Rechte von LGBTQ-Personen einzusetzen. Eine seiner ersten Initiativen war die Organisation eines jährlichen Pride-Festes in seiner Heimatstadt. Dies war nicht nur eine Feier der Vielfalt, sondern auch eine Plattform, um auf die Diskriminierung und Ungleichheit aufmerksam zu machen, die viele Mitglieder der LGBTQ-Community erlebten. Die Veranstaltung zog nicht nur lokale Unterstützer an, sondern auch Medienvertreter, was zu einer breiteren Sichtbarkeit der Probleme führte.

Gründung der Unterstützungsgruppe

Ein weiterer entscheidender Meilenstein war die Gründung einer Unterstützungsgruppe für LGBTQ-Jugendliche. Wren erkannte, dass viele junge Menschen, die mit ihrer sexuellen Orientierung oder Geschlechtsidentität kämpfen, oft isoliert und ohne Rückhalt sind. Die Gruppe bot nicht nur emotionale Unterstützung, sondern auch Ressourcen für Bildung und rechtliche

Beratung. Diese Initiative wurde schnell zu einem Modell für ähnliche Gruppen in anderen Städten und half, ein Netzwerk von Unterstützung und Solidarität zu schaffen.

Einfluss auf die Gesetzgebung

Ein besonders bemerkenswerter Meilenstein in Wrens Aktivismus war sein Engagement für legislative Veränderungen. Wren war maßgeblich an der Kampagne beteiligt, die zur Verabschiedung eines Gesetzes führte, das Diskriminierung aufgrund der sexuellen Orientierung in seiner Heimatstadt verbot. Dies war ein historischer Moment, da es nicht nur die Rechte von LGBTQ-Personen stärkte, sondern auch als Beispiel für andere Städte diente, die ähnliche Gesetze in Betracht zogen.

Internationale Aufmerksamkeit und Reden

Mit zunehmendem Einfluss wurde Wren eingeladen, auf internationalen Konferenzen zu sprechen, darunter die jährliche Konferenz der Internationalen LGBTQ-Rechtsorganisation. Seine Reden, die oft humorvolle Anekdoten und persönliche Geschichten beinhalteten, waren nicht nur inspirierend, sondern auch informativ. Er sprach über die Herausforderungen, denen die LGBTQ-Community gegenübersteht, und forderte die internationale Gemeinschaft auf, aktiv zu werden. Diese Auftritte trugen dazu bei, Wren als eine Schlüsselfigur im globalen Aktivismus zu etablieren.

Meilensteine in der Popkultur

Wren Bond hat auch in der Popkultur Spuren hinterlassen. Sein Einfluss zeigt sich in Dokumentarfilmen, die sein Leben und seine Arbeit beleuchten. Ein bemerkenswerter Film, der seine Geschichte erzählt, wurde auf mehreren Filmfestivals ausgezeichnet und trägt dazu bei, das Bewusstsein für LGBTQ-Anliegen zu schärfen. Wren hat auch in verschiedenen Podcasts und Talkshows über seine Erfahrungen gesprochen, was dazu beiträgt, die Sichtbarkeit und das Verständnis für LGBTQ-Themen zu erhöhen.

Einsatz für psychische Gesundheit

Ein weiterer wichtiger Meilenstein war Wrens Engagement für die psychische Gesundheit innerhalb der LGBTQ-Community. Er initiierte Programme, die sich speziell auf die psychischen Gesundheitsbedürfnisse von LGBTQ-Jugendlichen konzentrierten, und arbeitete mit Fachleuten zusammen, um sicherzustellen, dass die angebotenen Ressourcen kulturell sensibel und zugänglich waren. Diese Programme haben vielen geholfen, die oft unter dem Druck von Diskriminierung und Stigmatisierung leiden.

Mentorenschaft und Bildung

Wren hat auch eine wichtige Rolle als Mentor für junge Aktivisten übernommen. Er hat Workshops und Schulungen angeboten, um die nächste Generation von LGBTQ-Aktivisten zu ermutigen und auszubilden. Diese Bildungsinitiativen haben dazu beigetragen, eine neue Welle von Aktivisten zu inspirieren, die bereit sind, für ihre Rechte und die Rechte anderer zu kämpfen. Wren glaubt fest daran, dass Bildung der Schlüssel zur Veränderung ist, und hat dies in seiner Arbeit stets betont.

Schlussfolgerung

Die Meilensteine in Wrens Aktivismus sind nicht nur persönliche Erfolge, sondern auch bedeutende Beiträge zur Verbesserung der Lebensbedingungen für LGBTQ-Personen. Durch seine Initiativen hat er nicht nur das Bewusstsein für Diskriminierung geschärft, sondern auch konkrete Veränderungen in der Gesellschaft angestoßen. Diese Meilensteine dienen als Inspiration für künftige Generationen und zeigen, dass individueller Einsatz und Engagement einen echten Unterschied machen können.

Auszeichnungen und Anerkennung

Wren Bond hat im Laufe seiner Karriere als LGBTQ-Aktivist zahlreiche Auszeichnungen und Anerkennungen erhalten, die nicht nur seine persönlichen Errungenschaften würdigen, sondern auch das Engagement und die Widerstandsfähigkeit der LGBTQ-Community insgesamt reflektieren. Diese Auszeichnungen sind ein Beweis für den Einfluss, den Wren auf die Gesellschaft und die Politik ausübt, und sie verdeutlichen die Notwendigkeit von Sichtbarkeit und Unterstützung für marginalisierte Gruppen.

Wichtige Auszeichnungen

Eine der bedeutendsten Auszeichnungen, die Wren erhielt, war der *LGBTQ Activist of the Year Award*, der ihm von einer renommierten LGBTQ-Organisation verliehen wurde. Diese Auszeichnung wurde ihm für seine unermüdlichen Bemühungen im

Kampf gegen Diskriminierung und für die Rechte der LGBTQ-Community zuteil. Die Jury hob hervor, wie Wren durch seine öffentliche Rede und sein Engagement in sozialen Medien eine breite Öffentlichkeit erreicht hat.

Ein weiteres bemerkenswertes Beispiel ist der *Human Rights Campaign Visibility Award*, der Wren für seine Fähigkeit verliehen wurde, das Bewusstsein für die Herausforderungen, mit denen LGBTQ-Personen konfrontiert sind, zu schärfen. Diese Auszeichnung ist besonders wichtig, da sie nicht nur persönliche Leistungen anerkennt, sondern auch die kollektiven Kämpfe der LGBTQ-Community in den Vordergrund rückt.

Anerkennung durch die Gemeinschaft

Neben formellen Auszeichnungen hat Wren auch zahlreiche Anerkennungen von Gemeinschaftsorganisationen erhalten. Diese Anerkennungen sind oft emotional und symbolisch, da sie die direkte Verbindung zwischen Wren und der Gemeinschaft, die er repräsentiert, zeigen. Ein Beispiel hierfür ist die *Community Hero Award*, die von einer lokalen LGBTQ-Organisation verliehen wurde. Diese Auszeichnung würdigt Wren nicht nur für seine Arbeit, sondern auch für die Inspiration, die er für viele junge Aktivisten darstellt.

Einfluss auf die Gesellschaft

Die Anerkennung von Wren Bond hat weitreichende Auswirkungen auf die Gesellschaft. Wenn eine Person wie Wren für ihre Bemühungen ausgezeichnet wird, sendet dies eine starke Botschaft an andere Aktivisten und die breite Öffentlichkeit, dass Engagement und Aktivismus geschätzt und belohnt werden. Dies kann zu einem positiven Kreislauf führen, in dem mehr Menschen ermutigt werden, sich für soziale Gerechtigkeit und Gleichheit einzusetzen.

$$\text{Einfluss} = \text{Anerkennung} \times \text{Engagement} \qquad (9)$$

Diese Gleichung zeigt, dass der Einfluss eines Aktivisten direkt proportional zu seiner Anerkennung und seinem Engagement ist. Je mehr Anerkennung Wren erhält, desto größer wird sein Einfluss auf die Gesellschaft und die LGBTQ-Community.

Herausforderungen und Kritik

Trotz der zahlreichen Auszeichnungen sieht sich Wren auch Herausforderungen gegenüber. Kritiker argumentieren manchmal, dass Auszeichnungen oft nicht die tatsächlichen Probleme widerspiegeln, mit denen die LGBTQ-Community konfrontiert ist. Es gibt Stimmen, die behaupten, dass solche Anerkennungen manchmal als Ablenkung von den grundlegenden Problemen dienen, die weiterhin bestehen, wie z.B. Diskriminierung, Gewalt und Ungleichheit.

Diese Kritik ist wichtig, da sie dazu anregt, über die Bedeutung von Auszeichnungen nachzudenken und die Notwendigkeit, den Aktivismus über persönliche Erfolge hinaus zu betrachten. Wren selbst hat oft betont, dass Auszeichnungen zwar wichtig sind, aber letztendlich die Arbeit an der Basis und die Unterstützung der Gemeinschaft im Vordergrund stehen müssen.

Fazit

Insgesamt sind die Auszeichnungen und Anerkennungen, die Wren Bond erhalten hat, nicht nur ein Zeichen für seine persönlichen Errungenschaften, sondern auch ein Symbol für den fortwährenden Kampf der LGBTQ-Community für Gleichheit und Gerechtigkeit. Diese Ehrungen motivieren nicht nur Wren, sondern auch andere Aktivisten, sich weiterhin für eine bessere Zukunft einzusetzen. Sie erinnern uns daran, dass, obwohl viel erreicht wurde, noch ein langer Weg vor uns liegt.

$$\text{Zukunft} = \text{Aktivismus} + \text{Solidarität} \qquad (10)$$

Diese Gleichung drückt die Überzeugung aus, dass die Zukunft der LGBTQ-Community von aktivem Engagement und solidarischer Zusammenarbeit abhängt. Wren Bond bleibt ein leuchtendes Beispiel dafür, wie Auszeichnungen und Anerkennung den Kurs des Aktivismus beeinflussen können, und inspiriert viele, den Kampf für Gleichheit und Gerechtigkeit fortzusetzen.

Die Gründung einer Stiftung

Die Gründung einer Stiftung ist ein bedeutender Schritt im Leben eines Aktivisten, und für Wren Bond war dies nicht anders. Im Jahr 2020, nach Jahren unermüdlichen Engagements für die LGBTQ-Community, beschloss Wren, eine Stiftung ins Leben zu rufen, die sich der Unterstützung von LGBTQ-Jugendlichen widmet. Diese Entscheidung war nicht nur eine Reaktion auf die wachsenden Herausforderungen, mit denen junge Menschen konfrontiert sind, sondern auch eine Möglichkeit, die positiven Veränderungen, die Wren in der Gesellschaft anstrebte, zu institutionalisierten.

Ziele und Vision der Stiftung

Die Stiftung, die den Namen „Wren's Way" trägt, verfolgt mehrere zentrale Ziele. Zunächst einmal soll sie Ressourcen bereitstellen, die LGBTQ-Jugendlichen helfen, ihre Identität zu akzeptieren und sich in einer oft feindlichen Welt zurechtzufinden. Dies umfasst finanzielle Unterstützung für Bildungsprogramme, psychologische Beratung und die Förderung von kreativen Ausdrucksformen, wie Kunst und Musik, die für viele in der Community von großer Bedeutung sind.

Die Vision von „Wren's Way" ist es, eine sichere Umgebung zu schaffen, in der junge Menschen sich entfalten können. Wren glaubt fest daran, dass die Stärkung der nächsten Generation entscheidend ist, um langfristige Veränderungen in der Gesellschaft zu bewirken. Ein zentrales Motto der Stiftung lautet: „Gemeinsam stark – Vielfalt feiern".

Herausforderungen bei der Gründung

Die Gründung einer Stiftung bringt jedoch auch zahlreiche Herausforderungen mit sich. Wren musste sich mit rechtlichen Aspekten auseinandersetzen, die von der Registrierung der Stiftung bis zur Einhaltung von Vorschriften reichten. Ein zentrales Problem war die Beschaffung von Mitteln. Um die Stiftung nachhaltig zu finanzieren, war Wren gezwungen, kreative Fundraising-Strategien zu entwickeln. Dazu gehörten Benefizveranstaltungen, Crowdfunding-Kampagnen und Partnerschaften mit Unternehmen, die sich für soziale Gerechtigkeit einsetzen.

Ein Beispiel für eine erfolgreiche Fundraising-Veranstaltung war das jährliche „Wren's Gala", bei dem prominente Unterstützer aus der LGBTQ-Community und darüber hinaus zusammenkamen, um Spenden zu sammeln. Diese Veranstaltungen boten nicht nur eine Plattform zur Mittelbeschaffung, sondern auch zur Sensibilisierung für die Anliegen der Stiftung.

Einfluss der Stiftung auf die Community

„Wren's Way" hat sich schnell zu einer wichtigen Anlaufstelle für LGBTQ-Jugendliche entwickelt. Die Stiftung bietet nicht nur finanzielle Unterstützung, sondern auch Mentoring-Programme, in denen erfahrene Aktivisten jungen Menschen helfen, ihre Stimme zu finden und ihre eigenen Initiativen zu starten. Wren hat oft betont, dass es nicht nur darum geht, Hilfe anzubieten, sondern auch darum, die Betroffenen zu befähigen, selbst aktiv zu werden.

Ein Beispiel für den Einfluss der Stiftung ist das Programm „Voices of Tomorrow", das Workshops für junge Menschen anbietet, um ihre Geschichten zu erzählen und sich kreativ auszudrücken. Diese Workshops haben nicht nur das Selbstbewusstsein der Teilnehmer gestärkt, sondern auch dazu beigetragen, ein Netzwerk von Gleichgesinnten zu schaffen, die sich gegenseitig unterstützen.

Langfristige Perspektiven und Visionen

Mit Blick auf die Zukunft hat Wren große Pläne für „Wren's Way". Die Stiftung soll nicht nur lokal, sondern auch international tätig werden. Wren plant, Partnerschaften mit Organisationen in anderen Ländern einzugehen, um den Austausch von Ideen und Ressourcen zu fördern. Ein langfristiges Ziel ist es, ein globales Netzwerk von Stiftungen zu schaffen, die sich für die Rechte und das Wohl von LGBTQ-Jugendlichen einsetzen.

Die Herausforderungen sind groß, aber Wren ist überzeugt, dass die Gründung der Stiftung ein entscheidender Schritt in die richtige Richtung war. In einer Welt, die oft von Intoleranz geprägt ist, sieht Wren die Stiftung als ein Licht der Hoffnung, das die nächste Generation inspiriert und ermutigt, für ihre Rechte und ihre Identität einzutreten.

Schlussfolgerung

Die Gründung von „Wren's Way" ist nicht nur ein persönlicher Triumph für Wren Bond, sondern auch ein Beispiel dafür, wie individueller Aktivismus in institutionelle Veränderungen umgesetzt werden kann. Die Stiftung steht als Symbol für den unermüdlichen Kampf um Gleichheit und Akzeptanz und zeigt, dass jeder Einzelne einen Unterschied machen kann. Wren's Vision und Engagement werden zweifellos noch viele Jahre lang positive Auswirkungen auf die LGBTQ-Community haben.

Wren und die Bildungspolitik

Wren Bond hat nicht nur als Aktivist für LGBTQ-Rechte gewirkt, sondern auch eine entscheidende Rolle in der Bildungspolitik gespielt. In einer Welt, in der Diskriminierung und Vorurteile oft in den Bildungseinrichtungen selbst verwurzelt sind, erkannte Wren, dass Veränderungen in der Bildung entscheidend sind, um eine inklusive und gerechte Gesellschaft zu schaffen.

Die Bedeutung von Bildung für die LGBTQ-Community

Bildung ist ein kraftvolles Werkzeug, um Vorurteile abzubauen und Verständnis zu fördern. Wren argumentierte, dass Schulen und Universitäten Orte sein sollten, an denen Vielfalt gefeiert wird und alle Schüler, unabhängig von ihrer sexuellen Orientierung oder Geschlechtsidentität, sich sicher und akzeptiert fühlen. In vielen Bildungseinrichtungen sind LGBTQ-Themen jedoch oft tabuisiert oder werden nicht ausreichend behandelt. Dies führt zu einem Mangel an Verständnis und Empathie, was Diskriminierung und Mobbing fördert.

Ein Beispiel für Wren's Einfluss in der Bildungspolitik war die Einführung von Bildungsprogrammen, die sich mit LGBTQ-Geschichte und -Kultur befassen. Diese Programme wurden in Schulen implementiert, um Schüler über die Errungenschaften und Herausforderungen der LGBTQ-Community aufzuklären. Wren setzte sich dafür ein, dass Lehrpläne überarbeitet wurden, um eine umfassendere Perspektive auf die Geschichte zu bieten, die nicht nur heteronormativ ist.

Politische Maßnahmen und Initiativen

Wren Bond war maßgeblich an der Entwicklung und Umsetzung von politischen Initiativen beteiligt, die darauf abzielten, Diskriminierung in Bildungseinrichtungen zu bekämpfen. Eine der bedeutendsten Initiativen war die Kampagne für ein bundesweites Gesetz, das Schulen dazu verpflichtet, eine inklusive und diskriminierungsfreie Umgebung zu schaffen. Diese Gesetzgebung beinhaltete:

- **Schutzmaßnahmen für LGBTQ-Schüler:** Wren forderte spezifische Richtlinien, die sicherstellen, dass LGBTQ-Schüler vor Mobbing und Diskriminierung geschützt werden. Dies beinhaltete die Einführung von Anti-Mobbing-Richtlinien, die auf die besonderen Bedürfnisse von LGBTQ-Schülern eingehen.

- **Schulungen für Lehrkräfte:** Ein weiterer wichtiger Aspekt war die Schulung von Lehrkräften, um sie für die Herausforderungen zu sensibilisieren, mit denen LGBTQ-Schüler konfrontiert sind. Wren betonte, dass Lehrer eine Schlüsselrolle dabei spielen, eine inklusive Atmosphäre zu schaffen.

- **Ressourcenzentren:** Wren setzte sich für die Einrichtung von Ressourcenzentren an Schulen ein, die LGBTQ-Schüler unterstützen und ihnen Zugang zu Informationen und Hilfe bieten. Diese Zentren sollten auch als Anlaufstelle für Schüler dienen, die Diskriminierung erfahren haben.

Herausforderungen in der Bildungspolitik

Trotz der Fortschritte, die Wren Bond in der Bildungspolitik erzielt hat, gibt es weiterhin erhebliche Herausforderungen. In vielen Regionen gibt es Widerstand gegen die Implementierung von LGBTQ-inklusiven Programmen. Dies kann auf tief verwurzelte gesellschaftliche Vorurteile, politische Spannungen und den Einfluss konservativer Gruppen zurückgeführt werden.

Ein Beispiel hierfür ist die Kontroverse um die Einführung von LGBTQ-Bildungsinhalten in Schulcurricula, die in einigen Bundesstaaten zu heftigen Debatten führte. Wren argumentierte, dass solche Widerstände oft auf Angst und Unkenntnis basieren. Um dem entgegenzuwirken, initiierte Wren Aufklärungskampagnen, die darauf abzielten, das Bewusstsein für die Bedeutung von LGBTQ-Bildung zu schärfen und die Vorteile einer inklusiven Bildungspolitik aufzuzeigen.

Erfolge und Errungenschaften

Trotz der Herausforderungen konnte Wren Bond bedeutende Erfolge in der Bildungspolitik erzielen. Einige der wichtigsten Errungenschaften umfassen:

- **Einführung von LGBTQ-freundlichen Lehrplänen:** Viele Schulen haben mittlerweile Lehrpläne implementiert, die LGBTQ-Geschichte und -Kultur einbeziehen, was zu einer erhöhten Akzeptanz und einem besseren Verständnis unter den Schülern geführt hat.

- **Erhöhung der Sichtbarkeit von LGBTQ-Rollenmodellen:** Durch Wren's Engagement haben viele Schulen begonnen, LGBTQ-Rollenmodelle in ihren Lehrplänen und Veranstaltungen hervorzuheben, was Schülern hilft, sich mit diesen Identitäten zu identifizieren und sich selbstbewusster zu fühlen.

- **Stärkung der Gemeinschaft:** Wren hat zahlreiche Netzwerke und Gemeinschaftsprojekte ins Leben gerufen, die LGBTQ-Schüler unterstützen und ihnen helfen, sich zu vernetzen und ihre Stimmen zu erheben.

Fazit

Wren Bonds Engagement in der Bildungspolitik hat nicht nur das Leben vieler LGBTQ-Schüler verändert, sondern auch das Bewusstsein in der Gesellschaft geschärft. Durch die Schaffung einer inklusiven Bildungsumgebung hat Wren einen bedeutenden Beitrag zur Bekämpfung von Diskriminierung geleistet. Die

Herausforderung bleibt, diese Errungenschaften zu verteidigen und weiter auszubauen, um sicherzustellen, dass alle Schüler in einer respektvollen und unterstützenden Umgebung lernen können. Wren Bond bleibt ein inspirierendes Beispiel dafür, wie Bildung als Werkzeug für sozialen Wandel genutzt werden kann.

$$\text{Inklusion} = \frac{\text{Akzeptanz} + \text{Bildung}}{\text{Diskriminierung} + \text{Vorurteile}} \qquad (11)$$

Die Gleichung verdeutlicht, dass die Schaffung einer inklusiven Umgebung auf der Kombination von Akzeptanz und Bildung basiert, während Diskriminierung und Vorurteile als Hindernisse betrachtet werden, die überwunden werden müssen. Wren Bond hat uns gelehrt, dass Bildung der Schlüssel zur Veränderung ist und dass jeder von uns die Verantwortung hat, eine bessere Zukunft zu gestalten.

Einfluss auf die LGBTQ-Gesetzgebung

Wren Bond hat sich im Laufe seiner Karriere als eine zentrale Figur im Kampf für die Rechte der LGBTQ-Community etabliert, insbesondere im Bereich der Gesetzgebung. Sein Einfluss auf die LGBTQ-Gesetzgebung kann durch eine Kombination aus persönlichem Engagement, strategischen Allianzen und der Nutzung von Medien hervorgehoben werden.

Theoretischer Hintergrund

Die Theorie des sozialen Wandels, wie sie von Autoren wie Charles Tilly und Sidney Tarrow beschrieben wird, bietet einen nützlichen Rahmen, um Wren Bonds Einfluss zu verstehen. Soziale Bewegungen, die auf Gerechtigkeit und Gleichheit abzielen, benötigen sowohl eine klare Zielsetzung als auch die Fähigkeit, politische Entscheidungsträger zu mobilisieren. Wren hat diese Prinzipien in seiner Arbeit verankert, indem er die Bedürfnisse der LGBTQ-Community artikulierte und gleichzeitig die öffentliche Meinung beeinflusste.

Probleme und Herausforderungen

Trotz seines Engagements sah sich Wren mit erheblichen Herausforderungen konfrontiert. Eine der größten Hürden war die anhaltende Diskriminierung und der Widerstand gegen LGBTQ-Rechte in verschiedenen politischen Kontexten. In vielen Ländern gibt es nach wie vor Gesetze, die Diskriminierung aufgrund der sexuellen Orientierung oder Geschlechtsidentität legitimieren. Wren musste sich

WREN ALS PIONIER DES WANDELS 101

daher nicht nur gegen Vorurteile, sondern auch gegen institutionelle Barrieren behaupten.

Beispiele für Wren Bonds Einfluss

Ein herausragendes Beispiel für Wren Bonds Einfluss auf die LGBTQ-Gesetzgebung war seine Mitwirkung an der Kampagne zur Legalisierung der gleichgeschlechtlichen Ehe in seinem Heimatstaat. Diese Kampagne, die 2015 ihren Höhepunkt erreichte, war das Ergebnis jahrelanger Arbeit und Mobilisierung. Wren organisierte zahlreiche Veranstaltungen, um das Bewusstsein für die Bedeutung der Ehegleichheit zu schärfen, und führte Gespräche mit Politikern, um ihre Unterstützung zu gewinnen.

$$\text{Einfluss} = \text{Mobilisierung} + \text{Öffentliche Meinung} + \text{Politische Unterstützung} \tag{12}$$

Diese Gleichung verdeutlicht, dass der Einfluss von Wren auf die Gesetzgebung nicht isoliert betrachtet werden kann. Er nutzte eine Vielzahl von Strategien, um Mobilisierung zu erreichen, die öffentliche Meinung zu formen und politische Unterstützung zu gewinnen.

Ein weiteres Beispiel ist Wren's Engagement für das Verbot von Diskriminierung am Arbeitsplatz aufgrund der sexuellen Orientierung. Durch die Gründung einer Koalition von LGBTQ Organisationen und Verbündeten konnte er eine breite Unterstützung für die Gesetzesänderung gewinnen. Diese Koalition führte zu einer Gesetzesinitiative, die schließlich in mehreren Bundesstaaten angenommen wurde.

Langfristige Auswirkungen

Die langfristigen Auswirkungen von Wren Bonds Arbeit sind in der sich verändernden Gesetzgebung und den wachsenden gesellschaftlichen Akzeptanz von LGBTQ-Personen zu erkennen. Seine Bemühungen führten nicht nur zu konkreten Gesetzesänderungen, sondern auch zu einem kulturellen Wandel, der die Wahrnehmung von LGBTQ-Rechten in der Gesellschaft veränderte.

Zusammenfassend lässt sich sagen, dass Wren Bond durch strategisches Handeln, die Mobilisierung von Unterstützern und die Schaffung eines Dialogs mit politischen Entscheidungsträgern einen erheblichen Einfluss auf die LGBTQ-Gesetzgebung ausgeübt hat. Seine Arbeit hat nicht nur zur rechtlichen Gleichstellung beigetragen, sondern auch eine Generation von Aktivisten inspiriert, die weiterhin für die Rechte der LGBTQ-Community kämpfen.

Wren in der internationalen Arena

Wren Bond hat sich nicht nur auf nationaler, sondern auch auf internationaler Ebene als eine Schlüsselfigur im Aktivismus etabliert. Sein Engagement für die LGBTQ-Community hat ihn zu einem gefragten Sprecher und Berater bei verschiedenen internationalen Organisationen gemacht. In diesem Abschnitt werden wir die Auswirkungen von Wrens Arbeit auf die globale Arena untersuchen, die Herausforderungen, mit denen er konfrontiert war, und die Erfolge, die er erzielt hat.

Globale Einflussnahme

Wren hat an mehreren internationalen Konferenzen teilgenommen, darunter die *United Nations Free & Equal Campaign*, die sich für die Gleichstellung von LGBTQ-Personen weltweit einsetzt. Bei dieser Gelegenheit hielt Wren eine leidenschaftliche Rede, in der er die Notwendigkeit betonte, Diskriminierung und Gewalt gegen LGBTQ-Personen in verschiedenen Ländern zu beenden. Seine Worte hallten in den Hallen der Macht wider und trugen dazu bei, das Bewusstsein für die Herausforderungen zu schärfen, mit denen LGBTQ-Communities konfrontiert sind.

Herausforderungen in der internationalen Arena

Trotz seiner Erfolge sah sich Wren zahlreichen Herausforderungen gegenüber. In vielen Ländern ist die LGBTQ-Community nach wie vor stark diskriminiert. Wren berichtete von seinen Erfahrungen, als er versuchte, in Ländern zu sprechen, in denen Homosexualität kriminalisiert ist. Diese Situationen erforderten nicht nur Mut, sondern auch strategisches Denken, um die Botschaft des Wandels zu verbreiten, ohne sich selbst oder andere in Gefahr zu bringen.

Ein Beispiel hierfür ist seine Reise nach Uganda, wo er an einer Konferenz teilnahm, die sich mit Menschenrechten beschäftigte. Trotz der Bedrohungen, die er erhielt, entschied er sich, seine Stimme zu erheben und die Missstände, die LGBTQ-Personen erleiden, öffentlich zu machen. Dies führte zu einem internationalen Aufschrei und zu einer verstärkten Aufmerksamkeit für die Situation in Uganda.

Erfolge und Errungenschaften

Wren hat nicht nur auf Konferenzen gesprochen, sondern auch aktiv an Projekten mitgearbeitet, die darauf abzielen, die Lebensbedingungen von LGBTQ-Personen weltweit zu verbessern. Er war maßgeblich an der Gründung einer internationalen Stiftung beteiligt, die sich für die Rechte von LGBTQ-Personen in Entwicklungsländern einsetzt. Diese Stiftung hat Programme ins Leben gerufen, die Bildung, rechtliche Unterstützung und psychische Gesundheitsdienste für LGBTQ-Individuen anbieten.

Ein bemerkenswerter Erfolg war die Zusammenarbeit mit der *International Lesbian, Gay, Bisexual, Trans and Intersex Association* (ILGA), um eine globale Kampagne zu starten, die sich für die Entkriminalisierung von Homosexualität in über 70 Ländern einsetzt, in denen dies nach wie vor strafbar ist. Diese Kampagne hat nicht nur rechtliche Reformen angestoßen, sondern auch das Bewusstsein für die Notwendigkeit von Veränderungen in der Gesellschaft geschärft.

Wren als Vorbild

Wren ist nicht nur ein Aktivist, sondern auch ein Mentor für viele junge Menschen in der internationalen LGBTQ-Community. Er hat Workshops und Schulungen organisiert, um anderen die Werkzeuge zu geben, die sie benötigen, um selbst aktiv zu werden. Seine Philosophie, dass jeder Einzelne die Fähigkeit hat, Veränderungen herbeizuführen, hat viele inspiriert, sich für ihre Rechte und die Rechte anderer einzusetzen.

Ein Beispiel für seine Mentorenschaft ist das *Global Youth Leadership Program*, das er ins Leben gerufen hat. Dieses Programm hat über 500 jungen Menschen aus verschiedenen Ländern geholfen, Führungsqualitäten zu entwickeln und sich aktiv für die Rechte der LGBTQ-Community einzusetzen. Die Teilnehmer berichten von einem gesteigerten Selbstbewusstsein und einem stärkeren Engagement für soziale Gerechtigkeit.

Der Einfluss von Wren auf die internationale Gemeinschaft

Die Auswirkungen von Wrens Arbeit sind in der internationalen Gemeinschaft spürbar. Er hat dazu beigetragen, eine globale Bewegung zu schaffen, die die Rechte von LGBTQ-Personen in den Mittelpunkt stellt. Durch seine Reden, Aktionen und die Gründung von Organisationen hat Wren eine Plattform geschaffen, die es anderen ermöglicht, sich zu äußern und aktiv zu werden.

Zusammenfassend lässt sich sagen, dass Wren Bond in der internationalen Arena eine bedeutende Rolle spielt. Sein Engagement, seine Herausforderungen und seine Erfolge haben nicht nur das Leben vieler Menschen verbessert, sondern auch dazu beigetragen, eine gerechtere und gleichberechtigtere Welt zu schaffen. Die nächsten Generationen von Aktivisten werden von seinem Vermächtnis und seiner unermüdlichen Arbeit profitieren, und sein Einfluss wird weiterhin in den Herzen und Köpfen der Menschen weltweit nachhallen.

Die Bedeutung von Netzwerken

Netzwerke spielen eine entscheidende Rolle im Aktivismus, insbesondere im Kontext von Wren Bonds Arbeit. Sie ermöglichen den Austausch von Ideen, Ressourcen und Unterstützung unter Gleichgesinnten, was für die Effektivität von Kampagnen und Initiativen von entscheidender Bedeutung ist. In diesem Abschnitt werden wir die verschiedenen Aspekte der Netzwerkbildung im Aktivismus erörtern, einschließlich der Herausforderungen, die damit verbunden sind, sowie der positiven Auswirkungen, die sie auf den Aktivismus haben kann.

Herausforderungen der Netzwerkbildung

Obwohl Netzwerke viele Vorteile bieten, gibt es auch Herausforderungen, die Aktivisten überwinden müssen. Eine häufige Problematik ist die Fragmentierung innerhalb der LGBTQ-Community, die dazu führen kann, dass wichtige Stimmen und Perspektiven übersehen werden. Unterschiedliche Gruppen können unterschiedliche Prioritäten und Ansätze haben, was zu Spannungen und Missverständnissen führen kann.

Ein weiteres Problem ist die Überlastung durch Informationen. In einer Zeit, in der soziale Medien und digitale Plattformen eine Vielzahl von Kommunikationskanälen bieten, kann es schwierig sein, relevante Informationen zu filtern und sich auf die wesentlichen Themen zu konzentrieren. Wren Bond hat oft betont, wie wichtig es ist, klare Kommunikationsstrategien zu entwickeln, um sicherzustellen, dass die Botschaften nicht nur gehört, sondern auch verstanden werden.

Positive Auswirkungen von Netzwerken

Trotz dieser Herausforderungen hat Wren Bond die Bedeutung von Netzwerken immer wieder hervorgehoben. Netzwerke ermöglichen nicht nur den Austausch von Informationen, sondern fördern auch die Solidarität und das Gemeinschaftsgefühl. Ein Beispiel hierfür ist die Gründung von Unterstützungsgruppen, die sich aus verschiedenen Netzwerken zusammensetzen und eine Plattform für den Austausch von Erfahrungen und Ressourcen bieten.

Ein weiteres Beispiel ist die Zusammenarbeit mit anderen Organisationen, um gemeinsame Ziele zu erreichen. Wren Bond hat zahlreiche Initiativen ins Leben gerufen, die auf der Zusammenarbeit mit anderen Aktivisten und Organisationen basieren. Diese Partnerschaften haben es ermöglicht, größere Reichweiten und Auswirkungen zu erzielen, als es allein möglich gewesen wäre.

Schlussfolgerung

Zusammenfassend lässt sich sagen, dass Netzwerke eine unverzichtbare Komponente des Aktivismus sind. Sie ermöglichen den Austausch von Wissen und Ressourcen, fördern die Zusammenarbeit und stärken die Gemeinschaft. Wren Bonds Engagement für die Bildung und Pflege von Netzwerken hat nicht nur seine eigene Arbeit, sondern auch die gesamte LGBTQ-Bewegung vorangebracht. In einer Welt, die oft von Spaltung und Missverständnissen geprägt ist, bleibt die Fähigkeit, Netzwerke zu bilden und zu nutzen, eine der stärksten Waffen im Kampf für Gleichheit und Gerechtigkeit.

Wren und die nächste Generation

Wren Bond hat nicht nur als Aktivist eine bedeutende Rolle gespielt, sondern auch als Mentor und Vorbild für die nächste Generation von LGBTQ-Aktivisten. In einer Zeit, in der die sozialen und politischen Herausforderungen für die LGBTQ-Community weiterhin bestehen, hat Wren es sich zur Aufgabe gemacht, jungen Menschen Werkzeuge und Ressourcen an die Hand zu geben, um ihre eigenen Stimmen zu finden und aktiv zu werden.

Mentorenschaft und Unterstützung

Wren hat zahlreiche Workshops und Seminare organisiert, die speziell auf die Bedürfnisse junger Aktivisten ausgerichtet sind. Diese Veranstaltungen bieten nicht nur Raum für den Austausch von Ideen, sondern auch für die Entwicklung von Strategien, um Diskriminierung abzubauen und Gleichheit zu fördern. Ein Beispiel für eine solche Initiative ist das *Youth Empowerment Program*, das Wren ins Leben gerufen hat. Hier lernen Jugendliche, wie sie ihre Geschichten erzählen und sich für ihre Rechte einsetzen können.

Einfluss auf die Bildungspolitik

Ein weiterer wichtiger Aspekt von Wrens Engagement für die nächste Generation ist sein Einfluss auf die Bildungspolitik. Wren hat sich aktiv dafür eingesetzt, dass LGBTQ-Themen in den Lehrplänen von Schulen integriert werden. Durch die Zusammenarbeit mit Bildungseinrichtungen und politischen Entscheidungsträgern hat er erreicht, dass Schulen nicht nur sicherere Räume für

LGBTQ-Schüler schaffen, sondern auch Bildungsressourcen bereitstellen, die Vielfalt und Inklusion fördern.

Herausforderungen der nächsten Generation

Trotz dieser Fortschritte stehen junge LGBTQ-Aktivisten vor erheblichen Herausforderungen. Diskriminierung, Stigmatisierung und Gewalt sind nach wie vor alltägliche Erfahrungen für viele. Wren hat oft betont, wie wichtig es ist, diese Probleme offen anzusprechen und Lösungen zu finden. In einem seiner berühmtesten Zitate sagte er: „Es ist unsere Verantwortung, die Welt zu einem besseren Ort für die nächsten Generationen zu machen, damit sie nicht die Kämpfe kämpfen müssen, die wir gekämpft haben."

Beispiele für den Einfluss von Wren

Ein konkretes Beispiel für Wrens Einfluss auf die nächste Generation ist die Geschichte von Alex, einem jungen Aktivisten, der während eines Workshops von Wren inspiriert wurde. Alex, der in einer kleinen Stadt aufwuchs, fühlte sich oft isoliert und unverstanden. Nach dem Workshop begann er, eine lokale Unterstützungsgruppe für LGBTQ-Jugendliche zu gründen, die mittlerweile über 50 Mitglieder hat. Alex hat Wren als Vorbild genommen und setzt sich aktiv für die Rechte seiner Gemeinschaft ein, indem er Aufklärungskampagnen in Schulen organisiert.

Die Rolle der sozialen Medien

In der heutigen digitalen Welt spielt auch die Nutzung sozialer Medien eine entscheidende Rolle im Aktivismus. Wren hat die Bedeutung von Plattformen wie Instagram, Twitter und TikTok erkannt, um junge Menschen zu erreichen und zu mobilisieren. Er ermutigt die nächste Generation, ihre Geschichten online zu teilen und sich mit Gleichgesinnten zu vernetzen. Diese digitalen Räume bieten nicht nur eine Plattform zur Sichtbarkeit, sondern auch zur Bildung und zum Austausch von Ressourcen.

Zukunftsvisionen

Die Vision von Wren für die nächste Generation ist eine Welt, in der Vielfalt gefeiert wird und jeder Mensch unabhängig von Geschlecht, sexueller Orientierung oder Identität respektiert wird. Er hat sich dafür eingesetzt, dass zukünftige Generationen in einer Gesellschaft leben, die nicht nur Toleranz, sondern auch

Akzeptanz und Liebe fördert. Wren glaubt fest daran, dass die nächste Generation die Kraft hat, die Welt zu verändern, und er sieht sich als Teil dieser Bewegung.

Abschluss

Wren Bonds Engagement für die nächste Generation ist ein leuchtendes Beispiel dafür, wie wichtig es ist, Wissen und Erfahrung weiterzugeben. Indem er junge Aktivisten unterstützt, inspiriert und ermutigt, trägt Wren dazu bei, eine neue Welle von Führungspersönlichkeiten zu formen, die bereit sind, für Gleichheit und Gerechtigkeit zu kämpfen. In einer Welt, die oft von Spaltung und Ungerechtigkeit geprägt ist, bleibt Wrens Botschaft klar: „Gemeinsam können wir die Zukunft gestalten, die wir uns wünschen."

Die Rolle von Mentorenschaft

Mentorenschaft spielt eine entscheidende Rolle im Leben von Wren Bond und in der LGBTQ-Community insgesamt. Mentoren sind nicht nur erfahrene Wegbereiter, sondern auch Unterstützer, die ihr Wissen und ihre Erfahrungen an die nächste Generation weitergeben. Diese Beziehungen sind besonders wichtig in einem Umfeld, das oft von Diskriminierung und Vorurteilen geprägt ist.

Theoretische Grundlagen der Mentorenschaft

Mentorenschaft kann durch verschiedene theoretische Rahmenbedingungen erklärt werden. Eine der bekanntesten Theorien ist die *Mentoring-Theorie von Kram* (1985), die zwei Hauptfunktionen von Mentoren identifiziert:

- **Karrierefördernde Funktionen:** Mentoren unterstützen ihre Mentees bei der beruflichen Entwicklung, indem sie Netzwerke bereitstellen, Möglichkeiten zur Karriereförderung aufzeigen und wertvolles Feedback geben.

- **Psychosoziale Funktionen:** Diese beziehen sich auf emotionale Unterstützung, Identitätsentwicklung und das Schaffen eines sicheren Raums für persönliche Entfaltung.

Mentorenschaft in der LGBTQ-Community

In der LGBTQ-Community ist Mentorenschaft besonders wichtig, da viele junge Menschen mit Herausforderungen konfrontiert sind, die ihre Identität und ihr Selbstwertgefühl betreffen. Wren Bond hat selbst erfahren, wie wichtig es ist, einen Mentor zu haben, der nicht nur die gesellschaftlichen Hürden versteht, sondern auch die individuellen Kämpfe, die LGBTQ-Jugendliche durchleben.

Ein Beispiel für Wren's Mentorenschaft ist seine Beziehung zu *Samantha Lee*, einer erfahrenen Aktivistin, die Wren in seinen frühen Jahren unterstützte. Sie half ihm, sich in der LGBTQ-Community zurechtzufinden und ermutigte ihn, seine Stimme zu erheben. Ihre Unterstützung war nicht nur praktisch, sondern auch emotional, was Wren half, seine eigenen Unsicherheiten zu überwinden.

Probleme und Herausforderungen der Mentorenschaft

Trotz der positiven Aspekte der Mentorenschaft gibt es auch Herausforderungen. Eine der größten Hürden ist die *Verfügbarkeit von Mentoren*. Viele potenzielle Mentoren sind selbst mit ihren eigenen Kämpfen beschäftigt und haben möglicherweise nicht die Zeit oder Ressourcen, um anderen zu helfen. Dies kann zu einer *Kluft* zwischen den Bedürfnissen der Mentees und den verfügbaren Ressourcen führen.

Ein weiteres Problem ist die *Passung zwischen Mentor und Mentee*. Nicht jede Beziehung funktioniert, und manchmal können Mentoren unbeabsichtigt schädliche Ratschläge geben oder die individuellen Bedürfnisse ihrer Mentees nicht verstehen. Wren hat in seiner Karriere erlebt, dass eine schlechte Mentorenschaft mehr schaden als nützen kann, was ihn dazu motivierte, eine eigene Mentoring-Initiative zu gründen.

Wren Bond und die Förderung von Mentorenschaft

Wren Bond hat aktiv daran gearbeitet, Mentorenschaft in der LGBTQ-Community zu fördern. Er gründete Programme, die junge Aktivisten mit erfahrenen Mentoren verbinden. Diese Programme bieten nicht nur eine Plattform für den Austausch von Wissen, sondern auch für die Entwicklung von Beziehungen, die auf Vertrauen und gegenseitiger Unterstützung basieren.

Ein Beispiel für ein solches Programm ist *"Voices of Tomorrow"*, das Wren ins Leben gerufen hat. In diesem Programm werden junge LGBTQ-Aktivisten mit erfahrenen Mentoren gepaart, die sie durch Workshops, persönliche Treffen und Online-Sitzungen unterstützen. Die Ergebnisse sind vielversprechend: Viele Teilnehmer berichten von einem gestärkten Selbstbewusstsein und einer klareren Vision für ihre Zukunft.

Fazit

Die Rolle der Mentorenschaft in Wren Bonds Leben und in der LGBTQ-Community ist unverzichtbar. Sie bietet nicht nur Unterstützung und Anleitung, sondern fördert auch das Gefühl der Zugehörigkeit und des Verständnisses. Wren's Engagement für Mentorenschaft zeigt, wie wichtig es ist, Wissen und Erfahrungen weiterzugeben, um eine stärkere, inklusivere Gemeinschaft zu schaffen.

In einer Welt, in der Diskriminierung und Vorurteile weiterhin bestehen, bleibt Mentorenschaft ein kraftvolles Werkzeug, um junge Menschen zu ermutigen und ihnen zu helfen, ihr volles Potenzial auszuschöpfen. Wren Bond ist ein lebendiges Beispiel dafür, wie positive Mentorenschaft nicht nur individuelle Leben verändern kann, sondern auch die Gesellschaft als Ganzes transformieren kann.

Wren als Autor und Redner

Wren Bond hat sich nicht nur als Aktivist, sondern auch als einflussreicher Autor und Redner einen Namen gemacht. Seine schriftstellerischen und öffentlichen Beiträge sind entscheidend für die Verbreitung von Informationen und die Sensibilisierung für LGBTQ-Themen. In dieser Sektion werden wir die verschiedenen Aspekte von Wrens Arbeit als Autor und Redner untersuchen, seine Ansätze zur Kommunikation von Botschaften und die Auswirkungen seiner Werke auf die Gesellschaft.

Die schriftstellerische Stimme von Wren

Als Autor hat Wren eine Vielzahl von Artikeln, Essays und Büchern verfasst, die sich mit den Herausforderungen und Errungenschaften der LGBTQ-Community beschäftigen. Seine Texte sind oft geprägt von einer Mischung aus persönlicher Erfahrung, gesellschaftlicher Analyse und einem Hauch von Humor, was sie für ein breites Publikum zugänglich macht. Ein Beispiel für seine schriftstellerische Tätigkeit ist das Buch *„Lebenslinien: Geschichten von Mut und Identität"*, in dem er die Geschichten von LGBTQ-Personen erzählt, die in verschiedenen Kulturen aufgewachsen sind.

Diese Sammlung von Erzählungen bietet nicht nur Einblicke in die individuellen Lebensrealitäten, sondern stellt auch den Zusammenhang zwischen kulturellem Erbe und sexueller Identität her. Wren verwendet in seinen Arbeiten oft die **Theorie der sozialen Konstruktion**, die besagt, dass Geschlecht und Sexualität nicht nur biologisch, sondern auch kulturell und sozial konstruiert sind.

Diese Theorie hilft, die Vielfalt menschlicher Erfahrungen zu verstehen und zu akzeptieren.

Öffentliche Reden und ihre Wirkung

Wren ist auch für seine fesselnden öffentlichen Reden bekannt. Er hat auf zahlreichen Konferenzen, Pride-Veranstaltungen und Universitäten gesprochen. Seine Reden sind oft von einer leidenschaftlichen Überzeugung geprägt und zielen darauf ab, das Publikum zu inspirieren und zum Handeln zu bewegen. Ein bemerkenswerter Moment war seine Rede bei der **Internationalen LGBTQ-Konferenz 2022**, wo er die Bedeutung von Sichtbarkeit und Vertretung in den Medien betonte.

In einer seiner bekanntesten Reden stellte Wren die Frage: „Wie viele von uns müssen noch ihre Stimme erheben, bevor wir gehört werden?" Diese rhetorische Frage verdeutlicht die Dringlichkeit des Themas und motiviert die Zuhörer, aktiv zu werden. Seine Fähigkeit, komplexe Themen in verständliche und ansprechende Sprache zu übersetzen, hat ihm den Ruf eines der besten Redner seiner Generation eingebracht.

Herausforderungen beim Schreiben und Reden

Trotz seines Erfolgs steht Wren auch vor Herausforderungen. Eine der größten Schwierigkeiten ist der Umgang mit **Kritik** und **Missverständnissen** über LGBTQ-Themen. Oft sieht sich Wren mit Gegenwind konfrontiert, insbesondere von konservativen Gruppen, die seine Ansichten nicht teilen. Diese Widerstände erfordern eine sorgfältige und strategische Kommunikation, um sicherzustellen, dass seine Botschaften klar und respektvoll vermittelt werden.

Ein weiteres Problem ist die **Selbstzensur**. Wren hat in Interviews zugegeben, dass er manchmal zögert, bestimmte Themen anzusprechen, aus Angst, missverstanden oder falsch interpretiert zu werden. Dennoch hat er gelernt, diese Ängste zu überwinden und sich auf die Unterstützung seiner Gemeinschaft zu stützen.

Der Einfluss von Humor in Wrens Arbeit

Ein bemerkenswerter Aspekt von Wrens schriftstellerischer und öffentlicher Arbeit ist der Einsatz von **Humor**. Er glaubt, dass Humor eine wirksame Methode ist, um schwierige Themen anzusprechen und Barrieren abzubauen. Durch den Einsatz von Witz und Ironie schafft er eine Verbindung zu seinem Publikum und erleichtert den Zugang zu sensiblen Themen.

Ein Beispiel für diesen Ansatz ist seine Rede über die „*Kunst des Coming-Outs*", in der er humorvolle Anekdoten über seine eigenen Erfahrungen teilt. Diese Geschichten machen ihn nicht nur menschlich, sondern zeigen auch, dass das Coming-Out eine universelle Erfahrung ist, die mit Herausforderungen, aber auch mit Freude verbunden ist.

Wren als Mentor und Vorbild

Als Autor und Redner hat Wren auch die Rolle eines Mentors übernommen. Er ermutigt junge Menschen, ihre Stimmen zu erheben und ihre Geschichten zu erzählen. Durch Workshops und Seminare hat er vielen geholfen, ihre schriftstellerischen Fähigkeiten zu entwickeln und sich auf öffentlichen Bühnen wohlzufühlen.

Wren betont oft, dass jeder eine Geschichte hat, die erzählt werden sollte, und dass das Teilen dieser Geschichten eine transformative Kraft hat. Diese Philosophie spiegelt sich in seiner Arbeit wider und hat unzählige Menschen inspiriert, sich ebenfalls als Autor*innen und Redner*innen zu engagieren.

Fazit

Zusammenfassend lässt sich sagen, dass Wren Bond als Autor und Redner eine bedeutende Rolle im LGBTQ-Aktivismus spielt. Durch seine schriftstellerischen Werke und fesselnden Reden hat er nicht nur das Bewusstsein für wichtige Themen geschärft, sondern auch eine Plattform für andere geschaffen, um ihre Stimmen zu erheben. Sein Einsatz von Humor, seine Fähigkeit, komplexe Themen zu vermitteln, und sein Engagement für die nächste Generation machen ihn zu einem unverzichtbaren Teil der LGBTQ-Bewegung. Wren Bond ist nicht nur ein Aktivist, sondern auch ein Geschichtenerzähler, der das Potenzial hat, die Welt durch Worte und Taten zu verändern.

Ein Blick in die Zukunft

Wren und die Vision für die Zukunft

Pläne für kommende Projekte

Wren Bond hat sich stets der Herausforderung gestellt, die LGBTQ-Community zu unterstützen und Diskriminierung abzubauen. In den kommenden Jahren plant Wren eine Reihe von Projekten, die darauf abzielen, das Bewusstsein für LGBTQ-Rechte zu schärfen und den sozialen Zusammenhalt zu fördern. Diese Projekte sind nicht nur Ausdruck von Wren's Engagement, sondern auch eine Antwort auf die anhaltenden Herausforderungen, mit denen die Community konfrontiert ist.

Bildung und Aufklärung

Ein zentrales Projekt, das Wren ins Leben rufen möchte, ist eine Bildungsinitiative, die sich an Schulen und Universitäten richtet. Dieses Programm wird Workshops und Seminare umfassen, die sich mit Themen wie Geschlechtsidentität, sexueller Orientierung und der Geschichte der LGBTQ-Bewegung beschäftigen. Ziel ist es, Schüler und Studenten über die Vielfalt der Identitäten aufzuklären und ein respektvolles Miteinander zu fördern.

$$\text{Wissen} = \text{Aufklärung} + \text{Empathie} \qquad (13)$$

Die Gleichung verdeutlicht, dass Wissen über LGBTQ-Themen nicht nur auf Informationen basiert, sondern auch das Verständnis und die Empathie für die Erfahrungen anderer Menschen erfordert. Wren plant, mit Bildungsinstitutionen zusammenzuarbeiten, um Lehrpläne zu entwickeln, die diese Aspekte integrieren.

Unterstützung für LGBTQ-Jugendliche

Ein weiteres wichtiges Projekt ist die Gründung eines Mentorenprogramms für LGBTQ-Jugendliche. In vielen Regionen kämpfen junge Menschen mit ihrer Identität und erleben oft Isolation und Diskriminierung. Durch die Schaffung eines Netzwerks von Mentoren, die ähnliche Erfahrungen gemacht haben, möchte Wren diesen Jugendlichen Unterstützung bieten.

$$\text{Mentoring} = \text{Unterstützung} + \text{Erfahrung} \tag{14}$$

Diese Initiative wird nicht nur den Jugendlichen helfen, sondern auch den Mentoren die Möglichkeit geben, ihre Geschichten zu teilen und eine positive Veränderung in der Gesellschaft zu bewirken.

Kampagnen zur Sensibilisierung

Wren plant auch eine Reihe von Sensibilisierungskampagnen, die sich auf soziale Medien und öffentliche Veranstaltungen konzentrieren. Diese Kampagnen sollen das Bewusstsein für die Herausforderungen, mit denen die LGBTQ-Community konfrontiert ist, schärfen und gleichzeitig Erfolge feiern.

$$\text{Kampagnen} = \text{Bewusstsein} + \text{Aktion} \tag{15}$$

Durch kreative Inhalte, die Humor und Kunst integrieren, will Wren die Menschen ansprechen und zu einem Dialog anregen. Ein Beispiel dafür könnte eine Reihe von kurzen Videos sein, die humorvolle, aber auch ernsthafte Themen ansprechen und die Zuschauer dazu ermutigen, sich aktiv für die Rechte der LGBTQ-Community einzusetzen.

Zusammenarbeit mit anderen Organisationen

Um diese Projekte erfolgreich umzusetzen, plant Wren die Zusammenarbeit mit bestehenden LGBTQ-Organisationen sowie anderen sozialen Bewegungen. Diese Kooperationen sollen Ressourcen bündeln und eine breitere Reichweite ermöglichen.

$$\text{Kooperation} = \text{Ressourcenteilung} + \text{Gemeinschaft} \tag{16}$$

Ein Beispiel für eine solche Zusammenarbeit könnte ein gemeinsames Festival sein, das sowohl LGBTQ-Künstler als auch Aktivisten aus anderen sozialen Bewegungen einbezieht. Solche Veranstaltungen können nicht nur die Sichtbarkeit erhöhen, sondern auch das Gefühl der Gemeinschaft stärken.

Forschung und Datenanalyse

Ein weiterer Aspekt von Wrens zukünftigen Projekten ist die Durchführung von Forschungsarbeiten, um die Bedürfnisse und Erfahrungen der LGBTQ-Community besser zu verstehen. Durch Umfragen und Interviews möchte Wren Daten sammeln, die als Grundlage für zukünftige Initiativen dienen können.

$$\text{Forschung} = \text{Daten} + \text{Handlung} \tag{17}$$

Diese Daten werden nicht nur zur Verbesserung der eigenen Projekte verwendet, sondern auch, um politische Entscheidungsträger über die aktuellen Herausforderungen zu informieren und sie zur Unterstützung von LGBTQ-Rechten zu bewegen.

Fazit

Die Pläne von Wren Bond für kommende Projekte spiegeln den unermüdlichen Einsatz wider, den die Aktivistin für die LGBTQ-Community zeigt. Durch Bildung, Unterstützung, Sensibilisierung, Zusammenarbeit und Forschung will Wren die Stimme der Community stärken und einen nachhaltigen Einfluss auf die Gesellschaft ausüben. Diese Initiativen sind nicht nur Schritte in die richtige Richtung, sondern auch ein Aufruf zum Handeln für alle, die an einer gerechteren und inklusiveren Welt interessiert sind.

Die Bedeutung von Weiterentwicklung

Die Weiterentwicklung ist ein zentraler Aspekt im Leben eines Aktivisten, insbesondere für jemanden wie Wren Bond, der sich unermüdlich für die Rechte der LGBTQ-Community einsetzt. In einer Welt, die sich ständig verändert, ist es unerlässlich, dass Aktivisten nicht nur ihre Strategien und Ansätze anpassen, sondern auch ihre persönlichen und beruflichen Fähigkeiten weiterentwickeln. Diese kontinuierliche Entwicklung ist nicht nur eine Frage des Überlebens, sondern auch des Fortschritts.

Theoretische Grundlagen der Weiterentwicklung

Die Theorie des lebenslangen Lernens, wie sie von verschiedenen Pädagogen und Psychologen, darunter Jean Piaget und Lev Vygotsky, formuliert wurde, betont die Wichtigkeit der kontinuierlichen Wissens- und Fähigkeitenentwicklung. Diese Theorie besagt, dass Lernen ein dynamischer Prozess ist, der über die formale

Bildung hinausgeht und in verschiedenen Lebensphasen stattfindet. Für Wren Bond bedeutet dies, dass er sich nicht nur auf seine bisherigen Erfahrungen stützen kann, sondern auch bereit sein muss, neue Perspektiven zu integrieren und sich ständig weiterzubilden.

Probleme der stagnierenden Entwicklung

Ein häufiges Problem, dem Aktivisten gegenüberstehen, ist die Gefahr der Stagnation. Wenn Wren Bond in seiner Arbeit auf den Lorbeeren der Vergangenheit ausruht oder sich nicht an neue gesellschaftliche Entwicklungen anpasst, könnte dies nicht nur seine eigene Relevanz gefährden, sondern auch die der gesamten Bewegung. Zum Beispiel hat die zunehmende Bedeutung von sozialen Medien und digitalen Plattformen die Art und Weise, wie Aktivismus betrieben wird, revolutioniert. Ein Versäumnis, diese neuen Werkzeuge zu nutzen, könnte bedeuten, dass wichtige Botschaften nicht die gewünschte Reichweite erzielen oder dass jüngere Generationen von Aktivisten nicht erreicht werden.

Beispiele für Weiterentwicklung im Aktivismus

Wren Bond hat in seiner Karriere verschiedene Strategien zur Weiterentwicklung angewendet. Ein bemerkenswertes Beispiel ist seine Fähigkeit, sich an die ständig wechselnden Bedürfnisse der LGBTQ-Community anzupassen. Als die Diskussionen über Trans-Rechte an Fahrt gewannen, nutzte Wren seine Plattform, um sich mit diesen Themen auseinanderzusetzen und seine Stimme für Trans-Personen zu erheben. Dies zeigt, wie wichtig es ist, flexibel zu bleiben und sich auf neue Herausforderungen einzustellen.

Ein weiteres Beispiel ist die Integration von Technologie in den Aktivismus. Wren hat soziale Medien effektiv genutzt, um Bewusstsein zu schaffen und Mobilisierung zu fördern. Er hat Online-Kampagnen ins Leben gerufen, die eine breite Zielgruppe ansprechen und durch virale Inhalte eine große Wirkung erzielen. Dies verdeutlicht, dass die Bereitschaft zur Weiterentwicklung nicht nur auf persönlicher Ebene, sondern auch auf struktureller Ebene von Bedeutung ist.

Die Rolle von Mentorship und Netzwerken

Ein weiterer wichtiger Aspekt der Weiterentwicklung ist die Rolle von Mentorship und Netzwerken. Wren Bond hat stets betont, wie wichtig es ist, von anderen zu lernen und sich mit Gleichgesinnten zu vernetzen. Durch den Austausch von Ideen und Erfahrungen kann er nicht nur seine eigenen Fähigkeiten verbessern, sondern auch andere inspirieren und unterstützen. Diese Art der

Zusammenarbeit führt zu einem stärkeren, vereinten Front im Kampf gegen Diskriminierung und Ungerechtigkeit.

Schlussfolgerung

Zusammenfassend lässt sich sagen, dass die Bedeutung von Weiterentwicklung im Aktivismus nicht zu unterschätzen ist. Für Wren Bond ist es entscheidend, sich ständig weiterzuentwickeln, um relevant und effektiv zu bleiben. Die Herausforderungen des Aktivismus erfordern ein hohes Maß an Anpassungsfähigkeit, Kreativität und die Bereitschaft, neue Wege zu gehen. Indem er diese Prinzipien verkörpert, setzt Wren ein starkes Zeichen für die gesamte LGBTQ-Community und inspiriert kommende Generationen von Aktivisten, sich ebenfalls auf den Weg der kontinuierlichen Entwicklung zu begeben.

Wren und die globale LGBTQ-Community

Wren Bond hat sich nicht nur auf nationaler Ebene für die Rechte der LGBTQ-Community eingesetzt, sondern auch eine bedeutende Rolle im globalen Kontext eingenommen. In einer Welt, in der Diskriminierung und Ungleichheit nach wie vor vorherrschen, ist es von entscheidender Bedeutung, dass Aktivisten wie Wren die Herausforderungen und Errungenschaften der globalen LGBTQ-Community verstehen und ansprechen.

Theoretische Grundlagen

Die globale LGBTQ-Community ist ein komplexes Netzwerk, das aus verschiedenen Kulturen, Traditionen und rechtlichen Rahmenbedingungen besteht. Theorien wie die *Intersektionalität* von Kimberlé Crenshaw helfen dabei zu verstehen, wie verschiedene Identitäten – wie Geschlecht, Sexualität, Rasse und Klasse – miteinander interagieren und zu unterschiedlichen Erfahrungen von Diskriminierung führen. Wren hat diese Theorie in seiner Arbeit integriert, indem er die Vielfalt innerhalb der LGBTQ-Community anerkennt und die Stimmen marginalisierter Gruppen stärkt.

Globale Herausforderungen

Trotz bedeutender Fortschritte in vielen Ländern sieht sich die LGBTQ-Community weltweit weiterhin erheblichen Herausforderungen gegenüber. In einigen Regionen, wie im Nahen Osten und Teilen Afrikas, sind homosexuelle Handlungen nach wie vor strafbar und werden mit drakonischen Strafen geahndet. Wren hat sich wiederholt für die Rechte dieser Gruppen eingesetzt und internationale Aufmerksamkeit auf die repressiven Gesetze gelenkt. Ein Beispiel ist seine Teilnahme an der *International LGBTQ+ Rights Conference*, wo er die Geschichten von Aktivisten aus diesen Ländern teilte und für deren Sicherheit und Rechte plädierte.

Erfolge und Errungenschaften

Wren hat eine Reihe von Initiativen ins Leben gerufen, die sich auf die globale LGBTQ-Community konzentrieren. Eine seiner bemerkenswertesten Errungenschaften war die Gründung der *Global Pride Coalition*, die LGBTQ-Aktivisten aus verschiedenen Ländern zusammenbringt, um Ressourcen und Strategien auszutauschen. Diese Plattform hat es ermöglicht, erfolgreiche Kampagnen zu entwickeln, die in verschiedenen kulturellen Kontexten anwendbar sind.

Ein weiteres Beispiel ist Wren's Engagement in der *UN Free & Equal*-Kampagne, die sich für die Gleichheit und Rechte von LGBTQ-Personen weltweit einsetzt. Durch seine Teilnahme an dieser Kampagne konnte Wren nicht nur internationale Aufmerksamkeit auf die Probleme der LGBTQ-Community lenken, sondern auch bedeutende Fortschritte in der Gesetzgebung und im Bewusstsein der Öffentlichkeit erreichen.

Die Rolle von Bildung und Bewusstsein

Wren betont oft die Bedeutung von Bildung und Bewusstsein in der globalen LGBTQ-Community. Er hat Workshops und Schulungsprogramme initiiert, die sich auf die Aufklärung über LGBTQ-Rechte konzentrieren, insbesondere in Ländern, in denen solche Themen tabu sind. Diese Programme zielen darauf ab, Vorurteile abzubauen und ein besseres Verständnis für die Herausforderungen zu schaffen, mit denen LGBTQ-Personen konfrontiert sind.

Ein Aufruf zur Solidarität

Wren's Engagement für die globale LGBTQ-Community ist ein Aufruf zur Solidarität. Er ermutigt Menschen überall, sich für die Rechte von LGBTQ-Personen einzusetzen, unabhängig von ihrem geografischen Standort. In seinen Reden betont er oft: "Wir sind nicht allein in diesem Kampf. Wenn wir zusammenstehen, können wir die Welt verändern." Diese Botschaft hat viele inspiriert, sich aktiv an der Förderung der LGBTQ-Rechte zu beteiligen.

Zukünftige Herausforderungen

Trotz der Fortschritte, die erzielt wurden, bleibt die globale LGBTQ-Community mit Herausforderungen konfrontiert, die angegangen werden müssen. Wren hat die Notwendigkeit betont, sich auch in Zukunft für die Rechte von LGBTQ-Personen einzusetzen, insbesondere in Ländern, in denen Rückschritte in der Gesetzgebung und der gesellschaftlichen Akzeptanz zu beobachten sind. Der Kampf um Gleichheit und Gerechtigkeit ist noch lange nicht vorbei, und Wren plant, weiterhin eine zentrale Rolle in diesem wichtigen Bereich zu spielen.

Insgesamt ist Wren Bonds Engagement für die globale LGBTQ-Community ein leuchtendes Beispiel dafür, wie individueller Aktivismus auf internationaler Ebene Wirkung entfalten kann. Durch seine Arbeit und seinen Einfluss hat er nicht nur das Leben vieler Menschen verändert, sondern auch eine Bewegung angestoßen, die sich für eine gerechtere und inklusivere Welt einsetzt.

Herausforderungen, die noch bestehen

Trotz der bedeutenden Fortschritte, die Wren Bond und andere LGBTQ-Aktivisten im Laufe der Jahre erzielt haben, gibt es weiterhin zahlreiche Herausforderungen, die es zu bewältigen gilt. Diese Herausforderungen sind nicht nur gesellschaftlicher, sondern auch politischer, kultureller und individueller Natur. In diesem Abschnitt werden wir einige der zentralen Probleme beleuchten, die die LGBTQ-Community weiterhin betreffen.

Gesetzliche Diskriminierung

Ein bedeutendes Hindernis ist die anhaltende gesetzliche Diskriminierung in vielen Ländern. Während einige Staaten bedeutende Fortschritte in Bezug auf die Rechte von LGBTQ-Personen gemacht haben, gibt es immer noch zahlreiche Länder, in denen Homosexualität kriminalisiert ist oder wo LGBTQ-Personen keinen rechtlichen Schutz genießen. Ein Beispiel hierfür ist die Situation in vielen afrikanischen und asiatischen Ländern, wo Gesetze gegen Homosexualität weiterhin existieren und oft mit harten Strafen verbunden sind. Diese gesetzlichen Rahmenbedingungen führen zu einem Klima der Angst und Unsicherheit für viele Menschen in der LGBTQ-Community.

Soziale Stigmatisierung

Neben der gesetzlichen Diskriminierung ist die soziale Stigmatisierung ein weiteres ernsthaftes Problem. In vielen Kulturen sind LGBTQ-Personen nach wie vor mit

Vorurteilen und Diskriminierung konfrontiert. Diese Stigmatisierung kann sich in Form von Mobbing, sozialer Isolation und Gewalt äußern. Laut einer Studie des *Pew Research Centers* aus dem Jahr 2020 berichten 40% der LGBTQ-Jugendlichen, dass sie in der Schule aufgrund ihrer sexuellen Orientierung oder Geschlechtsidentität gemobbt wurden. Diese Erfahrungen können zu schweren psychischen Belastungen führen und die Lebensqualität erheblich beeinträchtigen.

Gesundheitsversorgung

Ein weiteres zentrales Problem ist der Zugang zu angemessener Gesundheitsversorgung. LGBTQ-Personen, insbesondere Transgender- und nicht-binäre Menschen, sehen sich häufig Diskriminierung im Gesundheitswesen ausgesetzt. Eine Studie des *National Center for Transgender Equality* zeigt, dass 19% der Befragten angaben, in den letzten 12 Monaten aufgrund ihrer Geschlechtsidentität diskriminiert worden zu sein. Diese Diskriminierung kann dazu führen, dass viele Menschen keine notwendige medizinische Versorgung in Anspruch nehmen, was wiederum ihre physische und psychische Gesundheit gefährdet.

Intersektionalität und Marginalisierung

Die Herausforderungen, mit denen die LGBTQ-Community konfrontiert ist, sind nicht gleich verteilt. Intersektionalität spielt eine entscheidende Rolle dabei, wie Diskriminierung erlebt wird. LGBTQ-Personen aus ethnischen Minderheiten, Menschen mit Behinderungen oder solche aus einkommensschwachen Verhältnissen erleben oft eine doppelte oder sogar dreifache Diskriminierung. Diese intersektionalen Erfahrungen können die Möglichkeiten zur Unterstützung und den Zugang zu Ressourcen erheblich einschränken. Ein Beispiel ist die Situation von LGBTQ-Personen in der afroamerikanischen Gemeinschaft, die nicht nur mit homophoben Einstellungen, sondern auch mit Rassismus und wirtschaftlicher Benachteiligung kämpfen müssen.

Politische Rückschläge

In den letzten Jahren haben viele Länder politische Rückschläge erlebt, die die Rechte von LGBTQ-Personen gefährden. In einigen Staaten wurden Gesetze eingeführt, die die Rechte von LGBTQ-Personen einschränken, insbesondere in Bezug auf die Adoption, die Ehe und den Zugang zu öffentlichen Dienstleistungen. Diese politischen Entwicklungen können einen erheblichen Einfluss auf die gesellschaftliche Akzeptanz und den Fortschritt für die

LGBTQ-Community haben. Ein aktuelles Beispiel ist der Anstieg von Gesetzen in den USA, die sich gegen Transgender-Personen richten und deren Teilnahme an Sportwettkämpfen oder Zugang zu geschlechtsspezifischen Gesundheitsdiensten einschränken.

Zukunftsvision und Handlungsbedarf

Um diese Herausforderungen zu bewältigen, ist es entscheidend, dass Aktivisten, Organisationen und die Gesellschaft als Ganzes zusammenarbeiten. Es bedarf einer verstärkten Sensibilisierung für die Probleme, mit denen die LGBTQ-Community konfrontiert ist, sowie einer kontinuierlichen politischen Lobbyarbeit, um gesetzliche Änderungen zu fördern. Bildung spielt eine Schlüsselrolle dabei, Vorurteile abzubauen und Akzeptanz zu fördern. Initiativen, die auf Aufklärung und Sensibilisierung abzielen, können dazu beitragen, ein inklusiveres und unterstützendes Umfeld für alle zu schaffen.

Zusammenfassend lässt sich sagen, dass trotz der Erfolge, die Wren Bond und andere Aktivisten erzielt haben, die Herausforderungen für die LGBTQ-Community weiterhin bestehen. Es ist wichtig, diese Themen aktiv anzugehen, um eine gerechtere und gleichberechtigtere Gesellschaft für alle zu schaffen. Wren Bond hat mit seinem Engagement gezeigt, dass der Kampf für Gleichheit und Akzeptanz fortgesetzt werden muss, und es liegt an der nächsten Generation von Aktivisten, diesen Kampf weiterzuführen.

Wren als Botschafter für den Frieden

Wren Bond hat sich nicht nur als Aktivist für die LGBTQ-Community hervorgetan, sondern auch als leidenschaftlicher Botschafter für den Frieden. In einer Welt, die oft von Konflikten und Diskriminierung geprägt ist, hat Wren die Vision entwickelt, dass Frieden nicht nur das Fehlen von Krieg bedeutet, sondern auch die Schaffung eines Umfelds, in dem alle Menschen unabhängig von ihrer sexuellen Orientierung oder Geschlechtsidentität sicher und akzeptiert leben können.

Die Bedeutung des Friedens im Aktivismus

Frieden ist ein zentraler Bestandteil des Aktivismus, insbesondere im Kontext der LGBTQ-Bewegung. Wren argumentiert, dass echte Gleichheit nur in einem friedlichen Umfeld gedeihen kann. Der Frieden, den Wren propagiert, ist ein *aktiver Frieden*, der durch Dialog, Verständnis und Empathie gefördert wird. In seinen öffentlichen Reden betont er oft, dass **Konflikte** und **Diskriminierung** nicht nur die Betroffenen, sondern die gesamte Gesellschaft belasten. Dies zeigt sich in der Gleichung:

$$\text{Frieden} = \text{Gleichheit} + \text{Akzeptanz} + \text{Respekt}$$

Diese Gleichung verdeutlicht, dass Frieden nicht einfach gegeben ist, sondern aktiv geschaffen werden muss. Wren hat in verschiedenen Foren, darunter Konferenzen und Workshops, diese Botschaft vermittelt und die Notwendigkeit hervorgehoben, dass Frieden als ein gemeinsames Ziel für alle Menschen betrachtet werden sollte.

Herausforderungen auf dem Weg zum Frieden

Trotz seiner positiven Botschaft sieht sich Wren mit zahlreichen Herausforderungen konfrontiert. Diskriminierung, Vorurteile und Hass sind tief verwurzelte Probleme, die oft zu Gewalt führen. Wren hat festgestellt, dass der Weg zum Frieden oft durch **Missverständnisse** und **Angst** blockiert wird. Diese Emotionen können zu einer Spirale der Gewalt führen, die es zu durchbrechen gilt.

Ein Beispiel für diese Herausforderungen ist die Reaktion auf Wren's Aufrufe zum Dialog in konservativen Gemeinschaften. Oft stößt er auf Widerstand und Misstrauen, was zu Konflikten führt, die es schwierig machen, einen konstruktiven Austausch zu fördern. In einem seiner berühmtesten Zitate sagt Wren: „Frieden beginnt nicht mit dem, was wir tun, sondern mit dem, was wir bereit sind zu hören." Diese Philosophie spiegelt sich in seinen Bemühungen wider, Brücken zwischen verschiedenen Gemeinschaften zu bauen.

Praktische Ansätze für den Frieden

Um Frieden aktiv zu fördern, hat Wren eine Reihe von Initiativen ins Leben gerufen. Eine davon ist das *Peace Through Understanding*-Programm, das Workshops und Seminare anbietet, um das Bewusstsein für LGBTQ-Themen zu schärfen und den Dialog zwischen verschiedenen Gruppen zu fördern. Diese Programme zielen darauf ab, Vorurteile abzubauen und Verständnis zu schaffen.

Darüber hinaus hat Wren eine **Kampagne** gestartet, die sich auf die Förderung von Kunst und Kultur als Mittel zur Friedensschaffung konzentriert. Kunst hat die Kraft, Menschen zu verbinden und Empathie zu erzeugen. In einer seiner Veranstaltungen stellte er fest: „Kunst ist der universelle Übersetzer, der uns hilft, die Geschichten anderer zu hören und zu fühlen." Durch die Unterstützung von Künstlern aus der LGBTQ-Community hat Wren dazu beigetragen, eine

Plattform zu schaffen, die Vielfalt feiert und gleichzeitig ein Gefühl von Gemeinschaft und Zugehörigkeit fördert.

Erfolge als Botschafter für den Frieden

Wrens Engagement als Botschafter für den Frieden hat bereits Früchte getragen. Seine Programme haben nicht nur das Bewusstsein für LGBTQ-Themen erhöht, sondern auch zu einer messbaren Verringerung von Vorurteilen und Diskriminierung in verschiedenen Gemeinschaften geführt. In einer Umfrage, die nach der Durchführung seiner Workshops durchgeführt wurde, gaben 75% der Teilnehmer an, eine positive Veränderung in ihren Einstellungen gegenüber LGBTQ-Personen wahrgenommen zu haben.

Ein weiteres Beispiel für seinen Erfolg ist die Zusammenarbeit mit Schulen und Universitäten, um sicherzustellen, dass LGBTQ-Themen in den Lehrplänen behandelt werden. Diese Bildungsinitiativen tragen dazu bei, eine neue Generation von Menschen zu erziehen, die die Werte von Frieden, Akzeptanz und Respekt verkörpern.

Ausblick

Wren Bond sieht die Rolle als Botschafter für den Frieden als einen fortlaufenden Prozess. Er ist sich bewusst, dass es noch viele Herausforderungen zu bewältigen gibt, aber er bleibt optimistisch. „Frieden ist ein Ziel, das wir gemeinsam erreichen können", sagt Wren. „Es erfordert Mut, Empathie und die Bereitschaft, zuzuhören."

In den kommenden Jahren plant Wren, seine Botschaft weiter zu verbreiten und neue Wege zu finden, um Frieden in der Gesellschaft zu fördern. Er glaubt, dass jeder Einzelne einen Beitrag leisten kann, um eine friedlichere Welt zu schaffen, und ermutigt die Menschen, aktiv zu werden und sich für die Rechte aller einzusetzen.

Zusammenfassend lässt sich sagen, dass Wren Bond nicht nur ein Aktivist, sondern auch ein wahrer Botschafter für den Frieden ist. Durch seine unermüdlichen Bemühungen, Verständnis und Akzeptanz zu fördern, hat er einen bedeutenden Einfluss auf die Gesellschaft ausgeübt und das Potenzial, eine bessere Zukunft für alle zu schaffen.

Die Rolle der Bildung im Aktivismus

Bildung spielt eine zentrale Rolle im Aktivismus, insbesondere im Kontext der LGBTQ-Bewegung. Sie ist nicht nur ein Werkzeug zur Wissensvermittlung, sondern auch ein Mittel zur Förderung von Empathie, Verständnis und sozialer Gerechtigkeit. Wren Bond, als einflussreicher Aktivist, hat die Bedeutung von

Bildung in seiner Arbeit stets betont. Diese Sektion untersucht die verschiedenen Aspekte, wie Bildung den Aktivismus beeinflusst und vorantreibt.

Theoretische Grundlagen

Die Bildungstheorie von Paulo Freire, insbesondere sein Konzept der kritischen Pädagogik, stellt einen wichtigen Rahmen für das Verständnis der Rolle von Bildung im Aktivismus dar. Freire argumentiert, dass Bildung nicht nur der Übertragung von Wissen dient, sondern auch ein Mittel zur Befreiung von Unterdrückung ist. Er beschreibt den Bildungsprozess als dialogisch, was bedeutet, dass Lernen in einem Kontext von Interaktion und Reflexion stattfindet. Dies ist besonders relevant für den LGBTQ-Aktivismus, wo das Teilen von Erfahrungen und das Lernen voneinander entscheidend sind.

$$P = \frac{C}{R} \qquad (18)$$

In dieser Gleichung steht P für das Potenzial des Aktivismus, C für das kollektive Wissen der Gemeinschaft und R für die Ressourcen, die zur Verfügung stehen. Ein höheres kollektives Wissen führt zu einem größeren Potenzial für sozialen Wandel. Bildung trägt dazu bei, das kollektive Wissen zu erweitern und somit die Wirksamkeit des Aktivismus zu steigern.

Probleme und Herausforderungen

Trotz ihrer Bedeutung steht die Bildung im Aktivismus vor verschiedenen Herausforderungen. Eine der größten Hürden ist der Zugang zu Bildung. Viele LGBTQ-Personen, insbesondere aus marginalisierten Gemeinschaften, haben oft keinen Zugang zu qualitativ hochwertiger Bildung. Diskriminierung in Schulen und Bildungseinrichtungen kann dazu führen, dass junge Menschen sich nicht sicher fühlen, ihre Identität auszudrücken. Dies hat direkte Auswirkungen auf ihr Engagement im Aktivismus.

Ein weiteres Problem ist die Art der vermittelten Inhalte. Oftmals sind die Lehrpläne nicht inklusiv und reflektieren nicht die Vielfalt der LGBTQ-Erfahrungen. Dies kann zu einem Mangel an Verständnis und Empathie führen, was wiederum den Aktivismus schwächt. Wren Bond hat in seinen Reden häufig darauf hingewiesen, dass Bildung, die Vielfalt und Inklusion nicht berücksichtigt, nicht nur unvollständig, sondern auch schädlich ist.

Beispiele für Bildungsinitiativen

Wren Bond hat zahlreiche Bildungsinitiativen ins Leben gerufen, um die Sichtbarkeit und das Verständnis für LGBTQ-Themen in Schulen zu fördern. Eine bemerkenswerte Initiative war die Gründung eines Programms, das Workshops für Lehrer und Schüler anbietet, um über LGBTQ-Geschichte, Rechte und Identität zu informieren. Diese Workshops zielen darauf ab, ein sicheres und unterstützendes Umfeld zu schaffen, in dem Schüler ihre Identität ohne Angst vor Diskriminierung erkunden können.

Ein weiteres Beispiel ist die Zusammenarbeit mit Universitäten, um LGBTQ-Studiengänge zu etablieren. Diese Programme fördern nicht nur das akademische Wissen über LGBTQ-Themen, sondern ermutigen auch Studierende, sich aktiv für die Rechte ihrer Gemeinschaft einzusetzen. Durch die Integration von LGBTQ-Geschichte in den Lehrplan wird die Sichtbarkeit dieser Themen erhöht und es wird ein Raum für Diskussion und Reflexion geschaffen.

Die Zukunft der Bildung im Aktivismus

Die Rolle der Bildung im Aktivismus wird in den kommenden Jahren weiterhin entscheidend sein. Wren Bond hat betont, dass Bildung ein Schlüssel zu nachhaltigem Wandel ist. Es ist wichtig, dass zukünftige Generationen von Aktivisten nicht nur über die Herausforderungen informiert sind, sondern auch die Werkzeuge und das Wissen haben, um diese Herausforderungen anzugehen.

$$W = \sum_{i=1}^{n} A_i \qquad (19)$$

Hier steht W für den Gesamtwert des Aktivismus, A_i für die einzelnen Bildungsinitiativen. Die Summe aller Bildungsbemühungen trägt dazu bei, ein stärkeres und effektiveres Netzwerk von Aktivisten zu schaffen, das in der Lage ist, Veränderungen zu bewirken.

Zusammenfassend lässt sich sagen, dass Bildung eine transformative Kraft im Aktivismus darstellt. Sie ermöglicht es Individuen, sich zu organisieren, ihre Stimmen zu erheben und für ihre Rechte zu kämpfen. Wren Bonds Engagement für Bildung im Kontext des Aktivismus zeigt, dass der Weg zu einer gerechteren Gesellschaft durch das Verständnis und die Wertschätzung von Vielfalt und Inklusion geebnet wird. Bildung ist nicht nur ein Werkzeug, sondern eine Waffe im Kampf gegen Diskriminierung und Ungerechtigkeit.

Wren und die Kraft der Gemeinschaft

Wren Bond hat im Laufe seiner Karriere immer wieder betont, wie entscheidend die Gemeinschaft für den Erfolg von Aktivismus und sozialen Bewegungen ist. Die Kraft der Gemeinschaft manifestiert sich in verschiedenen Formen: Unterstützung, Solidarität, und die Fähigkeit, kollektive Stimmen zu erheben. In diesem Abschnitt werden wir untersuchen, wie Wren die Gemeinschaft als eine transformative Kraft betrachtet hat und welche Theorien und praktischen Beispiele seine Ansichten untermauern.

Theoretische Grundlagen

Die Bedeutung der Gemeinschaft im Aktivismus kann durch verschiedene theoretische Ansätze erklärt werden. Eine zentrale Theorie ist die **Gemeinschaftstheorie**, die besagt, dass Individuen innerhalb einer Gemeinschaft ein Gefühl der Zugehörigkeit und Identität entwickeln. Diese Theorie wird häufig in sozialpsychologischen Studien zitiert, die zeigen, dass Menschen, die sich als Teil einer Gemeinschaft fühlen, eher bereit sind, sich zu engagieren und aktiv zu werden.

Ein weiterer relevanter Ansatz ist die **Soziale Identitätstheorie**, die von Henri Tajfel und John Turner entwickelt wurde. Diese Theorie besagt, dass Individuen ihre Identität stark durch die Gruppen definieren, zu denen sie gehören. Wren hat diese Konzepte in seiner Arbeit aufgegriffen und betont, dass die Identifikation mit der LGBTQ-Community nicht nur persönliche Stärke verleiht, sondern auch eine kollektive Mobilisierung ermöglicht.

Herausforderungen der Gemeinschaft

Trotz der vielen Vorteile, die eine starke Gemeinschaft bietet, gibt es auch Herausforderungen, die Wren in seinen Aktivitäten ansprach. Ein zentrales Problem ist die **Fragmentierung innerhalb der Gemeinschaft**. Oft gibt es innerhalb der LGBTQ-Community unterschiedliche Meinungen und Prioritäten, die zu Spannungen führen können. Wren hat wiederholt betont, wie wichtig es ist, diese Unterschiede zu respektieren und einen Dialog zu fördern, um die Gemeinschaft zu stärken.

Ein weiteres Problem ist die **Exklusion**. Bestimmte Gruppen innerhalb der LGBTQ-Community, wie trans Personen oder People of Color, erleben häufig zusätzliche Diskriminierung und Marginalisierung. Wren hat sich aktiv dafür eingesetzt, diese Stimmen zu integrieren und sicherzustellen, dass die Gemeinschaft als Ganzes inklusiv bleibt.

Praktische Beispiele

Ein herausragendes Beispiel für Wren's Einsatz für die Gemeinschaft ist die Gründung der **LGBTQ Jugendgruppe**, die als Plattform für junge Menschen diente, um sich auszutauschen und zu vernetzen. Diese Gruppe bot nicht nur Unterstützung, sondern auch Workshops und Veranstaltungen, die das Bewusstsein für LGBTQ-Themen schärften. Durch diese Initiative konnte Wren eine Vielzahl von Stimmen zusammenbringen und eine starke Gemeinschaft aufbauen, die sich für gemeinsame Ziele einsetzt.

Ein weiteres Beispiel ist Wren's Rolle in der **Pride-Bewegung**. Während der jährlichen Pride-Paraden mobilisierte er Tausende von Menschen, um für Rechte und Gleichheit zu demonstrieren. Die Paraden wurden nicht nur zu einem Symbol des Stolzes, sondern auch zu einem Ort, an dem Gemeinschaften zusammenkamen, um ihre Vielfalt zu feiern und sich gegen Diskriminierung zu positionieren.

Die Rolle der Gemeinschaft im Aktivismus

Wren hat die Kraft der Gemeinschaft nicht nur als Unterstützungssystem betrachtet, sondern auch als ein strategisches Werkzeug im Aktivismus. Die kollektive Stimme der Gemeinschaft hat das Potenzial, politische Veränderungen herbeizuführen. Wren hat oft betont, dass „allein sind wir schwach, aber zusammen sind wir stark". Diese Philosophie zeigt sich in den vielen Kampagnen, die er initiiert hat, um Gesetze zu ändern und soziale Normen zu hinterfragen.

Ein Beispiel dafür ist die **Kampagne für Gleichheit**, die Wren ins Leben rief, um auf die Ungerechtigkeiten in der LGBTQ-Gesetzgebung aufmerksam zu machen. Durch die Mobilisierung von Unterstützern aus verschiedenen Gemeinschaften konnte er eine breite Allianz schaffen, die Druck auf politische Entscheidungsträger ausübte. Dies führte letztendlich zu wichtigen Gesetzesänderungen, die die Rechte von LGBTQ-Personen stärkten.

Schlussfolgerung

Zusammenfassend lässt sich sagen, dass Wren Bond die Kraft der Gemeinschaft als einen der wichtigsten Faktoren in seinem Aktivismus betrachtet. Durch die Schaffung von Räumen für Dialog und Unterstützung hat er nicht nur das Bewusstsein für LGBTQ-Themen geschärft, sondern auch eine starke und inklusive Gemeinschaft gefördert. Die Herausforderungen, die er ansprach, waren nicht nur Hindernisse, sondern auch Gelegenheiten, die Gemeinschaft zu stärken und den Aktivismus voranzutreiben. Wren's Vermächtnis ist daher nicht nur das eines Aktivisten, sondern auch das eines Gemeinschaftsbildners, der die

Bedeutung von Zusammenhalt und Solidarität in den Mittelpunkt seines Schaffens stellte.

Die Bedeutung von Vielfalt und Inklusion

Vielfalt und Inklusion sind grundlegende Prinzipien, die in der heutigen Gesellschaft eine entscheidende Rolle spielen, insbesondere im Kontext des LGBTQ-Aktivismus. Diese Konzepte tragen nicht nur zur Schaffung eines respektvollen und akzeptierenden Umfelds bei, sondern sind auch essentielle Faktoren für den sozialen Wandel und die Förderung von Gerechtigkeit.

Theoretische Grundlagen

Vielfalt bezieht sich auf die Unterschiede zwischen Individuen, die sich auf ethnische Herkunft, Geschlecht, sexuelle Orientierung, Alter, Religion und viele andere Merkmale beziehen. Inklusion hingegen bedeutet, dass alle Menschen, unabhängig von ihren Unterschieden, gleichwertige Chancen und Teilhabe an gesellschaftlichen Prozessen erhalten. Die Theorie der sozialen Identität, die von Henri Tajfel und John Turner in den 1970er Jahren entwickelt wurde, bietet einen Rahmen, um zu verstehen, wie Individuen ihre Identität in Bezug auf soziale Gruppen formen und wie Vorurteile und Diskriminierung entstehen können.

Die Gleichheitstheorie, die in der sozialen Psychologie verankert ist, besagt, dass Menschen ein starkes Bedürfnis nach Gleichheit und Fairness haben. Diese Theorien sind besonders relevant für den LGBTQ-Aktivismus, da sie die Notwendigkeit unterstreichen, Diversität zu akzeptieren und zu fördern, um ein gerechteres und inklusiveres Umfeld zu schaffen.

Herausforderungen der Vielfalt und Inklusion

Trotz der Fortschritte in der Akzeptanz von Vielfalt gibt es weiterhin erhebliche Herausforderungen. Diskriminierung, Vorurteile und Stereotypen sind nach wie vor weit verbreitet. Ein Beispiel ist die sogenannte *"Heteronormativität"*, die die Annahme fördert, dass Heterosexualität die Norm ist und alle anderen sexuellen Orientierungen abwertet. Diese Normen können sich in Gesetzgebungen, sozialen Strukturen und sogar in der Sprache manifestieren, was zu einem Gefühl der Isolation und Marginalisierung für LGBTQ-Personen führt.

Ein weiteres Problem ist die *"Tokenisierung"*, bei der Vielfalt nur oberflächlich anerkannt wird, ohne dass echte Inklusion stattfindet. Dies kann dazu führen, dass sich marginalisierte Gruppen nicht wirklich gehört oder respektiert fühlen. Der Aktivismus muss sich daher darauf konzentrieren, nicht nur Vielfalt zu feiern, sondern auch sicherzustellen, dass alle Stimmen in Entscheidungsprozesse einbezogen werden.

Beispiele erfolgreicher Inklusion

Ein bemerkenswertes Beispiel für erfolgreiche Inklusion ist die *"Pride"-Bewegung*, die ursprünglich aus einem Protest gegen Diskriminierung entstand, sich aber zu einer Plattform entwickelt hat, die die Vielfalt innerhalb der LGBTQ-Community feiert. Veranstaltungen wie der Christopher Street Day oder der Pride Month bieten nicht nur Sichtbarkeit, sondern fördern auch das Bewusstsein für die verschiedenen Identitäten innerhalb der Community.

Ein weiteres Beispiel ist die Integration von LGBTQ-Themen in die Bildung. Schulen, die Programme zur Aufklärung über sexuelle Orientierung und Geschlechtsidentität implementieren, tragen dazu bei, Vorurteile abzubauen und ein inklusives Umfeld für alle Schüler zu schaffen. Solche Initiativen können dazu beitragen, dass junge Menschen sich sicherer fühlen, ihre Identität auszudrücken und Diskriminierung zu bekämpfen.

Die Rolle der Gemeinschaft

Die Gemeinschaft spielt eine zentrale Rolle bei der Förderung von Vielfalt und Inklusion. Indem sie Räume schafft, in denen sich Menschen sicher und akzeptiert fühlen, können Gemeinschaften Barrieren abbauen und den Austausch von Erfahrungen und Perspektiven fördern. Netzwerke und Unterstützungsgruppen, die sich auf die Stärkung von marginalisierten Stimmen konzentrieren, sind entscheidend für den Erfolg des Aktivismus.

Darüber hinaus ist es wichtig, dass Führungspersönlichkeiten innerhalb der LGBTQ-Community als Vorbilder fungieren und sich aktiv für Inklusion einsetzen. Dies kann durch Mentorship-Programme, Workshops und öffentliche Reden geschehen, die das Bewusstsein für die Bedeutung von Vielfalt schärfen und andere dazu ermutigen, sich ebenfalls für eine inklusive Gesellschaft einzusetzen.

Fazit

Die Bedeutung von Vielfalt und Inklusion kann nicht hoch genug eingeschätzt werden. Sie sind nicht nur moralische Imperative, sondern auch praktische Notwendigkeiten, um eine gerechtere und harmonischere Gesellschaft zu schaffen. Wren Bond und andere LGBTQ-Aktivisten haben gezeigt, dass die Förderung dieser Prinzipien entscheidend für den Erfolg des Aktivismus ist. Indem wir Vielfalt feiern und Inklusion aktiv fördern, können wir eine Zukunft schaffen, in der jeder Mensch, unabhängig von seiner Identität, respektiert und akzeptiert wird.

In der Schlussfolgerung ist es wichtig, die Verantwortung jedes Einzelnen zu betonen, sich für Vielfalt und Inklusion einzusetzen. Der Kampf für Gerechtigkeit ist ein kollektiver Prozess, der Engagement, Empathie und die Bereitschaft erfordert, zuzuhören und zu lernen. Nur durch gemeinsames Handeln können wir sicherstellen, dass die Stimmen aller gehört werden und dass die Vielfalt, die unsere Gesellschaft bereichert, in vollem Umfang geschätzt wird.

Wren's Aufruf zum Handeln

Wren Bond hat in seiner Karriere als Aktivist nicht nur Veränderungen angestoßen, sondern auch einen eindringlichen Aufruf zum Handeln formuliert, der sowohl die LGBTQ-Community als auch die breitere Gesellschaft anspricht. Dieser Aufruf ist in mehreren Dimensionen zu betrachten, die sowohl theoretische als auch praktische Aspekte des Aktivismus umfassen.

Theoretische Grundlagen des Aufrufs

Der Aufruf zum Handeln von Wren basiert auf dem Prinzip der sozialen Gerechtigkeit, das in der Theorie von John Rawls verwurzelt ist. Rawls postuliert in seiner Theorie der Gerechtigkeit, dass eine gerechte Gesellschaft die Grundrechte aller Individuen respektiert und fördert. Wren argumentiert, dass Gleichheit und Akzeptanz nicht nur moralische Imperative sind, sondern auch rechtliche und gesellschaftliche Notwendigkeiten.

$$J = \frac{1}{n} \sum_{i=1}^{n} (x_i - \bar{x})^2 \qquad (20)$$

Hierbei steht J für die Gerechtigkeit, n für die Anzahl der Individuen in der Gesellschaft, x_i für die individuellen Bedürfnisse und $\bar{x}$ für den Durchschnitt der Bedürfnisse. Wren fordert, dass die Gesellschaft sich um die Bedürfnisse aller Mitglieder kümmert, insbesondere der marginalisierten Gruppen.

Praktische Probleme und Herausforderungen

Wren erkennt an, dass der Weg zur Gleichheit mit zahlreichen Herausforderungen gepflastert ist. Diskriminierung, Vorurteile und institutionelle Barrieren sind nur einige der Probleme, die es zu überwinden gilt. Er hat in seinen Reden häufig die Bedeutung von Bildung hervorgehoben, um Vorurteile

WREN UND DIE VISION FÜR DIE ZUKUNFT

abzubauen und das Bewusstsein für LGBTQ-Themen zu schärfen. Ein Beispiel hierfür ist Wren's Initiative zur Einführung von LGBTQ-Themen in die Schulcurricula, um bereits in der frühen Bildung ein Gefühl der Akzeptanz zu fördern.

Beispiele für Wren's Aufruf zum Handeln

Ein konkretes Beispiel für Wren's Aufruf ist die Kampagne „#LoveIsLove", die er ins Leben gerufen hat, um die Rechte von LGBTQ-Paaren zu fördern. Diese Kampagne hat nicht nur in sozialen Medien Wellen geschlagen, sondern auch zu politischen Veränderungen geführt. In einer seiner Reden erklärte Wren:

> „Es ist an der Zeit, dass wir uns nicht nur für uns selbst einsetzen, sondern auch für diejenigen, die keine Stimme haben. Jeder von uns hat die Verantwortung, für die Freiheit und die Rechte aller Menschen zu kämpfen."

Wren hat auch Workshops und Seminare organisiert, um Menschen zu ermutigen, aktiv zu werden. Diese Veranstaltungen bieten den Teilnehmern Werkzeuge und Strategien, um sich effektiv für ihre Rechte und die Rechte anderer einzusetzen.

Der Einfluss von Gemeinschaft und Solidarität

Ein zentraler Aspekt von Wren's Aufruf zum Handeln ist die Betonung der Gemeinschaft. Wren hat oft betont, dass Veränderung nicht im Alleingang erreicht werden kann, sondern nur durch kollektives Handeln. Er hat die Bedeutung von Solidarität hervorgehoben und darauf hingewiesen, dass jeder Einzelne Teil eines größeren Ganzen ist.

$$C = \sum_{i=1}^{n} S_i \tag{21}$$

Hierbei steht C für die kollektive Kraft, die durch die Summe der Solidarität S_i aller Individuen in der Bewegung entsteht. Wren ermutigt die Menschen, sich zu vernetzen, um eine stärkere Stimme für den Wandel zu schaffen.

Schlussfolgerung

Wren Bond's Aufruf zum Handeln ist ein kraftvolles Manifest, das nicht nur die LGBTQ-Community anspricht, sondern alle Menschen dazu ermutigt, sich für

Gleichheit und Gerechtigkeit einzusetzen. Durch die Kombination von theoretischen Grundlagen, praktischen Beispielen und der Betonung von Gemeinschaft und Solidarität hat Wren einen nachhaltigen Einfluss auf die Gesellschaft hinterlassen. Sein Aufruf ist klar: Jeder von uns hat die Verantwortung, aktiv zu werden und für eine gerechtere Welt zu kämpfen.

„Gemeinsam können wir die Welt verändern. Jeder Schritt zählt, und jeder von uns hat die Macht, das Unmögliche möglich zu machen."

Abschließende Gedanken und Reflexionen

In der Betrachtung des Lebens und des Werkes von Wren Bond wird deutlich, dass sein Engagement für die LGBTQ-Community weit über die Grenzen des Aktivismus hinausgeht. Wren hat nicht nur als Stimme für die Unterdrückten gedient, sondern auch als Licht in der Dunkelheit für viele, die sich in einer Welt voller Diskriminierung und Vorurteile verloren fühlen. Seine Reise ist ein eindrucksvolles Beispiel dafür, wie individueller Mut und kollektive Anstrengungen eine tiefgreifende Veränderung in der Gesellschaft bewirken können.

Ein zentrales Element von Wrens Philosophie ist die Überzeugung, dass Hoffnung und Liebe die stärksten Waffen im Kampf gegen Diskriminierung sind. Er hat oft betont, dass es in Zeiten der Unsicherheit und des Zweifels entscheidend ist, eine positive Vision für die Zukunft zu haben. Diese Vision ist nicht nur eine persönliche, sondern auch eine gemeinschaftliche, die darauf abzielt, Brücken zwischen verschiedenen Gruppen zu bauen und ein Gefühl der Zugehörigkeit zu fördern. Wren hat in seinen Reden häufig auf die Bedeutung von Empathie hingewiesen, die er als Schlüssel zur Überwindung von Vorurteilen und Missverständnissen ansieht.

Ein weiteres wichtiges Thema, das Wren in seinen letzten Jahren angesprochen hat, ist die Rolle der Bildung im Aktivismus. Er glaubt fest daran, dass Wissen und Aufklärung die Grundlagen für Veränderungen sind. In seiner Stiftung hat er Programme ins Leben gerufen, die sich auf die Schulung junger Aktivisten konzentrieren, um sie mit den notwendigen Werkzeugen auszustatten, um ihre Stimmen zu erheben. Wren hat oft gesagt: „Bildung ist nicht nur ein Recht, sondern eine Verantwortung, die wir gegenüber der nächsten Generation haben." Diese Überzeugung spiegelt sich in seiner Arbeit wider, die darauf abzielt, nicht nur die bestehenden Strukturen zu hinterfragen, sondern auch neue, integrative Ansätze zu fördern.

Die Herausforderungen, denen sich Wren gegenübersah, sind jedoch nicht zu übersehen. Trotz seiner Erfolge war er oft mit Widerstand konfrontiert, sowohl von außen als auch innerhalb der eigenen Community. Kritiker haben manchmal seine Methoden in Frage gestellt und argumentiert, dass seine Ansätze nicht radikal genug seien. Wren hat jedoch immer betont, dass Veränderung Zeit braucht und dass es wichtig ist, Geduld zu haben, während man gleichzeitig auf die Dringlichkeit der Probleme hinweist. Dies ist ein Balanceakt, den viele Aktivisten als herausfordernd empfinden, und es erfordert sowohl Mut als auch Entschlossenheit.

Ein Beispiel für diese Herausforderung ist Wrens Beteiligung an der Pride-Bewegung. Während er die Bedeutung der Pride-Events als Plattform für Sichtbarkeit und Gemeinschaftsbildung erkannte, war er sich auch bewusst, dass diese Veranstaltungen oft von Kommerzialisierung und politischen Spannungen überschattet werden. Wren hat sich unermüdlich dafür eingesetzt, dass die ursprünglichen Werte der Pride-Bewegung – Widerstand, Solidarität und Gemeinschaft – nicht in den Hintergrund gedrängt werden. Er hat oft gesagt: „Die Pride ist nicht nur eine Feier, sondern ein Protest. Wir müssen immer daran denken, warum wir hier sind."

In seinen letzten öffentlichen Auftritten hat Wren eine klare Botschaft an die Jugend gerichtet: „Eure Stimmen zählen. Habt den Mut, für das einzustehen, was richtig ist, auch wenn es schwierig ist." Diese Aufforderung zur aktiven Teilnahme und zum Engagement ist eine der bleibenden Botschaften, die er hinterlässt. Wren hat die Bedeutung von Gemeinschaft und Zusammenarbeit hervorgehoben, um eine inklusive Gesellschaft zu schaffen, in der jeder Mensch – unabhängig von Geschlecht, Sexualität oder Herkunft – einen Platz hat.

Abschließend lässt sich sagen, dass Wren Bonds Vermächtnis nicht nur in den Veränderungen sichtbar ist, die er angestoßen hat, sondern auch in den Herzen und Köpfen der Menschen, die er inspiriert hat. Seine Botschaft von Hoffnung, Liebe und Aktivismus wird weiterhin als Leitfaden für zukünftige Generationen dienen. Wren hat uns gelehrt, dass der Weg zur Veränderung oft steinig ist, aber dass jeder Schritt, den wir gemeinsam gehen, einen Unterschied macht. In den Worten von Wren: „Wir sind die Veränderung, die wir sehen wollen. Lasst uns weiterhin für eine Welt kämpfen, in der Liebe und Akzeptanz die Norm sind."

Schlussfolgerung: Das Vermächtnis von Wren Bond

Wren's Einfluss auf die Gesellschaft

Reflexion über die Veränderungen

Die Reflexion über die Veränderungen, die durch den Aktivismus von Wren Bond angestoßen wurden, ist nicht nur eine Betrachtung der vergangenen Errungenschaften, sondern auch eine kritische Analyse der gesellschaftlichen Dynamiken, die im Zuge seines Engagements sichtbar wurden. In dieser Sektion untersuchen wir die verschiedenen Dimensionen des Wandels, die Wren initiiert hat, und die Herausforderungen, die weiterhin bestehen.

Gesellschaftliche Veränderungen

Wren Bond hat durch seine unermüdliche Arbeit zur Sichtbarkeit und Akzeptanz der LGBTQ-Community beigetragen. Ein markantes Beispiel ist die Zunahme von Pride-Veranstaltungen weltweit. Diese Bewegungen sind nicht nur Feiern der Identität, sondern auch Plattformen für politische Forderungen. Der Anstieg der Teilnahme an solchen Veranstaltungen zeigt, dass die Gesellschaft zunehmend bereit ist, über Diversität zu sprechen und diese zu akzeptieren.

Ein Beispiel für diese Veränderung ist die jährliche Pride-Parade in Berlin, die von einigen Tausend Teilnehmern in den frühen 2000er Jahren auf über eine Million in den letzten Jahren gewachsen ist. Diese Entwicklung ist nicht nur ein Indikator für die Akzeptanz, sondern auch für die Sichtbarkeit von LGBTQ-Anliegen in der öffentlichen Diskussion. Die Formel für gesellschaftlichen Wandel könnte man in vereinfachter Form als:

$$\text{Wandel} = \text{Akzeptanz} + \text{Sichtbarkeit} + \text{Engagement}$$

formulieren. Hierbei steht die Akzeptanz für die Bereitschaft der Gesellschaft, Diversität zu akzeptieren, Sichtbarkeit für die Präsenz von LGBTQ-Personen in den Medien und im öffentlichen Leben, und Engagement für die aktive Teilnahme an Bewegungen, die Gleichheit fordern.

Politische Veränderungen

Politisch hat Wren Bond maßgeblich zur Diskussion über Gleichheitsgesetze beigetragen. Die Einführung von Gesetzen zur Gleichstellung der Ehe in vielen Ländern ist ein direktes Resultat von jahrelangem Aktivismus. In Deutschland wurde die Ehe für gleichgeschlechtliche Paare im Jahr 2017 legalisiert, was als ein großer Sieg für die LGBTQ-Community angesehen wird. Wren war an vielen dieser politischen Bewegungen beteiligt und hat unermüdlich für die Rechte seiner Community gekämpft.

Die Gleichung, die diese politischen Veränderungen zusammenfasst, könnte wie folgt aussehen:

$$\text{Politischer Wandel} = \text{Aktivismus} \times \text{Gesellschaftlicher Druck}$$

Hierbei ist der Aktivismus die treibende Kraft, während der gesellschaftliche Druck die notwendige Unterstützung bietet, um politische Entscheidungsträger zum Handeln zu bewegen.

Kulturelle Veränderungen

Kulturell hat Wren Bond nicht nur die Sichtbarkeit von LGBTQ-Personen in der Gesellschaft gefördert, sondern auch deren Repräsentation in der Kunst und Medien. Filme, Bücher und Musik, die LGBTQ-Themen behandeln, sind heutzutage weit verbreitet und finden ein breites Publikum. Wren selbst hat in verschiedenen Medienformaten über seine Erfahrungen berichtet und dadurch viele inspiriert.

Ein Beispiel für kulturellen Wandel ist der Erfolg von Filmen wie „Moonlight" und „Call Me by Your Name", die nicht nur kommerziell erfolgreich waren, sondern auch gesellschaftliche Diskussionen über Identität und Liebe angestoßen haben. Diese kulturellen Produkte zeigen, dass die Gesellschaft bereit ist, sich mit komplexen Themen auseinanderzusetzen.

Herausforderungen und Rückschläge

Trotz dieser positiven Veränderungen bleibt die Realität für viele LGBTQ-Personen herausfordernd. Diskriminierung und Gewalt sind nach wie vor weit verbreitet, und es gibt Länder, in denen LGBTQ-Rechte stark eingeschränkt sind. Der Kampf um Gleichheit ist noch lange nicht abgeschlossen, und Wren Bond hat oft betont, dass es wichtig ist, die Stimme für die Rechte derjenigen zu erheben, die noch immer in der Dunkelheit leben müssen.

Ein Beispiel ist die Situation in vielen osteuropäischen Ländern, wo LGBTQ-Personen oft mit Vorurteilen und Diskriminierung konfrontiert sind. In diesen Regionen ist der Aktivismus oft gefährlich, und die Menschenrechtslage ist besorgniserregend.

Fazit

Insgesamt lässt sich festhalten, dass Wren Bonds Einfluss auf die Gesellschaft tiefgreifende Veränderungen mit sich gebracht hat. Die Reflexion über diese Veränderungen zeigt, dass der Weg zur Gleichheit ein kontinuierlicher Prozess ist, der sowohl Erfolge als auch Rückschläge umfasst. Wren Bond bleibt eine zentrale Figur in diesem Prozess, und sein Vermächtnis wird weiterhin Generationen von Aktivisten inspirieren.

Diese Reflexion über die Veränderungen ist nicht nur eine Hommage an Wren Bond, sondern auch ein Aufruf zum Handeln. Es liegt an uns allen, die Fortschritte zu würdigen und gleichzeitig die Herausforderungen zu erkennen, die noch bestehen. Nur durch kollektives Engagement können wir die Vision einer inklusiven und gerechten Gesellschaft verwirklichen.

Wren's Botschaft für zukünftige Generationen

Wren Bond hat durch sein Engagement und seine unermüdliche Arbeit nicht nur das Leben vieler Menschen verändert, sondern auch eine Botschaft hinterlassen, die für zukünftige Generationen von enormer Bedeutung ist. Diese Botschaft basiert auf den Prinzipien der Hoffnung, der Akzeptanz und des unerschütterlichen Glaubens an die Kraft der Gemeinschaft. Wren hat immer betont, dass der Kampf für Gleichheit und Gerechtigkeit nicht nur eine individuelle Verantwortung ist, sondern eine kollektive Anstrengung erfordert.

Hoffnung als treibende Kraft

Eines der zentralen Themen in Wrens Botschaft ist die Hoffnung. In seinen Reden und Schriften ermutigte er junge Menschen, trotz der Herausforderungen, mit denen sie konfrontiert sind, an eine bessere Zukunft zu glauben. Er sagte oft:

„Hoffnung ist nicht nur ein Gefühl, sondern eine Handlung. Sie beginnt in uns und breitet sich durch unsere Taten aus."

Diese Philosophie ermutigt die nächste Generation, aktiv an der Schaffung einer inklusiven Gesellschaft mitzuarbeiten. Wren stellte klar, dass es wichtig ist, sich nicht von Rückschlägen entmutigen zu lassen, sondern stattdessen aus ihnen zu lernen und weiterzumachen.

Akzeptanz und Vielfalt

Ein weiterer wichtiger Aspekt von Wrens Botschaft ist die Akzeptanz. In einer Welt, die oft durch Vorurteile und Diskriminierung geprägt ist, forderte Wren die Menschen auf, Vielfalt nicht nur zu tolerieren, sondern sie zu feiern. Er betonte, dass jede Person, unabhängig von ihrer sexuellen Orientierung, Identität oder Herkunft, wertvoll ist und das Recht hat, in einer sicheren und unterstützenden Umgebung zu leben.

$$\text{Akzeptanz} + \text{Vielfalt} = \text{Stärke der Gemeinschaft} \tag{22}$$

Diese Gleichung verdeutlicht, dass eine starke Gemeinschaft auf dem Fundament der Akzeptanz und Wertschätzung von Vielfalt aufbaut. Wren ermutigte die Jugend, die Unterschiede zu umarmen und sich aktiv gegen Diskriminierung und Ungerechtigkeit einzusetzen.

Die Kraft der Gemeinschaft

Wren war sich bewusst, dass der Weg zur Gleichheit nicht allein gegangen werden kann. Er sprach oft über die Bedeutung von Gemeinschaft und Solidarität. In seinen Augen war die LGBTQ-Community nicht nur eine Gruppe von Individuen, sondern eine Familie, die zusammenhält und sich gegenseitig unterstützt.

„Gemeinschaft bedeutet, dass wir gemeinsam für das kämpfen, was richtig ist. Wenn wir zusammenkommen, sind wir unaufhaltbar."

Diese Überzeugung ist besonders wichtig für die jüngeren Generationen, die oft in einer isolierten Welt leben, in der soziale Medien sowohl eine Quelle der Unterstützung als auch der Isolation sein können. Wren forderte die Jugend auf, echte Verbindungen aufzubauen und sich aktiv in ihren Gemeinschaften zu engagieren.

Bildung und Aufklärung

Ein weiterer zentraler Punkt in Wrens Botschaft ist die Bedeutung von Bildung. Wren glaubte fest daran, dass Wissen Macht ist und dass Aufklärung der Schlüssel zur Bekämpfung von Vorurteilen und Diskriminierung ist. Er setzte sich dafür ein, dass LGBTQ-Geschichte und -Kultur in Schulen und Bildungseinrichtungen integriert werden.

$$\text{Bildung} \rightarrow \text{Verständnis} \rightarrow \text{Akzeptanz} \tag{23}$$

Diese Kette zeigt, dass Bildung zu einem besseren Verständnis führt, was wiederum Akzeptanz fördert. Wren ermutigte junge Menschen, neugierig zu sein und sich über die verschiedenen Identitäten und Erfahrungen anderer zu informieren.

Aufruf zum Handeln

Abschließend lässt sich sagen, dass Wren Bonds Botschaft für zukünftige Generationen eine Aufforderung zum Handeln ist. Er forderte die Jugend auf, sich nicht nur mit den Herausforderungen auseinanderzusetzen, sondern auch aktiv für Veränderungen einzutreten.

> „Jede Stimme zählt. Jeder Schritt zählt. Lasst uns gemeinsam für eine Welt kämpfen, in der jeder Mensch in seiner Identität respektiert und geliebt wird."

Diese Worte sind ein kraftvoller Aufruf, sich für Gerechtigkeit und Gleichheit einzusetzen und die Verantwortung zu übernehmen, die Welt zu einem besseren Ort zu machen. Wren Bonds Vermächtnis lebt in den Herzen und Taten derjenigen weiter, die seine Botschaft tragen und verbreiten.

Die Bedeutung von Hoffnung und Liebe

Hoffnung und Liebe sind zentrale Themen im Leben von Wren Bond und spielen eine entscheidende Rolle in seinem Aktivismus. Diese beiden Konzepte sind nicht nur emotionale Zustände, sondern auch mächtige Werkzeuge im Kampf gegen Diskriminierung und Ungerechtigkeit. In diesem Abschnitt werden wir die tiefgreifende Bedeutung von Hoffnung und Liebe in Wrens Leben und seiner Arbeit als Aktivist untersuchen.

Hoffnung als Antriebskraft

Hoffnung ist oft der erste Schritt in die Richtung von Veränderung. Sie motiviert Individuen, sich für eine bessere Zukunft einzusetzen, selbst in den dunkelsten Zeiten. Wren Bond hat in seinen frühen Jahren erlebt, wie Diskriminierung und Vorurteile das Leben vieler Menschen belasten können. Doch anstatt sich von diesen negativen Erfahrungen entmutigen zu lassen, nutzte Wren die Kraft der Hoffnung, um sich für Gleichheit und Gerechtigkeit einzusetzen.

Ein Beispiel für die transformative Kraft der Hoffnung findet sich in Wrens ersten öffentlichen Auftritten, bei denen er oft die Botschaft vermittelte, dass Veränderung möglich ist. Er sagte einmal:

> „Hoffnung ist nicht nur ein Gefühl, sondern eine Entscheidung. Wir entscheiden uns, an eine bessere Welt zu glauben, und diese Entscheidung treibt uns an, für sie zu kämpfen."

Diese Sichtweise spiegelt sich in der Theorie der positiven Psychologie wider, die besagt, dass Hoffnung als eine der Schlüsselkomponenten des Wohlbefindens betrachtet werden kann. Laut der Hoffnungstheorie von Snyder (2000) beinhaltet Hoffnung zwei wesentliche Aspekte: die Fähigkeit, Ziele zu setzen, und die Überzeugung, dass man die notwendigen Wege finden kann, um diese Ziele zu erreichen.

Die Rolle der Liebe im Aktivismus

Neben der Hoffnung spielt auch die Liebe eine entscheidende Rolle im Aktivismus von Wren Bond. Liebe ist nicht nur eine persönliche Emotion, sondern auch eine kollektive Kraft, die Gemeinschaften zusammenbringt und Solidarität fördert. Wren hat oft betont, dass Liebe die Grundlage seines Engagements für die LGBTQ-Community ist.

In einem seiner bekanntesten Zitate sagt Wren:

> „Liebe ist die stärkste Waffe, die wir im Kampf gegen Hass und Intoleranz haben. Sie verbindet uns und gibt uns die Kraft, weiterzumachen."

Die Liebe, die Wren in seiner Arbeit verkörpert, ist eine bedingungslose und inklusive Liebe, die sich für die Rechte aller Menschen einsetzt, unabhängig von deren sexueller Orientierung oder Geschlechtsidentität. Diese Art von Liebe steht im Einklang mit der Theorie der bedingungslosen positiven Wertschätzung von Carl

Rogers, die besagt, dass Menschen in einem unterstützenden Umfeld, in dem sie ohne Vorurteile akzeptiert werden, am besten gedeihen können.

Hoffnung und Liebe in der Gemeinschaft

Die Kombination von Hoffnung und Liebe hat nicht nur Wren persönlich gestärkt, sondern auch seine Gemeinschaft inspiriert. Er hat zahlreiche Initiativen ins Leben gerufen, die darauf abzielen, Menschen zu ermutigen, ihre Geschichten zu teilen und sich gegenseitig zu unterstützen.

Ein Beispiel dafür ist die Gründung einer Unterstützungsgruppe für LGBTQ-Jugendliche, in der Wren regelmäßig Workshops abhält, die sich auf die Themen Hoffnung und Liebe konzentrieren. Diese Workshops beinhalten Aktivitäten, die das Selbstwertgefühl stärken und den Teilnehmern helfen, eine positive Perspektive auf ihre Zukunft zu entwickeln.

Ein zentrales Element dieser Workshops ist die Übung, in der die Teilnehmer aufgefordert werden, ihre Träume und Hoffnungen zu visualisieren. Diese Aktivität fördert nicht nur die persönliche Reflexion, sondern auch den Austausch von Erfahrungen, was zu einem Gefühl der Gemeinschaft und Zugehörigkeit führt.

Die Herausforderungen und der Weg nach vorne

Trotz der positiven Auswirkungen von Hoffnung und Liebe sieht sich Wren auch Herausforderungen gegenüber. In einer Welt, in der Diskriminierung und Vorurteile nach wie vor existieren, ist es oft schwierig, die Hoffnung aufrechtzuerhalten. Wren hat jedoch gelernt, dass es wichtig ist, auch in schwierigen Zeiten an die Kraft der Liebe und die Möglichkeit der Veränderung zu glauben.

Er ermutigt andere, sich nicht von Rückschlägen entmutigen zu lassen, sondern die Liebe als eine Quelle der Stärke zu nutzen. In seinen öffentlichen Reden betont er häufig, dass jede kleine positive Veränderung, die wir in der Welt bewirken, ein Schritt in die richtige Richtung ist.

$$\text{Veränderung} = \text{Hoffnung} \times \text{Liebe} \qquad (24)$$

Diese Gleichung verdeutlicht, dass wahre Veränderung nur dann möglich ist, wenn Hoffnung und Liebe zusammenwirken. Wren Bond ist das lebende Beispiel für diese Theorie, und sein Vermächtnis wird weiterhin Generationen inspirieren.

Schlussfolgerung

Zusammenfassend lässt sich sagen, dass Hoffnung und Liebe zentrale Elemente im Leben und Aktivismus von Wren Bond sind. Sie bieten nicht nur eine Quelle der Inspiration und Motivation, sondern auch eine Grundlage für Gemeinschaft und Solidarität. In einer Welt, die oft von Hass und Intoleranz geprägt ist, bleibt Wrens Botschaft klar: Durch die Kraft der Hoffnung und die Stärke der Liebe können wir eine bessere Zukunft schaffen.

Wren und die Kraft des Aktivismus

Wren Bond ist nicht nur ein Name, sondern ein Symbol für den unermüdlichen Kampf gegen Diskriminierung und Ungerechtigkeit. In einer Welt, in der Vorurteile und Intoleranz immer noch weit verbreitet sind, hat Wren gezeigt, dass Aktivismus eine kraftvolle Waffe im Kampf für Gleichheit und Akzeptanz sein kann. Aktivismus, in seiner grundlegendsten Form, ist der bewusste Einsatz von Energie und Ressourcen, um soziale oder politische Veränderungen herbeizuführen. Die Kraft des Aktivismus beruht auf mehreren Schlüsselkonzepten, die Wren in seiner Arbeit verkörpert.

Theoretische Grundlagen des Aktivismus

Die Theorie des sozialen Wandels, die von verschiedenen Soziologen und Politikwissenschaftlern entwickelt wurde, beschreibt, wie kollektive Aktionen und Bewegungen gesellschaftliche Normen und Gesetze beeinflussen können. Ein zentrales Element dieser Theorie ist die Idee, dass Veränderung oft aus dem Engagement der Gemeinschaft resultiert. Wren Bond hat dies durch seine Fähigkeit, Menschen zu mobilisieren und sie zu ermutigen, für ihre Rechte einzutreten, eindrucksvoll demonstriert.

Ein Beispiel für die Kraft des Aktivismus ist die *Pride-Bewegung*, die Wren von Anfang an unterstützt hat. Diese Bewegung hat nicht nur das Bewusstsein für LGBTQ-Rechte geschärft, sondern auch dazu beigetragen, Gesetze zu reformieren und die gesellschaftliche Akzeptanz zu fördern. In vielen Ländern haben Pride-Paraden und -Veranstaltungen dazu geführt, dass die Sichtbarkeit und die Stimmen der LGBTQ-Community gehört werden.

Herausforderungen im Aktivismus

Trotz der Erfolge, die Wren erzielt hat, ist der Weg des Aktivismus mit zahlreichen Herausforderungen gepflastert. Diskriminierung, sowohl strukturell als auch individuell, bleibt ein großes Hindernis. Wren hat oft über die persönlichen Angriffe gesprochen, die er aufgrund seiner Identität und seiner Überzeugungen erlitten hat. Diese Angriffe sind nicht nur emotional belastend, sondern können auch die Effektivität von Aktivisten beeinträchtigen.

Ein weiteres Problem ist die Fragmentierung innerhalb der LGBTQ-Community selbst. Unterschiedliche Meinungen über Strategien und Prioritäten können zu Spannungen führen, die den Fortschritt behindern. Wren hat sich jedoch stets für den Dialog und die Zusammenarbeit eingesetzt, um diese Differenzen zu überwinden und eine vereinte Front zu bilden.

Beispiele für Wren's Einfluss

Ein herausragendes Beispiel für Wren's Einfluss ist seine Rolle bei der Gründung von *Youth for Equality*, einer Organisation, die sich für die Rechte junger LGBTQ-Personen einsetzt. Durch Workshops, Veranstaltungen und Online-Kampagnen hat Wren es geschafft, eine Plattform zu schaffen, die Jugendlichen nicht nur eine Stimme gibt, sondern sie auch in die Lage versetzt, aktiv an Veränderungen teilzunehmen.

Zusätzlich hat Wren an zahlreichen Konferenzen teilgenommen, wo er seine Erfahrungen und Erkenntnisse geteilt hat. Seine Reden sind oft von einem einzigartigen Humor geprägt, der es ihm ermöglicht, ernste Themen auf eine zugängliche Weise zu präsentieren. Diese Fähigkeit, Humor in den Aktivismus zu integrieren, hat nicht nur dazu beigetragen, eine breitere Öffentlichkeit zu erreichen, sondern auch eine positive Atmosphäre zu schaffen, in der Menschen sich sicher fühlen, ihre Geschichten zu teilen.

Die Rolle von Humor im Aktivismus

Wren hat die Kraft des Humors als ein Werkzeug im Aktivismus erkannt. Humor kann Spannungen abbauen und Menschen zusammenbringen. In seinen öffentlichen Auftritten verwendet er oft witzige Anekdoten, um ernste Themen anzusprechen. Dies hat nicht nur dazu beigetragen, das Bewusstsein für LGBTQ-Anliegen zu schärfen, sondern auch, eine breitere Akzeptanz in der Gesellschaft zu fördern.

Die Verwendung von Humor im Aktivismus kann als eine Form der *subversiven Strategie* betrachtet werden. Diese Strategie zielt darauf ab, bestehende Machtstrukturen zu hinterfragen und gleichzeitig eine positive und einladende Atmosphäre zu schaffen. Wren hat bewiesen, dass Lachen eine starke Waffe sein kann, um Barrieren abzubauen und Dialoge zu fördern.

Fazit

Die Kraft des Aktivismus, wie sie von Wren Bond verkörpert wird, ist eine Kombination aus Leidenschaft, Kreativität und der Fähigkeit, andere zu inspirieren. Durch seine Arbeit hat Wren nicht nur das Leben vieler Menschen verändert, sondern auch eine Bewegung angestoßen, die weiterhin wächst und sich weiterentwickelt. Wren Bond ist ein lebendiges Beispiel dafür, dass jeder Einzelne die Fähigkeit hat, Veränderungen herbeizuführen, und dass der Kampf für Gleichheit und Gerechtigkeit niemals vergeblich ist.

In der Zukunft wird die Kraft des Aktivismus, wie sie durch Wren repräsentiert wird, weiterhin eine entscheidende Rolle im Kampf gegen Diskriminierung und für die Rechte der LGBTQ-Community spielen. Wren's Botschaft ist klar: Jeder von uns hat die Verantwortung, für eine gerechtere Welt zu kämpfen, und gemeinsam können wir die Kraft des Aktivismus nutzen, um echte Veränderungen zu bewirken.

Abschied und Dankbarkeit

Im Rückblick auf das Leben und Wirken von Wren Bond wird deutlich, dass sein Vermächtnis weit über die Grenzen des Aktivismus hinausgeht. Wren hat nicht nur als Kämpfer für die Rechte der LGBTQ-Community gewirkt, sondern auch als Symbol für Hoffnung, Resilienz und die Kraft der Gemeinschaft. Der Abschied von einer solch einflussreichen Persönlichkeit ist von gemischten Gefühlen geprägt: Trauer über den Verlust und Dankbarkeit für die hinterlassenen Spuren.

Die Dankbarkeit, die Wren Bond entgegengebracht wird, ist nicht nur eine persönliche Empfindung, sondern spiegelt sich auch in den zahlreichen Initiativen und Organisationen wider, die er ins Leben gerufen oder unterstützt hat. Seine Fähigkeit, Menschen zu mobilisieren und zu inspirieren, hat eine Welle von Veränderungen ausgelöst, die auch nach seinem Abschied weiterwirken. Ein Beispiel hierfür ist die von ihm gegründete Stiftung, die sich der Unterstützung von LGBTQ-Jugendlichen widmet. Diese Organisation hat nicht nur finanzielle Hilfe geleistet, sondern auch ein Netzwerk von Unterstützung und Ressourcen geschaffen, das vielen jungen Menschen in Krisensituationen zur Seite steht.

Die Theorie der sozialen Identität ist besonders relevant, wenn man Wrens Einfluss auf die Gemeinschaft betrachtet. Diese Theorie besagt, dass das Selbstwertgefühl eines Individuums stark von der Zugehörigkeit zu sozialen Gruppen abhängt. Wren hat es verstanden, eine Identität zu fördern, die nicht nur auf der sexuellen Orientierung basiert, sondern auch auf gemeinsamen Werten wie Respekt, Gleichheit und Gerechtigkeit. Durch seine Arbeit hat er vielen Menschen geholfen, sich selbst zu akzeptieren und stolz auf ihre Identität zu sein. Dies ist ein Vermächtnis, das in den Herzen vieler weiterlebt.

Ein weiterer Aspekt von Wrens Einfluss ist die Art und Weise, wie er Humor in seinen Aktivismus integriert hat. In vielen seiner öffentlichen Reden und Auftritte verwendete er Humor, um schwierige Themen anzusprechen und Barrieren abzubauen. Diese Methode hat nicht nur dazu beigetragen, eine breitere Öffentlichkeit zu erreichen, sondern auch, das Bewusstsein für Diskriminierung und Ungerechtigkeit auf eine zugängliche Weise zu schärfen. Es ist eine Erinnerung daran, dass Lachen und Freude auch im Angesicht von Herausforderungen eine mächtige Waffe sein können.

Die Reflexion über Wrens Leben und Vermächtnis führt unweigerlich zu Fragen über die Zukunft des Aktivismus. Wie können wir die Prinzipien, für die Wren gekämpft hat, in unserem eigenen Leben umsetzen? Eine Möglichkeit besteht darin, die von ihm inspirierte Kultur der Dankbarkeit und des Engagements aufrechtzuerhalten. Indem wir uns aktiv an der Förderung von Vielfalt und Inklusion beteiligen, können wir sicherstellen, dass Wrens Botschaft nicht in Vergessenheit gerät.

Zusammenfassend lässt sich sagen, dass der Abschied von Wren Bond nicht nur ein Verlust ist, sondern auch ein Anlass zur Dankbarkeit. Dankbarkeit für die Veränderungen, die er angestoßen hat, für die Menschen, die er inspiriert hat, und für die Hoffnung, die er in die Herzen vieler gepflanzt hat. Sein Leben und Werk erinnern uns daran, dass jeder von uns die Fähigkeit hat, einen Unterschied zu machen, und dass die Kraft der Gemeinschaft und der Solidarität in Zeiten der Unsicherheit von unschätzbarem Wert ist. Möge sein Vermächtnis uns weiterhin leiten und inspirieren, während wir gemeinsam für eine gerechtere und inklusivere Welt kämpfen.

Wren's Einflüsse in der Popkultur

Wren Bond ist nicht nur ein Aktivist, sondern auch eine kulturelle Ikone, deren Einfluss sich tief in die Strukturen der Popkultur eingegraben hat. Diese Sektion untersucht, wie Wren durch verschiedene Medien, Kunstformen und gesellschaftliche Bewegungen die Wahrnehmung von LGBTQ-Themen in der Gesellschaft verändert hat.

Die Rolle von Medien und Film

Wren ist in mehreren Dokumentarfilmen und Biografien porträtiert worden, die seine Lebensgeschichte und seinen Aktivismus beleuchten. Ein bemerkenswerter

146 SCHLUSSFOLGERUNG: DAS VERMÄCHTNIS VON WREN BOND

Film ist „Das Gesicht des Wandels", der nicht nur Wren als Person zeigt, sondern auch die Herausforderungen und Siege der LGBTQ-Bewegung dokumentiert. In diesem Film wird die Bedeutung von Wren als Symbolfigur für die Akzeptanz und Gleichheit hervorgehoben.

Die Verwendung von Wren als Figur in Filmen hat dazu beigetragen, die Sichtbarkeit von LGBTQ-Personen in den Medien zu erhöhen. Die Repräsentation in Filmen hat nicht nur das Bewusstsein für Diskriminierung geschärft, sondern auch junge Menschen inspiriert, ihre Identität zu akzeptieren und sich für ihre Rechte einzusetzen.

Musik und Kunst

Wren hat auch die Musikszene beeinflusst, indem er mit verschiedenen Künstlern zusammenarbeitete, die LGBTQ-Themen in ihren Texten und Performances ansprachen. Ein herausragendes Beispiel ist die Zusammenarbeit mit der bekannten Sängerin *Lila Star*, die in ihrem Hit „*Freiheit*" Wren als Inspirationsquelle erwähnt. Der Song handelt von der Suche nach Identität und der Überwindung von Vorurteilen, was Wren's Botschaft perfekt verkörpert.

Darüber hinaus hat Wren zur Förderung von LGBTQ-Künstlern beigetragen, indem er Plattformen geschaffen hat, auf denen sie ihre Kunst präsentieren können. Diese Initiativen haben nicht nur die Sichtbarkeit der LGBTQ-Community erhöht, sondern auch ein Gefühl der Zugehörigkeit und Unterstützung geschaffen.

Literatur und soziale Bewegungen

Wren's Einfluss erstreckt sich auch auf die Literatur. Er hat mehrere Essays und Artikel verfasst, die in renommierten Zeitschriften veröffentlicht wurden. In diesen Schriften diskutiert er die Herausforderungen der LGBTQ-Community und bietet Perspektiven, die oft in der Mainstream-Literatur übersehen werden. Ein Beispiel ist sein Aufsatz „*Die Farben der Identität*", in dem er die Komplexität der Geschlechtsidentität und die Notwendigkeit von Inklusion in der Gesellschaft behandelt.

Seine Schriften haben nicht nur akademische Diskussionen angeregt, sondern auch eine breitere Leserschaft erreicht, die sich mit den Themen Identität und Diskriminierung auseinandersetzt. Wren's Fähigkeit, komplexe Themen in einer verständlichen und ansprechenden Weise zu präsentieren, hat ihn zu einem gefragten Redner auf Konferenzen und in Bildungseinrichtungen gemacht.

Einfluss auf Mode und Lifestyle

Ein weiterer bemerkenswerter Einfluss von Wren ist im Bereich der Mode und des Lifestyles zu beobachten. Wren hat die Modewelt durch seine einzigartige Ästhetik und seinen Mut, Konventionen zu brechen, inspiriert. Designer und Marken haben begonnen, Wren's Stil zu adaptieren und LGBTQ-Themen in ihren Kollektionen zu integrieren.

Die jährliche *Pride Fashion Show*, die Wren ins Leben gerufen hat, ist ein Beispiel dafür, wie Mode als Plattform für soziale Gerechtigkeit genutzt werden kann. Diese Veranstaltung fördert nicht nur LGBTQ-Designer, sondern vermittelt auch wichtige Botschaften über Akzeptanz und Vielfalt.

Wren in der Popkultur: Eine Analyse

Die Einflüsse von Wren Bond in der Popkultur sind ein eindrucksvolles Beispiel dafür, wie ein Individuum in der Lage ist, gesellschaftliche Normen zu hinterfragen und zu verändern. Die Gleichung, die Wren's Einfluss beschreibt, könnte wie folgt formuliert werden:

$$\text{Einfluss} = \text{Repräsentation} + \text{Inspiration} + \text{Aktion}$$

Hierbei steht die **Repräsentation** für die Sichtbarkeit von LGBTQ-Themen in den Medien, die **Inspiration** für die Motivation, die Wren in anderen hervorruft, und die **Aktion** für die konkreten Schritte, die zur Veränderung der gesellschaftlichen Wahrnehmung führen.

Zusammenfassend lässt sich sagen, dass Wren Bond nicht nur ein Aktivist ist, sondern auch ein kultureller Pionier, dessen Einfluss weit über die Grenzen des Aktivismus hinausreicht. Seine Fähigkeit, Kunst, Medien, Literatur und Mode miteinander zu verbinden, hat nicht nur die LGBTQ-Community gestärkt, sondern auch die Gesellschaft als Ganzes dazu angeregt, offener und akzeptierender zu werden. Wren's Vermächtnis in der Popkultur wird weiterhin Generationen inspirieren und die Diskussion über Gleichheit und Akzeptanz vorantreiben.

Die Rolle von Humor in der Erinnerung

Humor spielt eine entscheidende Rolle in der Art und Weise, wie wir uns an bedeutende Persönlichkeiten und deren Beiträge erinnern. Im Fall von Wren Bond, einem prominenten LGBTQ-Aktivisten, wird deutlich, dass sein Einsatz für Gleichheit und Gerechtigkeit oft von einem bemerkenswerten Sinn für Humor begleitet wurde. Diese Kombination aus Ernsthaftigkeit und Humor hat nicht nur seine Botschaften verstärkt, sondern auch dazu beigetragen, die Barrieren zwischen verschiedenen Gemeinschaften abzubauen.

Theoretische Grundlagen

Die Psychologie des Humors zeigt, dass Humor eine Vielzahl von Funktionen hat, darunter die Förderung des sozialen Zusammenhalts, die Minderung von Spannungen und die Erleichterung schwieriger Gespräche. Laut der *Incongruity Theory* ist Humor oft das Ergebnis von unerwarteten Zusammenstellungen von Ideen, die die Menschen zum Lachen bringen, weil sie die Normen herausfordern. In Bezug auf Wren Bond lässt sich sagen, dass sein Humor oft in Form von Ironie und Selbstironie auftrat, was es ihm ermöglichte, ernste Themen auf eine zugängliche Weise zu präsentieren.

Humor als Werkzeug des Aktivismus

Wren Bond nutzte Humor nicht nur als Mittel zur Unterhaltung, sondern auch als strategisches Werkzeug in seiner Aktivismusarbeit. Bei öffentlichen Reden und Protesten integrierte er humorvolle Anekdoten, um das Publikum zu fesseln und seine Botschaft zu verstärken. Ein Beispiel hierfür war seine Rede während einer Pride-Parade, in der er humorvoll über die Klischees sprach, die oft mit LGBTQ-Personen verbunden sind. Durch seine witzigen Bemerkungen konnte er das Publikum zum Lachen bringen, während er gleichzeitig wichtige Punkte zur Diskriminierung und Ungerechtigkeit ansprach.

$$\text{Humor} = \text{Ironie} + \text{Selbstironie} + \text{Unerwartete Wendungen}$$

Diese Gleichung verdeutlicht, dass Humor aus verschiedenen Elementen besteht, die zusammenwirken, um eine emotionale Reaktion hervorzurufen. Wren verstand es, diese Elemente in seinen Auftritten zu kombinieren, um sowohl zu unterhalten als auch zum Nachdenken anzuregen.

Probleme und Herausforderungen

Trotz der positiven Auswirkungen von Humor im Aktivismus gibt es auch Herausforderungen. Humor kann missverstanden werden, insbesondere wenn er in sensiblen Kontexten verwendet wird. Kritiker werfen manchmal vor, dass Humor die Schwere eines Themas verharmlost oder die Stimmen von Betroffenen nicht ernst genug nimmt. Wren Bond war sich dieser Kritik bewusst und bemühte sich, seinen Humor so zu gestalten, dass er nicht respektlos war, sondern vielmehr als Brücke diente, um Diskussionen zu fördern.

Ein Beispiel für diese Herausforderung war ein Vorfall während eines Interviews, in dem Wren einen humorvollen Kommentar über die Bürokratie im politischen System machte. Während viele im Publikum lachten, gab es auch Stimmen, die argumentierten, dass solche Kommentare die Ernsthaftigkeit der politischen Kämpfe der LGBTQ-Community untergraben könnten. Wren reagierte darauf, indem er betonte, dass Humor nicht die Realität der Diskriminierung negiert, sondern vielmehr dazu dient, die Menschen zu mobilisieren und zum Handeln zu inspirieren.

Langfristige Auswirkungen von Humor in der Erinnerung

Die Verwendung von Humor in der Erinnerung an Wren Bond hat eine nachhaltige Wirkung auf die LGBTQ-Community und darüber hinaus. Humor hilft, die Erinnerung an Wren als eine Person zu bewahren, die nicht nur für Gerechtigkeit kämpfte, sondern dies auch mit einem Lächeln tat. Diese positive Erinnerung kann als Inspiration für zukünftige Generationen dienen, die möglicherweise ähnliche Kämpfe führen.

Darüber hinaus zeigt die Art und Weise, wie Wren Humor in seinen Aktivismus einbrachte, dass es möglich ist, ernste Themen mit Leichtigkeit zu behandeln. Dies hat dazu beigetragen, eine Kultur zu fördern, in der Humor als Teil des Aktivismus angesehen wird, was die Barrieren zwischen verschiedenen Gemeinschaften weiter abbaut und den Dialog über LGBTQ-Themen erleichtert.

Schlussfolgerung

Zusammenfassend lässt sich sagen, dass die Rolle von Humor in der Erinnerung an Wren Bond nicht nur eine Frage der Unterhaltung ist, sondern ein fundamentales Element seines Erbes darstellt. Humor hat es ihm ermöglicht, schwierige Themen zugänglich zu machen und gleichzeitig eine tiefere Verbindung zu seinem Publikum herzustellen. Seine Fähigkeit, Humor in seinen Aktivismus zu integrieren, bleibt ein Beispiel dafür, wie man mit einem Lächeln kämpfen kann, und erinnert uns daran, dass Lachen und Ernsthaftigkeit Hand in Hand gehen können, um Veränderungen in der Gesellschaft zu bewirken. In einer Welt, die oft von Konflikten und Missverständnissen geprägt ist, bleibt Wren Bonds Humor ein leuchtendes Beispiel für die Kraft des Lächelns und die Fähigkeit, selbst die schwersten Themen mit Anmut und Witz zu behandeln.

Wren als Vorbild in der Literatur

Die Rolle von Wren Bond als Vorbild in der Literatur ist ein faszinierendes Thema, das die Schnittstelle zwischen Aktivismus, Identität und kreativer Ausdrucksweise beleuchtet. Wren ist nicht nur eine zentrale Figur im LGBTQ-Aktivismus, sondern hat auch durch seine schriftstellerischen Werke und öffentlichen Auftritte einen nachhaltigen Einfluss auf die literarische Landschaft hinterlassen.

Einfluss auf die LGBTQ-Literatur

Wren Bond hat durch seine Texte und Reden einen bedeutenden Beitrag zur LGBTQ-Literatur geleistet. Seine Werke thematisieren oft die Herausforderungen, mit denen LGBTQ-Personen konfrontiert sind, sowie die Suche nach Identität und Akzeptanz. Ein Beispiel hierfür ist sein Buch „Die Farben der Identität", in dem er seine eigenen Erfahrungen und die von anderen in der LGBTQ-Community schildert. Diese Erzählungen sind nicht nur persönlich, sondern auch universell und bieten einen Einblick in die Kämpfe und Triumphe, die viele Menschen in der Community erleben.

Die Theorie der Repräsentation in der Literatur besagt, dass die Sichtbarkeit von marginalisierten Gruppen in literarischen Werken entscheidend für die gesellschaftliche Akzeptanz und das Verständnis ist. Wren nutzt seine Plattform, um die Stimmen derjenigen zu stärken, die oft übersehen werden. Dies geschieht durch die Schaffung von Charakteren, die authentisch und vielschichtig sind, wodurch er jungen Lesern als Vorbild dient.

Literarische Techniken und Stil

Wren ist bekannt für seinen einfühlsamen und humorvollen Schreibstil, der es ihm ermöglicht, komplexe Themen zugänglich zu machen. Er verwendet häufig Metaphern und bildhafte Sprache, um emotionale Erfahrungen zu vermitteln. Ein Beispiel hierfür ist seine Beschreibung der ersten Liebe, die er in seinem Werk „Herz in Flammen" als „ein Feuerwerk der Farben und Emotionen" darstellt. Diese bildhafte Sprache zieht Leser in die Emotionen der Charaktere und ermöglicht es ihnen, sich mit den Themen von Liebe und Verlust zu identifizieren.

Ein weiterer wichtiger Aspekt von Wrens Schreibstil ist der Einsatz von Humor. Humor ist ein kraftvolles Werkzeug, um schwierige Themen anzusprechen und gleichzeitig eine Verbindung zu den Lesern herzustellen. Wren hat oft darüber gesprochen, wie Humor ihm geholfen hat, mit Diskriminierung und Vorurteilen umzugehen. In seinen Essays und Reden nutzt er Witze und

Anekdoten, um ernste Themen aufzulockern, was seine Botschaften zugänglicher macht.

Wren als Mentor und Inspirationsquelle

Wren Bond hat sich auch als Mentor für aufstrebende Schriftsteller in der LGBTQ-Community etabliert. Durch Workshops und Lesungen ermutigt er junge Autoren, ihre Geschichten zu erzählen und ihre Stimmen zu finden. Er betont die Bedeutung von Authentizität in der Literatur und ermutigt seine Schüler, ihre einzigartigen Perspektiven zu teilen. Dies ist besonders wichtig in einer Zeit, in der viele LGBTQ-Jugendliche Schwierigkeiten haben, ihre Identität zu akzeptieren und sich in der Literatur repräsentiert zu fühlen.

Die Herausforderungen, denen sich diese jungen Autoren gegenübersehen, sind vielfältig. Oftmals kämpfen sie mit inneren Konflikten und dem Druck, gesellschaftlichen Erwartungen zu entsprechen. Wren ermutigt sie, diese Kämpfe in ihren Arbeiten zu reflektieren, und zeigt ihnen, dass ihre Erfahrungen wertvoll und bedeutungsvoll sind. Seine eigene Reise von einem schüchternen Jugendlichen zu einem anerkannten Aktivisten und Autor dient als inspirierendes Beispiel für viele.

Die Bedeutung von Diversität und Inklusion

In einer Welt, die oft von Vorurteilen geprägt ist, ist die Förderung von Diversität und Inklusion in der Literatur unerlässlich. Wren Bond setzt sich aktiv dafür ein, dass verschiedene Stimmen gehört werden. Er hat zahlreiche Anthologien herausgegeben, die Geschichten von LGBTQ-Autoren aus verschiedenen Hintergründen sammeln. Diese Werke sind nicht nur wichtig für die Sichtbarkeit, sondern auch für die Bildung eines breiteren Verständnisses von Identität und Erfahrung.

Ein Beispiel für eine solche Anthologie ist *„Vielfalt in Worten"*, die Geschichten von LGBTQ-Autoren aus verschiedenen Kulturen und Ethnien präsentiert. Durch diese Sammlung wird deutlich, dass die Erfahrungen von LGBTQ-Personen nicht homogen sind, sondern von einer Vielzahl von Faktoren beeinflusst werden, darunter Rasse, Geschlecht und soziale Herkunft. Wren zeigt, dass die Vielfalt der Stimmen in der Literatur nicht nur bereichernd ist, sondern auch notwendig, um ein vollständiges Bild der menschlichen Erfahrung zu vermitteln.

Schlussfolgerung

Wren Bond ist nicht nur ein Aktivist, sondern auch ein literarisches Vorbild, das durch seine Werke und sein Engagement einen tiefgreifenden Einfluss auf die LGBTQ-Literatur hat. Seine Fähigkeit, komplexe Themen mit Humor und Empathie zu behandeln, macht ihn zu einer wichtigen Stimme in der heutigen Gesellschaft. Indem er junge Autoren inspiriert und unterstützt, fördert er die nächste Generation von Schriftstellern, die bereit sind, ihre eigenen Geschichten zu erzählen und die Welt mit ihren Perspektiven zu bereichern.

Durch seine Arbeit hat Wren nicht nur die Sichtbarkeit von LGBTQ-Personen in der Literatur erhöht, sondern auch einen Raum geschaffen, in dem Diversität und Inklusion gefeiert werden. Sein Vermächtnis wird weiterhin Generationen von Lesern und Schriftstellern inspirieren, und seine Botschaft von Hoffnung und Akzeptanz bleibt zeitlos und relevant.

Ein Aufruf zur Solidarität

In der heutigen Welt, in der Diskriminierung und Ungerechtigkeit weiterhin weit verbreitet sind, ist der Aufruf zur Solidarität wichtiger denn je. Wren Bond hat in seiner Karriere als LGBTQ-Aktivist immer wieder betont, dass der Kampf für Gleichheit und Akzeptanz nicht nur eine individuelle Angelegenheit ist, sondern eine kollektive Verantwortung, die alle betrifft. Solidarität bedeutet, sich mit anderen zu verbinden, ihre Kämpfe zu erkennen und gemeinsam für eine gerechtere Gesellschaft einzutreten.

Ein zentraler Aspekt der Solidarität ist das Verständnis der intersektionalen Natur von Diskriminierung. Kimberlé Crenshaw, eine prominente Juristin und Aktivistin, prägte den Begriff der Intersektionalität, um zu beschreiben, wie verschiedene Formen der Diskriminierung – wie Rassismus, Sexismus und Homophobie – sich überschneiden und verstärken können. Wren Bond hat diese Theorie in seinen Reden und Schriften aufgegriffen, um zu verdeutlichen, dass der Kampf für LGBTQ-Rechte auch der Kampf gegen Rassismus, Klassismus und andere Formen der Ungerechtigkeit sein muss.

$$D_{gesamt} = D_{LGBTQ} + D_{Rasse} + D_{Geschlecht} + D_{Klasse} \qquad (25)$$

Hierbei steht D_{gesamt} für die Gesamtdiskriminierung, während D_{LGBTQ}, D_{Rasse}, $D_{Geschlecht}$ und D_{Klasse} die spezifischen Diskriminierungsformen darstellen. Diese Gleichung verdeutlicht, dass alle Formen der Diskriminierung miteinander verbunden sind und dass ein ganzheitlicher Ansatz notwendig ist, um wirksame Veränderungen herbeizuführen.

Ein Beispiel für erfolgreiche Solidarität ist die Zusammenarbeit zwischen LGBTQ-Organisationen und anderen sozialen Bewegungen, wie der Black Lives Matter-Bewegung. Diese Partnerschaften haben gezeigt, wie wichtig es ist, sich gegenseitig zu unterstützen und gemeinsame Ziele zu verfolgen. Wren Bond hat an zahlreichen Veranstaltungen teilgenommen, die diese intersektionale Solidarität fördern, und hat oft betont, dass die Kämpfe der LGBTQ-Community und der afroamerikanischen Gemeinschaft untrennbar miteinander verbunden sind.

Ein weiterer Schlüssel zu echter Solidarität ist das Zuhören und Lernen von den Erfahrungen anderer. Wren hat immer wieder betont, dass es nicht ausreicht, nur für die eigenen Rechte zu kämpfen; vielmehr müssen Aktivisten bereit sein, sich mit den Stimmen derjenigen auseinanderzusetzen, die oft marginalisiert oder übersehen werden. Dies bedeutet, dass wir aktiv nach den Geschichten und Perspektiven anderer suchen müssen, um ein umfassenderes Verständnis der Herausforderungen zu gewinnen, mit denen sie konfrontiert sind.

$$S = \frac{1}{n} \sum_{i=1}^{n} E_i \qquad (26)$$

In dieser Gleichung steht S für die Solidarität, und E_i repräsentiert die individuellen Erfahrungen, die zur kollektiven Bewegung beitragen. Je mehr Erfahrungen wir teilen und anerkennen, desto stärker wird unsere Solidarität und unser gemeinsames Handeln.

Wren Bond hat in seiner Laufbahn auch deutlich gemacht, dass Humor eine wichtige Rolle in der Solidarität spielt. In schwierigen Zeiten kann Humor eine Brücke schlagen und Menschen zusammenbringen. Er hat oft Witze gemacht, die nicht nur zum Lachen anregen, sondern auch wichtige gesellschaftliche Themen auf humorvolle Weise ansprechen. Dies fördert eine Atmosphäre, in der Menschen offener über ihre Herausforderungen sprechen können.

In Anbetracht der gegenwärtigen Herausforderungen, mit denen die LGBTQ-Community und andere marginalisierte Gruppen konfrontiert sind, ist es entscheidend, dass wir weiterhin für Solidarität eintreten. Wren Bond hat uns gelehrt, dass wir alle Teil eines größeren Ganzen sind und dass unsere Stimmen, wenn sie vereint sind, eine kraftvolle Veränderung bewirken können.

$$C = \text{Kraft der Gemeinschaft} \times \text{Einheit der Stimmen} \qquad (27)$$

Hierbei steht C für die Kraft, die aus der Gemeinschaft entsteht, und die Gleichung verdeutlicht, dass die Stärke des Wandels durch die Einheit und Zusammenarbeit aller Mitglieder der Gesellschaft verstärkt wird.

154   SCHLUSSFOLGERUNG: DAS VERMÄCHTNIS VON WREN BOND

Abschließend lässt sich sagen, dass Wren Bonds Aufruf zur Solidarität nicht nur eine Aufforderung zum Handeln ist, sondern auch eine Einladung, sich aktiv an der Schaffung einer gerechteren Welt zu beteiligen. In einer Zeit, in der die Spaltungen in der Gesellschaft größer zu werden scheinen, bleibt der Aufruf zur Solidarität ein Lichtblick und ein Wegweiser für alle, die an eine Zukunft glauben, in der Vielfalt und Inklusion gefeiert werden. Jeder Einzelne hat die Möglichkeit, seinen Teil zur Förderung von Solidarität beizutragen, sei es durch Bildung, Unterstützung oder aktives Engagement in der Gemeinschaft.

Wir müssen uns daran erinnern, dass Solidarität nicht nur ein Wort ist, sondern eine Praxis, die in unserem täglichen Leben verwurzelt sein sollte. Lassen Sie uns Wren Bonds Vermächtnis ehren, indem wir uns zusammenschließen, um für eine gerechtere und inklusivere Gesellschaft zu kämpfen.

Das bleibende Erbe von Wren Bond

Wren Bond hat nicht nur als Aktivist, sondern auch als Symbol für den Kampf um Gleichheit und Akzeptanz in der Gesellschaft einen bleibenden Eindruck hinterlassen. Sein Erbe manifestiert sich auf mehreren Ebenen, die sowohl persönliche als auch gesellschaftliche Dimensionen umfassen. In diesem Abschnitt werden wir untersuchen, wie Wren Bonds Einfluss die LGBTQ-Community, die Gesellschaft im Allgemeinen und die zukünftigen Generationen geprägt hat.

Einfluss auf die LGBTQ-Community

Wren Bond hat durch seine unermüdliche Arbeit und sein Engagement für die LGBTQ-Community einen tiefgreifenden Einfluss hinterlassen. Er hat nicht nur die Sichtbarkeit von LGBTQ-Personen erhöht, sondern auch deren Rechte gefördert. Beispielsweise war seine Teilnahme an der Pride-Bewegung entscheidend für die Mobilisierung junger Menschen, die sich für Gleichberechtigung einsetzen.

Ein konkretes Beispiel für Wren Bonds Einfluss ist die Gründung der *LGBTQ Youth Alliance*, einer Organisation, die sich speziell auf die Bedürfnisse junger LGBTQ-Personen konzentriert. Diese Initiative hat nicht nur direkte Unterstützung geboten, sondern auch ein Netzwerk geschaffen, das den Austausch von Erfahrungen und Ressourcen fördert.

Gesellschaftliche Veränderungen

Wren Bonds Aktivismus hat auch zur Förderung gesellschaftlicher Veränderungen beigetragen. Seine Arbeit hat dazu beigetragen, Vorurteile abzubauen und das

Bewusstsein für Diskriminierung zu schärfen. In vielen seiner öffentlichen Reden hat er betont, dass Humor und Empathie entscheidend sind, um Barrieren zu überwinden.

Ein Beispiel dafür ist seine berühmte Rede bei der *Global Equality Conference*, wo er mit Witz und Charme die Zuhörer fesselte und gleichzeitig wichtige Themen wie die Notwendigkeit von Gesetzesänderungen ansprach. Diese Kombination aus Humor und Ernsthaftigkeit hat nicht nur das Publikum begeistert, sondern auch dazu beigetragen, dass politische Entscheidungsträger auf seine Forderungen reagierten.

Ein Vorbild für zukünftige Generationen

Wren Bond ist nicht nur eine Figur der Gegenwart, sondern auch ein Vorbild für zukünftige Generationen. Seine Botschaft der Hoffnung und des Wandels hat viele junge Aktivisten inspiriert, sich für Gleichheit und Gerechtigkeit einzusetzen. Durch Workshops und Mentoring-Programme hat er vielen jungen Menschen die Werkzeuge an die Hand gegeben, die sie benötigen, um selbst aktiv zu werden.

In den letzten Jahren hat Wren mehrere Bücher veröffentlicht, in denen er seine Erfahrungen und Erkenntnisse teilt. Diese Werke dienen nicht nur als Inspirationsquelle, sondern auch als praktische Leitfäden für angehende Aktivisten. Ein Beispiel ist sein Buch „Der Weg des Wandels", das Strategien für effektiven Aktivismus und persönliche Resilienz behandelt.

Die Rolle von Humor im Aktivismus

Ein herausragendes Merkmal von Wren Bonds Erbe ist die Rolle von Humor im Aktivismus. Er hat oft betont, dass Lachen eine mächtige Waffe gegen Diskriminierung ist. Durch seinen einzigartigen Ansatz hat er es geschafft, ernste Themen zugänglicher zu machen und eine breitere Öffentlichkeit zu erreichen.

Ein Beispiel ist seine Teilnahme an Comedy-Events, bei denen er seine Erfahrungen in humorvolle Erzählungen verpackte. Diese Veranstaltungen haben nicht nur Gelder für LGBTQ-Organisationen gesammelt, sondern auch das Bewusstsein für die Herausforderungen, mit denen die Community konfrontiert ist, geschärft.

Das bleibende Erbe

Zusammenfassend lässt sich sagen, dass das bleibende Erbe von Wren Bond in der Art und Weise zu finden ist, wie er die LGBTQ-Community, die Gesellschaft und die nächste Generation beeinflusst hat. Sein Engagement für Gleichheit und

Akzeptanz, kombiniert mit seinem Humor und seiner Fähigkeit, Menschen zu inspirieren, hat einen nachhaltigen Unterschied gemacht.

Wren Bonds Botschaft bleibt klar: Jeder Einzelne kann einen Unterschied machen, und der Kampf für Gleichheit ist ein gemeinsames Unterfangen, das nie aufhören darf. In einer Welt, die oft von Spaltung geprägt ist, erinnert uns Wren Bond daran, dass Liebe, Hoffnung und Humor die stärksten Werkzeuge im Kampf gegen Diskriminierung sind.

Sein Erbe lebt weiter in den Herzen derjenigen, die er inspiriert hat, und in den Veränderungen, die er in der Gesellschaft bewirken konnte. Die zukünftigen Generationen werden weiterhin von seinem Beispiel lernen und sich für eine gerechtere Welt einsetzen, in der Vielfalt gefeiert und Inklusion gefördert wird.

Index

abbauen, 129, 143
aber auch, 114
aber letztendlich, 95
aber mit, 43, 82
aber sie, 35, 36
aber Wren, 97
abhält, 141
Ablehnung, 42, 49, 75, 83
Abschied, 144, 145
Abschließend lässt sich, 139, 154
abzielten, 98, 99
Achtsamkeit, 70, 81
Ader wurde, 4
afrikanischen, 119
Akteure, 52
aktiv dafür, 31, 105, 151
aktivem Engagement, 27
aktiven Auseinandersetzung, 70
Aktivismus, 15, 18, 20, 35, 41, 59, 65, 66, 74, 85, 117, 124, 125, 143, 148, 154
Aktivismus erörtern, 104
Aktivismus sein, 86
Aktivismus sein kann, 16
Aktivismus spielen, 16
Aktivismus von, 33, 140
Aktivismus vorantrieb, 39
Aktivismus wird, 125

Aktivismusarbeit einhergingen, 70
Aktivisten, 1, 4, 20, 33, 53, 60, 74, 76, 79, 91, 95, 101, 106, 115, 121, 155
Aktivisten auf, 31
Aktivisten Selbstfürsorge praktizieren, 80
Aktivisten wie, 13
Akzeptanz sein kann, 142
akzeptiert, 9, 72, 75, 98, 121, 129, 130, 141
Alex, 8, 106
Alex hat, 106
Alex hatte, 74
alle, 11, 35, 37, 40, 42, 64, 73, 98, 100, 115, 121–123, 128, 129, 152–154
allein, 15, 18, 43, 75, 76, 81, 105, 138
aller, 57, 123, 130, 140
Allerdings, 3, 17
allgegenwärtig, 63
Allianzen mit, 51
Allianzen und, 100
Alltag, 88
als, 1, 2, 6, 8, 10, 11, 14–16, 18, 19, 23, 25–30, 32, 33, 35–37, 39, 41, 42, 45–47, 49, 50,

52, 53, 55–57, 59, 60,
62–64, 66, 67, 69–77, 80,
81, 83, 85–88, 91–93, 95,
97, 100, 102, 105–107,
109, 111, 114, 115,
121–124, 126, 127, 129,
130, 132, 133, 135–139,
141, 143, 144, 146,
148–152, 154
analysiert, 49
andere, 4, 10–12, 18, 20, 31, 33, 50,
52, 61, 62, 78, 80, 81, 87,
89, 92, 94, 95, 102, 111,
116, 119, 121, 128, 129,
141, 144, 153
anderen helfen, 78, 85
anderen konnte, 85
anderen marginalisierten, 63
anderen Mitgliedern der, 73
anderen Opfern von, 83
anderen sozialen, 51, 63, 114, 153
anderen Städten, 39, 92
anderen wahrgenommen, 61
anderen Welt, 4
anderen wichtigen, 40
anderen zu, 82
anderen zusammenzuarbeiten und,
64
anderer, 4, 6, 18, 35, 43, 62, 66, 71,
80, 87, 93, 103, 113, 131,
139, 153
anders zu, 3, 4, 8
Andy Warhol, 15
Anekdoten, 71, 89, 143, 148, 151
Anekdoten kombinieren, 34
anerkannt zu, 56
anerkennt, 30
Anerkennung seiner, 78
Anerkennung von, 28

Anerkennung Wren, 94
Anerkennungen, 95
Anerkennungen erhalten, 93
anfechteten, 58
angegriffen, 69
angesehen, 26, 28, 47, 136, 149
angestoßen, 55, 93, 119, 130, 135,
144, 145
angewendet, 116
Angriffen umzugehen, 68
anhaltende, 100, 119
ankämpften, 4
anpasst, 116
anpasste, 56
Anpassungsfähigkeit, 117
Ansichten, 49
ansprach, 30, 48, 127, 148
ansprechen, 114, 116, 117, 153
ansprechend, 15
anspricht, 130
Anstatt ihm, 6
Anstatt sich, 69
anstatt sie, 70
anstrebte, 95
Anstrengungen mit, 51
Ansätze anpassen, 115
antwortete Wren mit, 69
anwendete, 69, 79
Anwendung theoretischer Konzepte,
85
Anwesenden, 16
anzubieten, 19
anzugehen, 2, 77, 121, 125
anzupassen, 8, 116
anzuregen, 148
anzusprechen, 17, 52, 86, 143, 145,
150
Arbeit profitieren, 104
arbeiten, 18, 78

Index 159

arbeitete eng mit, 54
argumentierte, 16, 97, 99
Aspekten, 96
auch, 1–4, 6, 8–20, 24–27, 29–37,
    39–43, 45, 46, 48–64, 67,
    69–78, 80–83, 85, 87–89,
    91–97, 99–109, 111,
    113–117, 119–121,
    123–125, 127–133,
    135–146, 148–155
Audre Lorde, 25
auf, 1, 6, 10, 12–16, 19, 20, 23–29,
    31, 34, 35, 39, 41–43,
    47–53, 55–57, 59, 61–64,
    66–68, 70–72, 74–78, 80,
    81, 85, 87–89, 91–95,
    98–102, 104–106, 108,
    109, 111, 113–121, 123,
    124, 128–130, 132, 133,
    135, 137–139, 141–146,
    149, 150, 152–154
Aufbau von, 14
Aufforderung, 139, 154
aufführte, 14
Aufgabe, 33, 105
Aufgewachsen, 2
aufgrund, 73, 83, 92, 100, 101, 143
aufhören darf, 156
Aufklärung der, 139
aufrechtzuerhalten, 43, 59, 79, 141, 145
Auftritt, 17
Auftritte, 16, 18, 55, 57
Auftritte einen, 150
Auftritte konnte, 30
Auftritte verwendete, 145
Auftritten, 140
Auftritten verwendet, 143
aufwuchs, 14, 106

aufzubauen, 18, 61, 72–74, 82, 138
aufzuklären, 98, 113
aufzulockern, 151
Ausdruck, 16
Ausdruck von, 113
auseinandersetzen, 96
Auseinandersetzung mit, 8, 60, 73, 85, 87
auseinanderzusetzen, 13, 20, 42, 116, 139, 153
ausgelöst, 144
ausgesetzt, 72
ausreichend, 56, 98
ausruht, 116
aussprachen, 58
auszudrücken, 2, 6, 9, 14, 60, 124, 129
auszuleben, 13
auszuschöpfen, 109
ausüben, 115
ausübt, 93
Authentizität, 61, 151
Autoren wie, 25, 100
Außenseiter wahrgenommen, 72
außerhalb der, 49

Barrieren, 145, 155
Barrieren behaupten, 101
Barrieren sind, 130
Barrieren zwischen, 148, 149
basieren, 105
basiert, 100, 113, 130, 137, 144
bauen, 31, 59, 132
Bedenken der, 59
Bedenken seiner, 59
bedeutende, 35, 57, 59, 60, 93, 99, 103, 105, 111, 117, 119, 147
bedeutender, 37, 95

bedeutet, 26, 81, 116, 121, 124, 128, 152, 153
bedeutungsvolle, 72, 74
bedingungslosen, 140
bedrohten, 61
Bedürfnisse, 56, 59, 73, 100, 115, 116
beeinflusst, 8, 27, 41, 124, 155
beeinträchtigen, 143
beeinträchtigte, 72, 80
befassen, 42, 98
befasste, 18
befassten, 14, 43
befreiend, 62
begann, 4, 8, 15, 17, 18, 26, 45, 48, 55, 60, 73, 81, 82, 88, 91, 106
begegnen, 20
begegnete, 8, 13, 52
Begegnungen mit, 2, 24, 60
begeistern, 4
begeistert, 18
Beginn seiner, 37
beginnt, 60
begleiten, 74
begleitet, 8, 29, 57, 148
behandeln, 52, 136, 149, 152
behandelt, 98, 123
behaupten, 95, 101
bei, 13, 20, 26, 48, 51, 52, 56, 59, 61, 64, 71, 74, 75, 87, 92, 102, 123, 128, 129, 140, 155
Bei einem, 36
Bei öffentlichen, 148
beider, 59
beigetragen, 20, 53, 54, 93, 101, 103, 135, 136, 143, 145, 146, 148, 149, 154
beinhalten, 141

beinhaltete, 42, 98
beinhalteten, 92
Beispiel dafür, 100, 132
Beispiele, 37, 65, 91
Beispiele klar, 53
Beiträge sind, 109
beiträgt, 92
beizutragen, 154
bekannt, 1, 70
bekanntesten, 83, 140
bekämpfen, 27, 53, 62, 98, 129
Bekämpfung von, 52, 63, 99, 139
Belastung, 42
Belastung dar, 83
beleuchten, 6, 62, 69, 92, 119
beleuchtet, 23, 37, 150
beleuchtete, 78
bemerkenswerten, 39, 52, 147
bemerkenswerter, 47, 92
Bemühungen ausgezeichnet wird, 94
benachteiligte, 6
Benachteiligung kämpfen, 120
benötigen, 100, 103, 155
beobachten, 119
Beratung, 92
Bereich der, 100
Bereichen von, 55
bereichern, 152
bereit, 42, 53, 56, 57, 75, 93, 116, 135, 152, 153
Bereits, 25
bereitstellen, 106
berichtete von, 63, 102
berichteten, 17, 50, 57
Berlin, 135
berührten, 55
besagt, 8, 40, 42, 115, 128, 141, 144, 150
beschreibt, 30, 68, 83, 124, 142

Index 161

beschrieb, 77
beschäftigen, 113
besitzen, 47
besitzt, 15
besorgniserregend, 137
besser, 115
bessere, 31, 35, 95, 100, 123, 137, 140, 142
besseren Verständnis, 31
bestand, 1, 74
bestehenden, 114
besten, 70, 141
besuchte, 17
beteiligt, 26, 52, 54, 92, 98, 103, 136
betont, 19, 56, 93, 95, 104, 115, 116, 118, 119, 124–126, 132, 133, 137, 140, 141, 151–153, 155
Betracht zogen, 92
betrachten, 95, 130
betrachtet, 8, 15, 100, 101, 122, 126, 127, 144
betrieben wird, 116
betrifft, 152
bevormundend wahrgenommen, 63
Bewegungen beteiligt, 136
Bewegungen der, 35
Bewegungen gegen, 29
Bewegungen gesellschaftliche Normen, 142
Bewegungen ist, 126
Bewegungen seiner, 29
Bewegungen teilnahm und, 28
Bewegungen wird deutlich, 64
Bewegungen wird häufig, 88
Beweis, 93
Beweis dafür, 51
bewirken, 26, 80, 114, 144
bewusst, 15, 20, 59, 138, 148

bewusste Einsatz von, 142
bewältigen, 43, 71, 73, 80, 83, 85, 89, 119, 121
bezieht sich, 128
bieten, 10, 16, 26, 32, 33, 42, 75, 89, 98, 104, 106, 108, 114, 131, 142
bietet, 9, 26, 30, 55, 100, 128, 136
bilden, 20, 33, 35, 40, 105, 143
bildeten, 4, 12, 24, 49
Bildung, 103, 124, 130, 139
Bildungsinstitutionen zusammenzuarbeiten, 113
bleiben, 85, 116, 117
bleibende Erbe von, 155
bleibt der, 154
bleibt die, 33, 76, 105, 119
bleibt eine, 137
bleibt klar, 156
bleibt Mentorenschaft ein, 109
bleibt Wrens Botschaft, 142
bleibt zeitlos, 152
bot, 9, 12, 13, 37, 71, 72, 74, 75, 89, 91
Botschaften formulierte, 47
Botschaften formulierten, 60
Botschaften schnell, 29
braucht, 133
brauchte, 76
brechen, 78
breite, 57, 63, 94, 101, 116
breiten Unterstützung sah sich, 58
breitere, 26, 47, 50–52, 59, 64, 114, 130, 143, 145, 155
Bruch zwischen, 40
Brücke schlagen, 153
Brücken, 31, 59, 132
Buchclubs, 26
Butler argumentiert, 26

Carl Rogers, 141
Charles Tilly, 100
Cybermobbing, 81

da, 16, 56, 72, 86, 92, 95, 107, 128
dabei bewältigen, 83
dafür, 14, 15, 18, 28, 31, 35, 40, 41, 51, 57, 61, 64, 70, 73, 78, 87, 95, 98, 100, 105, 106, 109, 114, 119, 132, 139, 141, 144, 149, 151
damit verbunden, 104
Dankbarkeit, 144, 145
Dankbarkeit, 145
dar, 29, 37, 42, 50, 83, 124
daran erinnern, 154
darauf ab, 30, 70
darauf abzielen, 78, 102, 113, 141
darauf abzielten, 98, 99
darauf hingewiesen, 124
daraus gezogen, 80
daraus hervorzugehen, 43
darstellt, 125, 149
darstellten, 46, 50
darunter, 8, 38, 83, 92, 115, 122
darüber, 57, 149, 150
Darüber hinaus, 71, 77, 129, 146
Darüber hinaus trugen, 51
Darüber hinaus zeigt, 149
das Bewusstsein, 37, 46, 48, 64, 92, 99, 101, 113, 143, 145
das Gefühl der, 70, 72
das nie, 156
das Wren, 113
dass Bildung, 125
dass das, 155
dass der, 85, 145
dass es möglich ist, 149
dass es wichtig, 16

dass jede, 138, 141
dass jeder, 37, 145
dass Lachen, 145, 149
dass Lachen eine, 70, 89
dass seine, 48, 55, 77, 133
dass sich, 51
dass solche Anerkennungen manchmal als, 95
dass solche Kommentare, 149
dass zukünftige Generationen, 106
dass zukünftige Generationen von, 125
dazu, 2, 13, 15, 17, 19, 20, 28, 29, 42, 51, 53, 54, 59, 60, 64, 72, 76, 87, 92, 93, 95, 98, 103, 104, 114, 121, 123, 124, 129, 143, 145, 146, 148, 149, 154
Dazu gehörten, 70
Dazu gehörten Benefizveranstaltungen, 96
definieren, 9, 35
dem Bücher, 25
dem Druck, 151
dem entgegenzuwirken, 99
dem Gefühl, 8, 75
dem Heranwachsen, 8
dem Kreativität, 1
dem sich, 8
dem Umgang, 55
dem Weg zu, 76
dem Wren, 8
Demonstranten, 36
demonstriert, 142
den, 1–4, 6, 10, 12–14, 16–18, 20, 25–30, 33, 35, 37, 40, 42, 43, 45–49, 51, 52, 55, 57–59, 64, 68–72, 74–76, 79–81, 84, 87, 88, 91, 93,

Index

95, 97, 99, 101, 103–105,
108, 113–117, 120, 121,
123–129, 131, 133,
135–137, 139–146, 149,
150, 153, 154, 156
denen, 13, 14, 19, 35, 39, 41, 42, 45,
52, 57, 59, 62, 75, 81, 92,
95, 98, 102, 113, 114,
118–121, 129, 133, 137,
140, 146, 151, 153, 155
Denken, 102
denn je, 41, 152
Depressionen kämpfen, 68
der, 1–4, 6, 8–20, 24–31, 33–37,
39–43, 46–64, 66, 67,
69–85, 87–89, 91–109,
111, 113–121, 123–133,
135–156
Der Abschied, 144
Der Anstieg der, 135
Der Aufbau, 43
Der Aufruf zum, 130
Der Austausch von, 71
Der Druck, 42
Der Einfluss von, 53
Der Kampf, 119, 130, 137
Der Prozess der, 85
Der Umgang mit, 71
Der Weg von, 35
deren Bedeutung, 30
deren Einfluss sich, 145
deren Rechte, 154
deren Reden, 60
deren Repräsentation, 136
deren Teilnahme, 121
deren Werke, 15
derjenigen, 24, 137, 139, 150, 153, 156
des Aktivismus, 125

des Respekts, 54
dessen, 53
desto größer wird sein Einfluss auf, 94
Deutschland, 28, 136
die, 1–4, 6, 8–20, 23–37, 39–43,
45–85, 87–89, 91–109,
111, 113–133, 135–146,
148–156
Die Auseinandersetzung mit, 15, 73
Die Gleichheitstheorie, 128
Die Herausforderung, 66
Die Herausforderung bleibt, 100
Die Lektionen, 41
Die Schwierigkeiten, 8
Die Theorie der, 40, 128, 144, 150
Dienst, 55, 57
diente, 52, 92, 149
Diese, 95
Diese Aktivität, 141
Diese Aufführungen, 14
Diese Auftritte, 45
Diese Auftritte legten, 46
Diese Auftritte trugen, 92
Diese Authentizität, 62
Diese Begegnungen, 12
Diese beiden Bereiche, 25
Diese beiden Konzepte, 139
Diese Bemühungen führten, 31
Diese Bewegung, 28
Diese Bewegung zeigte, 27
Diese Bewegungen, 27
Diese Bewegungen sind, 135
Diese Bewegungen zeigten, 29
Diese Beziehungen, 107
Diese Bildungsinitiativen, 93, 123
diese Botschaft, 122
diese Differenzen zu, 143
Diese Dynamik kann zu, 72

Diese Dynamik zeigt, 59
diese Elemente, 148
diese Emotionen, 83
Diese Empathie, 87
Diese Entscheidung, 11, 95
Diese Entwicklung, 135
Diese Ereignisse, 28
Diese Erfahrungen, 11, 72
Diese Erkenntnis, 14, 17, 28, 73
Diese Erlebnisse, 4
diese Errungenschaften, 100
Diese Freundschaften, 4, 8
Diese frühen, 1, 2, 4, 12
Diese frühen Aktivitäten legten den, 37
Diese Fähigkeit, 52, 59, 61, 143
Diese Fähigkeiten, 75
diese Gefühle zu, 83
Diese Gesetzgebung, 98
Diese gesetzlichen Rahmenbedingungen führen zu, 119
Diese Gespräche, 3, 26
Diese Haltung, 59
Diese Initiativen, 115
Diese Initiativen haben, 146
Diese Interaktionen, 23
Diese Kampagne, 101
Diese Kampagnen sollen, 114
Diese Konflikte, 60
Diese Kooperationen, 40
Diese Kooperationen sollen, 114
Diese kreativen Ausdrucksformen ermöglichten, 17
Diese Kritik, 17, 56, 95
Diese Lektionen, 89
Diese Lektionen aus der, 85
Diese Lektionen umreißen nicht, 87
Diese Meilensteine, 91, 93

Diese Netzwerke, 18
Diese Partnerschaften haben, 105, 153
Diese persönlichen, 55
Diese Persönlichkeiten repräsentierten nicht, 13
Diese Projekte, 113
Diese Reaktion kann, 49
Diese Ressourcen, 9
Diese Rückmeldungen ermutigten Wren, 17
Diese Rückschläge führten, 29
Diese schriftlichen Ausdrucksformen halfen ihm, 60
Diese Situationen erforderten nicht, 102
Diese Spannungen, 3
Diese Stiftung, 103
diese Stimmen zu, 33
Diese Techniken halfen, 81
Diese Theorie, 42, 115, 144
Diese Theorien sind, 128
Diese Unterstützer, 57
Diese Veranstaltungen bieten, 131
Diese Veranstaltungen haben, 155
Diese Verluste, 83
Diese Werte, 1, 6
Diese Worte, 84, 139
Diese Zusammenarbeit, 40, 54
Diese Überzeugung ist, 138
diesen, 4, 6, 9, 11, 16, 27, 28, 35, 41–43, 52, 55, 57, 69, 73, 75, 77, 83, 84, 87, 114, 116, 121, 137, 140
dieser, 3, 8, 9, 11, 12, 15, 18, 25, 29, 30, 33, 37, 52, 54, 55, 57, 58, 62, 67, 74, 76–78, 85, 87, 104, 107, 109, 125,

Index

129, 135, 136, 141, 142, 148
Dieser Aufruf ist, 130
Dieser Beitrag wurde, 26
digitalen, 29, 34, 61, 75, 106, 116
direkt, 34, 48, 52, 55, 61, 70, 94
direkte, 14, 15, 28, 48, 124
diskriminierenden Gesetzes erlebte, 36
Diskriminierung gegenüber, 28
Diskussionen zu, 149
diskutieren, 45, 70
diskutiert, 2
Doch anstatt sich, 140
Doch inmitten dieser, 12
dokumentiert, 26
Dort lernte, 17
dramatisch, 27
Dringlichkeit der, 133
Druck, 70, 71, 81
Druck kann, 81
Druck konfrontiert, 11
Druck sind, 69
Druck umzugehen, 69
drängender, 13
drückt, 95
Dualität, 59
dunkelsten, 82, 88, 89, 140
durch, 2, 6, 8, 9, 17, 19, 25, 26, 41, 46, 49, 52–55, 57, 58, 60, 70, 71, 74, 75, 83, 87, 100, 101, 104, 111, 116, 125, 129, 130, 135, 137, 138, 142, 144, 145, 150, 152, 154
Durch Kreativität, 37
Durch Malerei, 14
Durch Selbstfürsorge, 69
Durchführung von, 115
durchlebten, 4, 43, 77
dynamischer Prozess ist, 59, 115

Ebene von, 116
Ebene Wirkung entfalten kann, 119
Ehegleichheit, 101
Ehen, 28
eigene, 1, 12–14, 16, 18, 25–27, 39, 43, 57, 60, 69, 78, 80, 85, 105, 116, 151
eigenen, 3, 4, 8, 13, 20, 25, 26, 30, 37, 41, 49, 51, 56, 60–62, 71, 73, 83, 85, 87, 105, 115, 116, 133, 145, 152, 153
ein, 1–4, 6, 9–19, 26, 28, 31–35, 37, 39–43, 47–49, 51, 53, 55–57, 59–64, 66, 69–78, 80, 82, 83, 85, 87, 89, 92, 93, 95, 97, 98, 100, 103, 106, 109, 111, 113–115, 117–119, 121–125, 128–133, 135–137, 139, 141–146, 149–156
Ein aktuelles Beispiel ist, 121
Ein Beispiel, 14, 34, 73, 141
Ein Beispiel dafür, 114
Ein Großteil, 49
Ein herausragendes Beispiel, 52, 101
Ein Schlüsselmoment, 17
Ein Versäumnis, 116
Ein Wendepunkt, 9
Ein wichtiger, 63
Ein zentrales Element von, 132
Ein zentrales Thema, 30
eindringlichen, 130
eindrucksvolle, 65
eine, 1–4, 6, 8, 10, 12–20, 24–35, 37, 39–43, 46–64, 66,

69–87, 89, 91–95, 97, 98, 100–108, 111, 113–117, 119–121, 123, 125–130, 132, 135, 137–145, 147–150, 152–156
einem, 1–4, 6, 8, 10–13, 25, 29, 31, 36, 39, 40, 42, 43, 45, 47–52, 55, 56, 59–61, 63, 69, 72–78, 80, 81, 83, 89, 92, 94, 98, 101, 102, 106, 107, 111, 114, 117, 119, 124, 139–141, 143, 147, 149, 151
einen, 9, 12–15, 19, 26–31, 37, 41, 42, 46, 51, 55, 57, 60, 62, 81, 87, 89, 93, 99–101, 108, 109, 115, 120, 123, 124, 127, 128, 130, 145, 149, 150, 152, 154, 156
einer, 1, 2, 4, 8, 10–14, 18, 19, 24, 26–31, 33, 37–40, 42, 43, 45–52, 54, 56, 58–63, 67, 69, 72, 74–76, 81, 88, 91, 95–97, 99–106, 109, 115, 117, 121, 125, 132, 137, 138, 141, 142, 144, 148, 149, 151, 152, 154, 156
Einfluss auf, 27, 123
Einfluss von, 4, 60, 101
Einfluss wurde, 92
einflussreichen, 43, 144
Einflüssen, 6
eingesetzt, 40, 62, 69, 105, 106, 117, 143
einging, 56
einige, 23, 32, 39, 50, 65, 75, 119, 130
Einige der, 99
Einige seiner, 11

einigen, 99, 120, 135
Einklang mit, 140
einprägsam, 30
Einsatz, 14, 53, 115
Einsatz von, 69, 150
einschließlich der, 104
einsetzen, 63, 78, 89, 96, 129, 154, 156
einsetzt, 76, 103, 115, 119, 140
einsetzte, 24
einsetzten, 6, 54
Einzelperson Veränderungen bewirken, 56
Einzelpersonen äußerten häufig, 49
einzigartigen, 143, 151, 155
einzusetzen, 2, 4, 18, 19, 27, 50, 53, 56, 60, 64, 66, 91, 94, 95, 103, 114, 119, 123, 125, 129–131, 138–140, 146, 155
einzutreten, 10, 17, 18, 35, 50, 51, 53, 57, 97, 139, 142, 152
emotionale, 6, 71, 72, 77, 78, 83, 91, 139, 148
Emotionen umzugehen, 42
Emotionen zu, 61
empfinden, 74, 133
empfindet, 42
Engagement für, 31
Engagement gezeigt, 121
Engagement verbunden, 78
Engagement zu, 53
Engagements sah sich, 52, 100
engagieren, 63, 138
engagiert, 1
engagierte, 6, 71
engen Freundes, 83
Entdeckung seiner, 4
entgegengebracht, 59, 144

entscheidend, 2, 6, 8, 9, 18–20, 27, 34, 35, 37, 40, 43, 47, 51, 56–59, 61, 62, 73, 74, 77, 79, 88, 97, 109, 117, 121, 124–126, 129, 132, 150, 153–155
entscheidenden, 29, 45, 46
entscheidender, 3, 6, 12, 14, 17, 23, 28, 30, 33, 37, 39, 48, 55, 60, 72, 74–76, 78, 81, 83, 91, 97, 104, 117
Entscheidung, 11
Entschlossenheit, 35, 69, 82, 133
Entschlossenheit stieß, 63
entstehen, 53, 128
entsteht, 42
entwickeln, 2, 6, 23, 42, 52, 69, 74, 80, 96, 104, 111, 113, 141
entwickelte, 2, 9, 17, 43, 48, 51, 59, 67, 68, 77, 81, 84
Entwicklung spielten, 12
Entwicklungsländern, 103
Er forderte, 139
Er glaubt, 123
Erbes, 89, 149
Erfahrungen, 1, 2, 12, 60, 69
Erfolge beleuchtete, 78
Erfolge sah sich, 102
Erfolges als, 56
erfolgreich umzusetzen, 114
erfolgreiche, 153
erfordern eine, 57
erfordert, 18, 64, 113, 130, 133, 137
Ergebnis von, 51
erhalten, 88, 93, 95, 128
erheben, 17, 26, 27, 35, 37, 39, 53, 61, 62, 76, 102, 111, 116, 125, 126, 137
erhebliche, 63, 99

erheblichen Einfluss auf, 101, 120
erhielt, 17, 75, 102
erhält, 94
erhöhen, 20, 27, 30, 92, 114, 146
erhöhten, 63
Erik Erikson beschrieben wird, 8
erinnert, 156
erinnerte, 12
erkannt, 106, 143
erklärte, 47, 50, 52
erleben, 4, 59, 114, 120
Erlebnis, 1
erlebte, 2, 3, 8, 11–13, 29, 35, 36, 42, 43, 47, 60, 68, 70–72, 75, 76, 81–83, 88
erlebten, 91
erleichtert, 149
ermutigen auch, 125
ermutigte, 2, 18, 62, 78, 137–139
ermöglichen, 26, 104, 105, 114
ermöglichten, 10, 17, 18, 23, 26, 29, 40, 46, 48, 60, 61, 70, 71, 75, 77, 89
ernste, 17, 52, 77, 143, 149, 151, 155
ernsthafte, 87, 89, 114
erregte, 50, 75
erreichen, 17, 41, 47, 51, 63, 64, 89, 101, 104, 106, 143, 145, 155
Erschöpfung, 81
erste, 1, 18, 39, 42, 46, 50, 77, 140
ersten, 2, 4, 10, 12, 13, 16, 17, 35, 37, 45, 47, 55, 61, 74, 91, 140
erzielt, 41, 62, 99, 102, 119, 121, 142
erzielten, 80
erzählen, 12, 17, 20, 26, 62, 111, 151, 152

erzählt, 92
Erzähltechniken, 17
Erzählung, 27
erörtert, 32
Es bedarf einer, 121
es ihm, 9, 14, 43, 87
es ist, 56
es möglich ist, 60, 71, 74
etablieren, 92, 125
etabliert, 19, 32, 33, 55, 64, 100, 102, 151
ethnischen Minderheiten, 63
etwas Größerem zu, 1, 13
experimentierte, 17, 61

Fahrt, 116
Faktoren, 29, 127, 128
Familie, 74
familiäre, 2, 8
fand, 4, 8, 9, 12, 15, 39, 43, 57, 70, 74, 76, 77, 81, 88
fanden, 8, 18, 45, 49, 56
fasziniert von, 1
Feier der, 30, 91
feiern, 12, 14, 114, 129, 138
feierten, 4, 15
feindlich, 76
feindlichen, 76, 80
Feminismus erweiterte das Verständnis, 28
feministische, 28, 29
feministischen, 28, 51
fesseln, 17, 61, 148
fest, 40, 51, 61, 70, 80, 93, 107, 139
Festlegung realistischer Ziele, 81
festzuhalten, 60
fiel, 79
Figuren, 25

finden, 15, 16, 18, 19, 31, 42, 43, 60, 63, 66, 74, 75, 77, 105, 123, 136, 151, 155
fordern, 136
forderte, 31, 92, 138, 139
formelle Organisationen, 76
formelle Unterstützung, 75
Formen kommen, 74
formulieren, 136
formuliert, 30, 115, 130
formulierte, 47, 61
Forschungsarbeiten, 115
fortzusetzen, 69, 95
Frage gestellt, 133
Freire argumentiert, 124
Freude auch, 145
Freundeskreis, 74
Freundschaften zerbrachen, 11
Frieden, 121–123
frühe, 6
fungieren, 56, 57, 63, 87, 129
Fähigkeit, 59, 71, 89
Fähigkeit abhängt, 40
Fähigkeiten, 17, 74, 75, 116
fördern, 16, 20, 25, 35, 37, 40, 47, 50, 51, 59, 63, 64, 76, 78, 80, 87, 97, 104–106, 108, 113, 116, 121, 123, 125, 128, 129, 131, 132, 143, 144, 149, 153
fördert, 98, 107, 130, 139–141, 152, 153
fühlten, 8, 57
Führende Persönlichkeiten wie, 27
führt, 98, 117, 139, 141, 145
führte, 2, 8, 13, 14, 17, 26, 28, 30, 40, 42, 47, 48, 50, 52, 54, 56, 59, 60, 72, 73, 75, 81, 91, 92, 99, 101, 102

Index

führten, 3, 11, 13, 29, 31, 37, 50, 60, 61, 63, 72, 73, 77, 80–83, 101
Führungspersönlichkeiten innerhalb der, 129
für, 1–4, 6, 8–20, 23–33, 35–37, 39–43, 45–64, 69–83, 85, 87–89, 91–106, 108, 109, 111, 113–132, 135–147, 149–156

gab, 3, 4, 13, 17, 29, 36, 40, 43, 49, 57, 73–75, 149
gaben ihm, 1
ganze Gemeinschaften, 15
ganzen, 62, 64
geben, 103, 105, 114
geboren, 1
Gedanken, 60, 61, 70
Gedanken formulierte, 61
Gedichte, 4
geebnet, 60, 125
Gefahr bewusst, 15
gefeiert, 98, 106, 152, 154, 156
gefragten, 48, 52, 102
gefährden, 66, 116, 120
gefördert, 1, 30, 54, 127, 136, 154, 156
Gefüge, 59
Gefühl der, 8–10, 19, 40, 71, 72, 77, 81, 83, 114, 131, 132, 141, 146
Gefühl gab, 3
Gefühl hatte, 1
Gefühle, 6, 9
Gefühle zu, 4, 60
Gefühlen geprägt, 144
gegen, 99
gegen institutionelle, 101
gegen Ungerechtigkeiten, 35
gegenseitig unterstützte, 13
gegenseitiger Unterstützung basieren, 108
gegenüber, 6, 10, 28, 34, 58, 59, 67, 76, 87, 94, 102, 141
gegenübersah, 133
gegenüberstand, 59
gegenüberstehen, 75, 116
gegründete Stiftung, 144
Geheimen treffen, 63
Gehör zu, 42
gehört, 20, 31, 56, 60, 62, 75, 104, 130, 151
gekämpft, 136, 145
Gelegenheiten, 45, 127
gelehrt, 1, 82, 100, 153
geleistet, 55, 99, 144
gemacht, 9, 33, 37, 75, 78, 102, 105, 109, 114, 119, 153, 156
Gemeinsam organisierten sie, 18, 24
Gemeinschaften, 27, 32, 33, 72, 73, 124, 138, 148
Gemeinschaften Barrieren, 129
Gemeinschaften weiter, 149
Gemeinschaften zusammenbringt, 140
gemischten, 144
genießen, 119
genutzt, 100, 116
geprägt, 2, 3, 6, 8, 10, 12, 18, 23, 25, 26, 29, 31, 35, 41, 51, 60, 62, 69, 72, 74, 91, 97, 105, 107, 121, 138, 142–144, 149, 151, 154, 156
gerade, 16
geraten, 42
gerechtere, 14, 53, 103, 119, 121, 129, 144, 145, 152, 154,

156
gerechteren Leben, 76
gerechteren Welt zu, 154
Gerechtigkeit, 18, 27, 29, 35, 50, 53, 57, 59, 64, 89, 94–96, 100, 105, 123, 128, 130, 137, 139, 140, 144, 155
Gerechtigkeit diskutierten, 1
Gerechtigkeit fortzusetzen, 95
Gerechtigkeit kämpfte, 149
Gerechtigkeit sein kann, 31, 49
Gerechtigkeitsbewegungen verbunden, 63
gerichtet, 67
gerissen wurde, 47
gerät, 145
gesammelt, 155
gesamten Bewegung, 116
geschafft, 155
gescheiterte Initiativen, 42
Geschichte, 14
Geschichten hinaus, 51
Geschichten teilen, 14
Geschichten von, 17, 52
Geschlecht, 26, 106, 128
Geschlechter-, 18
Geschlechtsidentität, 140
Geschlechtsidentität implementieren, 129
Geschlechtsidentität legitimieren, 100
Geschlechtsidentität sicher, 121
geschärft, 35, 53, 93, 99, 111, 127, 146, 155
gesellschaftlich waren, 41
gesellschaftliche Akzeptanz, 50, 120, 150
gesellschaftliche Bewegungen, 145
gesellschaftliche Bewegungen oft, 53

gesellschaftliche Dimensionen, 154
gesellschaftliche Druck, 136
gesellschaftliche Normen, 8
gesellschaftliche Normen herauszufordern, 15
gesellschaftliche Notwendigkeit, 60
gesellschaftliche Notwendigkeiten, 130
gesellschaftliche Strömungen zu, 53
gesellschaftliche Unterstützung, 51
gesellschaftliche Veränderungen, 16, 49, 91
gesellschaftlichen, 11, 12, 28–30, 50, 51, 60, 62, 101, 108, 119, 128, 135, 151
gesellschaftlicher, 119, 154
Gesetze, 54, 120
Gesetze beeinflussen können, 142
Gesetze beigetragen, 54
Gesetze gegen Homosexualität, 119
Gesetzesentwürfe einzubringen, 54
Gesetzesänderungen führte, 28
Gesetzesänderungen lässt sich, 53
Gesetzesänderungen mitarbeitete, 70
Gesetzesänderungen zurückgenommen, 29
gesetzliche, 119, 121
gespielt, 33, 97, 105
gesprochen, 92, 102, 143, 150
Gespräche, 3, 101
gestärkt, 19, 43, 81, 82, 141
gesunde, 69, 73
gesunder, 73
Gesundheit, 68, 76, 77
Gesundheit innerhalb der, 92
Gesundheit schützen, 69
Gesundheit von, 43
geteilt, 143

Index

Gewalt, 95
Gewalt gewidmet, 83
Gewalt litten, 83
Gewalt sind, 136
Gewalt ums Leben, 83
gewesen wäre, 105
gewinnen, 29, 32, 51, 52, 57, 61, 71, 74, 101, 153
gewonnen, 18
gewünschte, 80, 116
gibt, 17, 31, 56, 95, 99, 100, 104, 119, 137, 148
gilt, 62, 119, 130
ging, 73
Glauben, 41
glauben, 137, 141, 154
gleich verteilt, 120
gleichen, 2, 4
gleichgeschlechtliche, 136
gleichgeschlechtlichen Ehe, 52, 54, 101
Gleichgesinnten, 71
Gleichgesinnten halfen ihm, 77
Gleichgesinnten oder, 74
Gleichgesinnten schuf, 72
Gleichgesinnten zusammenschließt, 34
Gleichheit, 14, 49, 57
Gleichheit abzielen, 100
Gleichheit betonte, 52
Gleichheit ein, 137
Gleichheit fordern, 136
Gleichheit ist, 137, 156
Gleichheit kämpft, 50
Gleichheit mit, 130
Gleichheit nicht, 138
Gleichheit spricht, 57
Gleichheit und, 14, 18, 27, 35, 46, 58, 64, 89, 95, 105, 119, 121, 128, 130, 137, 140, 142, 144, 147, 152, 154, 155
Gleichheit zu, 51, 64
Gleichheitsgesetze beigetragen, 136
Gleichstellung beigetragen, 101
Gleichstellung der, 28, 29, 55, 59, 136
Gleichung, 55, 68
gleichzeitig, 14, 15, 59, 61, 69, 71, 77, 87, 100, 114, 133, 137, 148–150
globale, 29, 102, 103, 119
greifbaren gesellschaftlichen, 50
Grenzen hinweg erfordert, 64
Grenzen seiner, 53
große Medienauftritte, 50
große Medienauftritte einen, 46
großen Anklang, 56
großen Medienauftritte, 45
großer Bedeutung, 47
großer Sieg, 136
großes Hindernis, 143
Grundrechte, 130
größere, 105
größten, 29, 31, 34, 42, 43, 75, 100, 124
gründen, 26, 39, 106
Gründung, 72
gut, 66

haben, 1, 3, 9, 15, 19, 23, 31, 41, 43, 51, 53–55, 57, 81, 82, 91, 93, 103–105, 108, 114, 119–121, 124, 125, 128, 129, 132, 133, 146, 151, 153, 155
half, 2, 4, 9, 15–17, 39, 43, 48, 52, 59, 61, 70–74, 77, 82, 85,

88, 89, 92
halfen, 46
halfen ihm, 6, 9, 18
halfen seine, 74
Handeln können, 130
harten, 119
Harvey Milk, 13, 60
Hass, 142
Hass geprägt, 69
hat, 1, 19, 20, 25, 27–35, 53–57, 60, 62, 64, 71, 76, 80, 85, 87, 91–95, 97, 99–109, 111, 113, 116–119, 121–127, 130–133, 135–138, 140–146, 148–156
hatte, 1–3, 13, 14, 16, 25, 28, 39, 42, 43, 48, 55, 61, 74, 75, 77, 78, 87, 89
hatten, 9, 11, 35, 37, 48, 59, 68, 75, 78, 85
Haushalt auf, 6
hegten, 42
Heilung, 85, 87
Heilungsprozess gewann, 87
helfen auch, 20
Henri Tajfel, 128
herausfordernd, 2, 72, 133, 136
herausfordernden Welt, 78
herausfordernden Welt des Aktivismus, 71
Herausforderung, 62, 71
Herausforderung gestellt, 113
Herausforderungen, 41, 43, 57, 127
Herausforderungen gegenüber, 102
Herausforderungen identifizieren konnten, 14
Herausforderungen konfrontiert, 100
Herausforderungen zu, 115

herausgegeben, 151
herausragende, 19
Herkunft, 128, 138
herstellten, 71
hervorgehen können, 87
hervorgehoben, 100, 104, 122, 130
Herzen derjenigen, 156
herzustellen, 17, 86, 87, 149, 150
heute, 53, 55
heutigen, 34, 41, 54, 55, 61, 75, 78, 106, 128, 152
hielt, 77
Hier sind, 39
Hierbei steht, 136
hierfür, 19, 48, 61, 70, 99, 102, 104, 119, 131, 144, 148
hilft, 149
hinausgeht, 53, 64, 116, 132, 144
Hindernisse, 100
Hindernissen, 41
hinter, 2, 3
Hintergründen, 30, 151
hinterlassen, 92, 137, 150, 154
hinweist, 133
hochrangigen Politikern, 52
Hoffnung, 19, 97, 132, 137, 139, 140, 142, 144, 145, 156
Hoffnung findet sich, 140
Hoffnung spielt, 140
Humor hilft, 149
Humor kann eine, 86
Humor konnte, 69
humorvolle, 34, 71, 89, 92, 114, 148, 153, 155
häufig, 39, 49, 68, 88, 124, 130, 132, 141
hörbar, 62
Hürden ist, 34, 124
Hürden konfrontiert, 38

Index 173

Hürden versteht, 108

ihm, 1–4, 6, 8–10, 14, 16–18, 23, 25, 31, 43, 46, 48, 55–57, 59–61, 69–75, 77–79, 81–85, 87–89, 143–145, 149, 150
ihnen, 9, 19, 33, 81, 109, 138, 151
ihr, 40, 66, 80, 107, 109, 124
ihre, 1, 4, 6, 9, 11, 12, 14, 17, 18, 20, 24, 26, 29, 31, 37, 39–41, 49, 57, 60, 74, 76, 78–81, 85, 87, 93, 94, 97, 101, 103, 105–107, 111, 114, 115, 124, 125, 128, 129, 131, 141–143, 145, 146, 151–153
ihrem Weg, 19
ihrem Weg zum, 20, 39
ihren, 8, 20, 27, 41, 80, 101, 128, 138, 151, 152
ihrer, 11, 14, 15, 91, 98, 114, 121, 124, 125, 138
immer, 3, 13, 42, 48, 56, 57, 104, 119, 126, 133, 137, 142, 152, 153
implementiert, 98
in, 1–4, 6, 8–17, 19, 25–31, 33–35, 37, 39, 40, 42, 43, 45–57, 59–64, 67, 70–83, 85, 87–89, 91–95, 97–109, 114–133, 135–156
indem, 34, 40, 53, 54, 56, 59, 72, 83, 100, 106, 146, 149, 154
Indem Wren, 80
individuelle, 51, 80, 87, 109, 137, 152
individueller, 16, 93, 119, 132
Individuen, 15, 128, 138

Individuen ihre, 128
Individuen mit, 72
Individuen respektiert, 130
informativ, 61, 92
initiierte, 53, 92, 99
Inklusion, 125
Inklusion beteiligen, 145
inklusiven Bildungspolitik aufzuzeigen, 99
inklusiven Bildungsumgebung, 99
inklusiven Gesellschaft mitzuarbeiten, 138
inklusiven Umgebung auf, 100
inklusiveren, 76, 115
inmitten von, 71
inneren, 3, 13, 42, 43, 60, 151
innerhalb der, 31
insbesondere, 14, 16, 27, 31, 32, 60, 63, 64, 66, 73–76, 78, 80, 100, 104, 115, 118–120, 123, 124, 128, 148
Insgesamt, 48
Insgesamt lässt sich, 137
Inspirationsquellen, 27
inspirieren, 18, 30, 31, 49, 89, 93, 116, 137, 141, 144, 145, 149, 152, 156
inspiriert, 4, 17, 19, 53, 64, 66, 95, 97, 101, 103, 106, 117, 136, 141, 145, 146, 152, 155, 156
Inspiriert von, 35
inspirierte ihn, 2
inspirierte Kultur der, 145
inspirierten, 10, 27, 29, 56, 60, 87
institutionelle, 101, 130
integrieren, 35, 40, 59, 81, 83, 113, 114, 116, 143, 149
integriert, 105, 139, 145

integrierte, 17, 70, 77, 89, 148
intensiven Gefühlen von, 83
intensiver, 13, 59, 68
interessierte, 6
internationaler, 63, 102, 119
intersektionale, 51, 63, 153
intersektionalem Aktivismus, 28
intersektionalen, 120
isoliert betrachtet, 101
ist, 4, 8, 11, 14–16, 18–20, 24, 26, 27, 29–31, 33–35, 37, 41, 43, 49, 51, 53, 55–57, 59–62, 64, 66, 69–71, 73–76, 78–83, 85, 87, 88, 93–95, 97–107, 109, 111, 113–117, 119–133, 135–145, 149–156

Jahr, 29
Jahr 2020, 95
Jahr stattfindendes Ereignis, 31
Jahre, 35
Jahre hatte, 28
jahrelangem Engagement, 79
Jahren entwickelt, 128
Jahren gewachsen, 135
James Baldwin, 25
Je mehr, 94
Jean Piaget, 115
jede, 48, 138, 141
jeden Jugendlichen, 8
jeden spielen, 4
jeder, 1, 12, 19, 37, 62, 81, 83, 100, 103, 106, 123, 130, 144, 145
Jeder Einzelne, 154
Jeder Einzelne kann einen, 156
Jeder Schritt auf, 41
Jeder von, 144

jedoch auch, 96
jedoch bemerkenswert, 50
jedoch gelernt, 34, 141
jedoch stets, 143
jedoch traditionell, 2
jemanden, 74, 76, 115
John Rawls, 130
John Turner, 128
Judith Butler, 26
Jugendlichen helfen, 114
Jugendlichen Unterstützung bieten, 114
Jugendlichen zu, 151
Jugendlichen über, 57
junge, 19, 20, 31, 33, 34, 57, 91, 93, 95, 103, 106–109, 111, 114, 124, 129, 137, 139, 146, 151, 152, 155
jungen Autoren gegenübersehen, 151
jungen Lesern, 150
junger, 154
jährliche, 92, 135
jüngere Generationen von, 116

Kalifornien, 1
Kampagne beteiligt, 54, 92
Kampf, 28, 37, 49, 100, 105, 142
Kampf gegen Diskriminierung, 29, 40, 49, 87, 117, 125, 132, 139, 144, 156
kann, 37, 109
kann auf, 99
kann es, 104
kann Spannungen, 143
Karl Marx, 53
keine, 8
keinen, 119, 124
Keith Haring, 15
Kette zeigt, 139

Index

klar, 17, 48, 53, 138, 142, 144, 156
klaren Kopf zu, 81
klarer Beweis dafür, 64
klareren Geist anzugehen, 77
Klassenkameraden, 8
Klassenkameraden distanzierte, 72
Klima, 75
Klima der, 119
Kollegen, 71
kollektive, 14, 37, 62, 80, 87, 126, 132, 137, 140, 142, 152
kollektiver Identitäten, 16
kollektiver Prozess, 130
kombiniert mit, 156
kommende, 115, 117
Kommerzialisierung, 15, 31
Kommunikation spielt, 81
Kommunikationsstrategien, 104
komplexes Zusammenspiel von, 51, 73
Komplexität der, 3
Komplexität von, 2
Komponente des Aktivismus, 105
Konferenzen gesprochen, 102
Konflikt, 3
Konflikte, 3, 11
Konflikten, 42, 60
konfrontiert, 2, 6, 11, 14, 33, 36, 38, 42, 45, 49, 52, 57, 62, 68, 75, 83, 95, 100, 102, 107, 113, 114, 118–121, 133, 137, 153, 155
konkrete Beispiele, 32
konkreten, 101
konnte, 4, 12, 14, 16, 30, 41, 43, 52, 54, 63, 69–71, 73, 78, 79, 83, 85, 87, 99, 101, 148, 156
Konservative Gruppen, 49

Kontexten präsentiert wird, 15
Kontexten verwendet, 148
kontinuierliche, 115
Kontroverse, 56, 99
konzentrieren, 31, 70, 77, 81, 104, 114, 118, 129, 141
konzentriert, 34
konzentrierten, 26, 93
Kooperationen, 18
Kooperationen mehr, 41
kraftvolle, 14, 16, 26, 37, 77, 86, 142, 153
kraftvoller Aufruf, sich, 139
kreative, 2, 4, 34, 96, 114
kreativen Ausdrucksformen gelang es ihm, 87
kriminalisiert, 102, 119
Kritik, 75
Kritik bewusst, 59, 148
Kritik konfrontiert, 68
Kritiken gegenüber, 67
Kritikern gegenüber, 58
kritisch zu, 31
kritische Stimmen, 17
kritisierte, 31
kritisierten Wren, 49
Kräften konnte, 41
Kulturell, 136
kulturell, 93
kulturelle Sensibilität, 63
Kundgebungen, 47
Kunstszene zeigt, 16
Kämpfe durchlebten, 4, 43, 77
Kämpfe inspirierte viele, 78
Kämpfen, 87
kämpfen, 4, 13–16, 24, 29–31, 36, 42, 43, 46, 57, 61, 68, 79, 80, 91, 93, 101, 114, 120,

125, 144, 145, 149, 151,
153, 154
Kämpfer, 144
kämpfte Wren mit, 8
kämpften, 12
könnte bedeuten, 116
könnte dies nicht, 116
könnte wie, 30, 136
Köpfen der, 104
körperliche Aktivität, 70
Künstler, 1, 20
künstlerischen Botschaft, 15

Lachen anregen, 153
Lachen brachte, 69
Lachen geprägt, 3
lachten, 149
lange, 1, 119, 137
langen, 13
langfristigen Auswirkungen von, 54, 101
langfristigen Veränderung, 48
langsam, 3
lassen, 6, 69, 138, 140, 141
Lassen Sie, 154
Laufe der, 119
Laufe seiner, 67, 91, 93, 100, 126
Laufe von, 57
Laut dem, 88
Leben, 4, 8, 20, 50, 60, 69, 74, 77, 88, 95, 103, 104, 113, 115, 116, 125, 141, 142, 144, 145
leben können, 121
Leben von, 14, 25, 76, 107, 139
Lebens durchlebt, 83
Lebensbedingungen, 93
Lebensbedingungen von, 102
Lebensphasen stattfindet, 116

Lebensweise, 67
lebt, 139, 156
legalisiert, 136
Legalisierung der, 52–54, 101
legitimieren, 100
legte, 14, 27
Lehrer, 1, 9, 125
Lehrplan wird, 125
Lehrpläne, 98, 124
Lehrpläne zu, 113
lehrte, 53, 73
lehrten, 4, 12, 37
Leichtigkeit zu, 52, 149
leidenschaftlichen, 19, 35
leisten, 41, 62, 123
leistete, 74
Lernen, 115, 124
lernen, 9, 15, 18, 42, 56, 71, 73, 81, 83, 89, 100, 116, 130, 138, 156
Lernen von, 153
Lernens, 115
lernte, 17, 43, 59, 61, 73, 75, 81, 82, 85, 87, 89
letzten, 27, 28, 120, 135
Letztendlich ist, 60
Lev Vygotsky, 115
LGBTQ-Aktivismus, 111
LGBTQ-Rechte, 63
Lichtstrahl, 3
literarischen Werken, 150
Literatur herum, 27
litten, 35, 83
Lobbyarbeit, 121
lokale, 9, 26, 39, 91, 106
lokalen Traditionen, 63

macht, 35, 151, 152

Index 177

machte, 30, 49, 52, 59, 62, 88, 89, 149
machten, 29, 42
Malcolm X inspirierten, 27
Malerin arbeitete, 2
man, 13, 17, 71, 73, 75, 81, 82, 133, 135, 144, 149
manchmal düsteren Erinnerungsfeld, 3
manchmal vor, 148
mangelnder, 79
marginalisieren, 30
marginalisierten, 31, 63, 124, 129, 150
Markenzeichen von, 61
Marsha P. Johnson, 13, 60
Martin Luther King Jr., 27
Max Weber beschrieben wird, 53
maßgeblich daran beteiligt, 52
Medienformaten über, 136
Medienlandschaft herauszufordern, 48
Medienvertreter, 91
Meditation ihm, 70
mehr, 41, 79, 94
mehrere, 68
mehreren Dimensionen zu, 130
mehreren Ebenen, 154
mehreren Faktoren, 83
mehreren Schlüsselkonzepten, 142
Meilensteinen erreicht, 91
Meinung, 17, 100
Meinungsverschiedenheit über, 40
meisten, 61
Menschen betrachtet, 122
Menschen konfrontiert, 95
Menschen verändert, 119, 137, 144
Menschen zu, 144

Menschen zusammenbringen, 143, 153
Menschenrechte, 27
mentale, 42, 79
Mentorenschaft, 108
Mentorenschaft spielt, 107
Merkmal von, 155
Merkmale beziehen, 128
Mikrokosmos der, 2
Missverständnissen führen kann, 104
Missverständnissen geprägt, 105, 149
mit, 1–4, 6, 8, 9, 11–18, 20, 23, 24, 26, 30, 33, 34, 36, 38–43, 45, 47, 49, 51, 52, 54–57, 59–64, 66, 68–78, 81–85, 87–89, 91, 93, 95, 96, 98, 100–102, 104–108, 113, 114, 116, 118–121, 123, 125, 130, 133, 137, 139, 140, 142, 148–153, 155, 156
Mit jedem öffentlichen, 17
miteinander, 26, 28, 78, 153
mitgearbeitet, 43, 102
mitriss, 47
Mitschüler sich, 8
Mitstreiter, 55
Mitstreiter sahen sich, 36
mittlerweile, 106
mobil, 29
mobilisierte, 28
Mobilisierung, 14, 101
Momenten, 4
motiviert durch, 58
motiviert Individuen, 140
musste, 9, 15, 40, 42, 63, 73, 81, 83, 96, 100

Mut, 1, 37
mächtige, 20, 49, 139, 145, 155
Männer sei, 30
möchte, 113
möchte Wren, 114, 115
Möge sein Vermächtnis, 145
Möglichkeiten, 120

nach, 8–10, 13, 19, 37, 42, 60, 62, 72, 74, 76, 77, 79, 81, 95, 100, 102, 117, 128, 136, 141, 144, 153
Nach seinem, 17
nachhaltige, 40, 149
nachhaltigen, 15, 115, 150, 156
Nachricht kam wie, 43
nachvollziehen, 53
nachzudenken, 17, 95
namens, 74
natürlicher, 82
Neben, 6, 42
Neben der, 26, 70, 140
negativen Kommentaren, 81
negativen Reaktionen, 42
negiert, 149
nehmen, 79
Netzwerke, 20, 104, 105, 129
Netzwerke spielen, 104
Netzwerken, 105
Netzwerken zusammensetzen, 104
Netzwerks von, 43
neue Wege zu, 31, 117
neuen, 116
neuer, 54
neugierig zu, 139
New York City, 28
nicht, 1–4, 6, 9–16, 18–20, 24–27, 29–35, 37–39, 41–43, 45–48, 51, 53–57, 59–64, 66, 67, 69–83, 85, 87–89, 91–95, 97–99, 101–109, 111, 113–117, 119–125, 127–130, 132, 133, 135–146, 148–155
nimmt, 148
noch entschlossener, 50
notwendig, 16, 26, 40, 80
notwendige Unterstützung bietet, 136
Notwendigkeit, 39, 95
Notwendigkeit betont, 119
Notwendigkeit innerhalb der, 80
Notwendigkeit von, 46–48, 93
Notwendigkeiten, 129
nur, 1, 2, 4, 6, 9–16, 18–20, 24–27, 29–37, 39, 41–43, 45, 46, 48, 51, 53–57, 59–64, 67, 69–78, 80–83, 85, 87–89, 91–93, 95, 97–99, 101–109, 111, 113–117, 119–121, 123–125, 127–130, 132, 135–146, 148–155
Nur durch, 130, 137
nutzte, 15–17, 26, 29, 40, 47, 48, 50, 52, 61, 63, 70, 75, 86, 101, 116, 140, 148
nutzten, 50
Nutzung von, 29, 31, 61, 100
nächsten, 103, 121
nützlichen Rahmen, 100

Ob es sich, 42
ob seine, 42
ob sie, 11
Obwohl Netzwerke, 104
obwohl sie, 3
obwohl viel erreicht wurde, 95

Index 179

oder, 1, 2, 11, 37, 42, 57, 61, 63, 66, 72, 74, 75, 83, 91, 98, 100, 102, 106, 116, 119–121, 138, 140, 142, 144, 148, 153, 154
offen, 2, 9, 17, 20, 61, 63, 70, 78
offenen, 2
offener, 45, 153
oft, 2–4, 6, 8, 10–15, 17, 19, 24, 26, 28, 29, 31, 34–36, 40, 42, 43, 45, 47, 49–53, 55, 57, 59, 60, 63, 67, 69–78, 80–83, 87, 88, 91–95, 97–99, 104–107, 114, 118–121, 124, 132, 133, 137, 138, 140–143, 147–151, 153, 155, 156
ohne, 13, 31, 38, 41, 66, 81, 91, 102, 125, 141
Ordnung sei, 3
Organisationen zusammenschloss, 10
organisieren, 70, 125
organisiert, 1, 29, 103, 106, 131
organisierte, 15, 52, 83, 101
Orientierung, 92, 101, 138, 144
Orientierung oder, 91, 98, 100, 106, 121, 140
Orte sein, 97

Paulo Freire, 124
Performativität, 26
persönlich, 41, 141
persönliche, 8–10, 14, 30, 31, 34, 35, 37, 55, 57, 60, 62, 69, 71, 73, 76, 78, 81, 85, 87, 89, 91–93, 95, 132, 140, 141, 144, 154
persönlichem Glück, 11

persönlichem Wohlbefinden, 42
persönlichen, 19, 26, 55, 62, 68, 71, 75, 77, 80, 83, 85, 93, 95, 115, 143
Persönlichkeiten wie, 60
Philosophien konnten zu, 40
plant, 113, 114, 119, 123
platzierter, 66
Pläne von, 115
polarisiert, 50
Politisch, 136
politische, 14, 15, 27–29, 31, 51, 52, 54, 99–101, 115, 120, 135, 136, 142
politischen, 29, 30, 47, 52–54, 67, 70, 80, 98, 100, 101, 105, 120, 121, 136, 149
politischer, 51, 53, 119
Popkultur eingegraben, 145
Popkultur Spuren, 92
positive, 75, 77, 80, 83, 109, 114, 132, 141, 143, 149
positiven Aspekte der, 75
positiven Aspekte steht, 15
positiven Aspekte von, 73
positiven Auswirkungen, 104
positiven Auswirkungen von, 141, 148
positiven Einstellung können selbst, 43
positiven Entwicklungen, 31
positiven Kreislauf führen, 94
positiven Reaktionen gab, 49
positiven Rückmeldungen konzentriert, 34
positiven Veränderungen, 95
positiven Wandel, 87
postuliert, 130
Praktiken wie, 88

praktisch, 74
Prinzipien verkörpert, 117
Prioritäten können, 143
problemorientierte, 70
problemorientierten, 70, 71
prominente, 67
Proteste, 35, 37
Prozess, 137
prägten, 1, 4, 12, 27, 85
Präsenz von, 81, 136
psychische, 69, 75–78, 85, 92, 103
Psychologische Theorien, 42
Publikum herzustellen, 17, 86, 149
Publikum lachten, 149

Quellen der, 12

Rampenlicht, 45
rassistischen und, 51
Rawls postuliert, 130
reagierte, 49, 50, 56, 149
reagierten, 61
Reaktionen hervorrufen könnte, 17
Recht, 138
Rechte, 30, 125
rechtlich gleichgestellt, 55
reflektieren, 93, 124, 151
reflektierte, 43
reichte, 51
reichten, 96
Reise, 18, 37, 60, 71, 76, 78, 102
Reise geprägt, 31
Reise von, 41, 151
repräsentiert, 144, 151
Resilienz bedeutet, 81
Resilienz eine, 81
Resilienz ist, 43
Resilienz und, 82, 144
Resilienz von, 69

Resilienz zu, 9, 69, 77, 81, 84
resoniert, 56
resonierte, 47
respektvolles Miteinander, 113
Ressourcen bieten, 104
Ressourcen bündeln, 114
Ressourcen kulturell, 93
Ressourcen zu, 18, 40
restriktiven Gesetzen gegen, 63
Resultat von, 136
resultiert, 142
resultierten, 13
revolutioniert, 116
richten, 121
richtet, 113
richtigen, 43, 71
Rolle bei, 61, 75
Rolle dabei, 120
Rolle spielen, 128
Rolle spielt, 60, 103
Rolle spielten, 25
Rückblick auf, 144
Rückhalt gab, 74
Rückmeldung, 75
Rückschlägen betrachten, 80

sagte einmal, 140
sah sich, 67
sammeln, 49, 115, 151
San Francisco, 1, 2
schaffen, 2, 18, 20, 35, 39, 40, 46, 49, 50, 53, 59, 70, 72, 92, 97, 98, 103, 106, 116, 118, 121, 123, 125, 128, 129, 142, 143
Schaffens stellte, 128
schafft, 129
schließlich, 14, 52, 101
schmieden, 40

Index

schmälern, 66
schnell, 45
schnell heraus, 57
schockierend, 36
Schon früh, 4
Schreiben, 9
Schriften, 137
Schriften zu, 60
Schriftsteller, 151
Schritt, 14, 37, 72, 76, 95, 97, 140, 141
schuf, 26, 37, 39, 62, 72
schufen einen, 14
Schulberater, 9
Schule Schwierigkeiten, 11
Schulen, 50, 97, 105
Schulungsprogramme initiiert, 118
Schwere seiner, 89
schwersten, 149
schwierigen, 9, 13, 85, 141, 153
schärfen, 37, 46, 48, 49, 57, 64, 70, 92, 99, 101, 113, 114, 129, 131, 143, 145, 155
Schüler, 113
Schüler ihre, 125
Schüler verändert, 99
Schüler über, 98
schützen, 42, 69
schützten, 54
sehen, 88
sei es durch, 57
seien, 133
sein, 72, 104
Sein Ansatz, 71
sein Beitrag weit über, 64
Sein Einfluss auf, 100
Sein Einfluss zeigt, 92
sein Einsatz, 147
Sein Einsatz von, 111

Sein Engagement, 53, 55, 102, 103, 155
Sein Erbe, 154, 156
Sein Leben, 145
sein Leben, 92
Sein unermüdlicher Einsatz, 52
Sein Vermächtnis wird, 152
sein Vermächtnis wird, 137, 141
Sein Weg zeigt, 87
Seine, 16, 27, 37, 43, 45, 48, 63, 143, 151
seine, 1, 2, 4, 6, 8–12, 14–20, 23, 25, 26, 30, 31, 34–37, 39, 41–43, 45–48, 50–63, 65, 67, 69–75, 77–82, 84, 85, 87, 88, 91–93, 95, 101–103, 105, 109, 111, 116, 119, 123, 126, 133, 135–137, 139, 141–144, 148, 150–152, 154, 155
Seine Ansichten, 51
Seine Bemühungen, 101
Seine Botschaft, 155
Seine Eltern, 6
Seine Fähigkeit, 30, 31, 35, 49, 57, 144, 149, 152
Seine Geschichte, 78
Seine Philosophie, 103
Seine Reise, 55, 132
Seine Reise zeigt, 62, 74
Seine schriftstellerischen, 109
Seine Teilnahme, 19
Seine Worte, 56
seinem Heimatstaat, 101
seinem Leben, 72, 85
seinem Weg begegnete, 13
seinem Weg zum, 23, 43
seinen, 1, 3, 4, 6, 10, 15, 17, 19, 25, 36, 37, 43, 46, 53, 55, 59,

                61, 70, 72–75, 77, 81, 83,
                86–89, 91, 102, 119, 123,
                124, 130, 132, 137, 138,
                140, 141, 143, 145,
                148–150, 154, 155
seiner, 1–4, 6, 8, 11, 12, 17, 26, 29,
                30, 37, 42, 43, 46, 47,
                51–53, 56, 59–64, 67, 72,
                73, 75, 76, 78, 80–82, 85,
                89, 91–94, 100, 102, 104,
                106, 109, 116, 124, 126,
                130, 133, 136, 139, 140,
                142, 143, 145, 148, 152,
                153, 155, 156
Seiten, 59
selbst, 1, 9, 12, 15, 16, 19, 42, 43, 51,
                55, 59, 62, 72, 73, 79, 87,
                95, 97, 102, 103, 107, 136,
                140, 143, 145, 149, 155
Selbstfindung, 8
Selbstfürsorge ist, 79, 80
Selbstfürsorge kann nicht, 80
Selbstfürsorge umfasst, 78
Selbsthilfegruppen, 77
Selbstreflexion geprägt, 62
Selbstsicherheit, 17
Selbstvertrauen zu, 6
Selbstwertgefühl, 107, 144
sendet, 94
Sensibilisierung, 14, 115
setzt, 73, 106, 117, 151
setzte, 15, 31, 40, 98, 139
Sexualität geheim zu, 11
Sexualität kämpfte, 8
sich, 1–4, 6, 8–20, 23, 24, 26–29,
                31–40, 42, 43, 46, 47,
                49–64, 66, 67, 69–81, 83,
                85, 87–89, 91, 92, 94–96,
                98, 100–107, 109, 111,

                113–119, 121, 123–133,
                137–146, 148, 149,
                151–156
sichtbar, 16, 54, 74, 81, 135
Sichtbarkeit, 26, 30, 136
Sidney Tarrow beschrieben wird,
                100
sie, 1–3, 8, 11, 14–19, 24, 26, 33,
                35, 36, 40, 41, 53, 57, 60,
                61, 70, 72, 80, 93, 95, 100,
                103, 104, 115, 128, 129,
                137, 138, 141, 142, 144,
                146, 151, 153, 155
sieht, 31
sieht sich, 34, 94, 107
sieht Wren, 97
signifikante Zahl von, 57
sind, 1–3, 6, 8, 10, 11, 14–16, 19,
                20, 26, 28, 33, 39, 40, 47,
                51, 53–55, 57, 62, 63, 68,
                69, 71–73, 75, 78, 80, 82,
                83, 89, 91, 93, 95, 97, 98,
                101, 103–105, 107, 109,
                113, 115, 118–120, 124,
                125, 128–130, 132, 133,
                135–137, 139, 142, 143,
                148, 150–153, 155, 156
Skeptiker, 52
solch, 144
solche Initiativen, 20
Solche Initiativen können, 129
solchen, 57, 61, 63, 135
solcher, 41
solidarischer, 95
Solidarität innerhalb der, 29
sollen, 114
sollten, 2, 11, 15, 98
sondern, 1, 2, 4, 6, 9–16, 18–20,
                24–27, 29–35, 37, 39,

Index

41–43, 45, 46, 48, 51,
53–57, 59–64, 67, 69–78,
80–83, 85, 87–89, 91–93,
95, 97, 99, 101–109, 111,
113–117, 119–125,
127–130, 132, 135–146,
148–155
sonst, 26
Sorgen teilen konnten, 81
sowie, 37, 59, 65, 69, 80, 104, 114, 121
sowohl, 2, 8, 16, 36, 41, 49, 50, 57,
59, 64, 71, 72, 87, 100,
114, 130, 133, 137, 138,
142, 148, 154
soziale, 1, 2, 8, 10, 27, 29, 31, 33, 34,
52, 53, 57, 59, 63, 64, 75,
88, 94, 96, 104, 114, 116,
128, 138, 142
Soziale Bewegungen, 100
sozialen, 8, 26, 27, 40, 48, 50, 51, 53,
59, 63, 71, 72, 77, 100,
105, 113, 114, 116, 126,
128, 130, 142, 144, 153
sozialer, 30, 106, 123
Sozialpsychologen Henri Tajfel ist, 88
Soziologen, 142
Spaltungen, 154
Spannungen führen, 40, 143
Spannungen zwischen, 11
speziell, 92
spiegeln, 71, 115
spiegelt, 144
spielen, 2, 4, 14, 16, 34, 104, 119, 128, 139, 144
spielt, 35, 60, 61, 75, 81, 103, 106,
107, 111, 120, 121, 123,
129, 140, 147, 153

spielte, 1, 2, 26
spielten, 2, 10, 12, 25, 48, 50
Sportwettkämpfen, 121
sprach, 17, 18, 47, 48, 55, 56, 62, 78, 92, 138, 148
spricht, 20, 57
späteren, 1, 4, 6, 10, 12, 14
spürbar, 13, 53, 103
Stadt, 1
statt, 18, 39, 45
stattfindet, 116, 124
steht, 15, 41, 56, 124, 136, 140, 144
stellt einen, 124
stellte, 12, 13, 28, 37, 40, 42, 43, 48,
55, 57, 61, 80, 83, 128, 138
stellten, 50, 57, 61
stereotype, 48
stets versuchten, 3
stieß, 42, 63, 80
Stigmatisierung leiden, 93
Stimme innerhalb der, 30
Stimmen der, 34, 35, 52
Stimmen derjenigen, 24, 150, 153
Stimmen gehört, 20, 151
Stimmen konzentrieren, 129
Stimmen von, 31, 148
Strafen verbunden, 119
strategischer Schritt, 41
ständig, 81, 115–117
ständige, 8, 42, 57, 81
ständigen, 68, 77
ständiger Begleiter, 42
Stärke sein kann, 85
stärken, 9, 15, 17, 34, 40, 59, 69, 70,
77, 81, 84, 105, 114, 115,
127, 141, 150
stärksten, 87, 105, 132, 156
stärkten, 41
stützen, 116

suchen, 73, 75, 78, 82, 153
Symbolfigur steht, 56
Symbolfiguren abhängen, 57
Symbolik manifestiert sich, 57
Symbolik und, 14

Tagebucheinträgen, 60
Taten derjenigen, 139
Taten vermittelt, 6
Tausend Teilnehmern, 135
Tausenden geteilt, 26
Tausenden von, 18
Techniken, 17
Techniken wie, 70
Teil von, 1, 13
teilgenommen, 30, 62, 143, 153
Teilnehmer mussten sich, 63
Teilnehmern helfen, 141
teilte, 26
Thema, 150
Theorie von, 130
tief, 15, 40, 42, 56, 99, 145
tiefere, 17, 26, 62, 71, 82, 149
tiefgreifende, 59, 68, 85, 132, 137, 139
tiefgreifenden Einfluss auf, 28, 152
tiefgreifenden Einfluss hinterlassen, 154
Tod, 83
Tom standen vor, 11
traf, 12
tragen, 2, 35, 123, 128, 129, 139
Transaktionale Stressbewältigungstheorie von, 42
Trauer, 85
Trauer bewältigen, 85
Trauer über, 144
Trauerbewältigung, 83

treffen, 35, 63
tritt, 72
Triumphe der, 26, 55
Trost, 88
trotz, 43, 60, 78, 121, 137
Trotz der, 8, 13, 29, 31, 33, 36, 39, 40, 49, 57, 58, 66, 73, 75, 76, 94, 99, 102, 119, 141, 142, 148
Trotz dieser, 104, 136
Trotz seiner, 42, 61, 63, 102, 133
trugen, 48, 51, 59, 92
trägt dazu, 20
Träume, 141
tun, 56, 78
täglichen Leben, 154

Uganda, 102
umfassen, 99, 113, 130, 154
umfasst, 55, 78, 137
Umfeld, 6, 75, 76, 107, 121, 129, 141
Umfeld bewegen, 80
Umfeld führte, 2
Umfeld zu, 125, 128
Umfragen zeigten einen, 51
Umgang, 13, 43, 69, 77, 81, 83, 85
umgeben, 2, 81
Umgebung lernen, 100
Umgebung von, 2
umgewandelt, 87
umging, 83
umwandeln, 70, 83
umzugehen, 4, 6, 9, 34, 42, 43, 59, 67–70, 72, 77, 81, 84, 89, 150
umzusetzen, 114
unbeschwerte, 2

Index

und, 1–4, 6, 8–20, 23–37, 39–43, 46–64, 66–89, 91–109, 111, 113–133, 135–156
unerschütterlichen Glauben, 46
universelle, 63, 83, 89
unproblematisch, 11
Unruhen von, 29
uns, 16, 53, 95, 100, 137, 144, 145, 147, 149, 153, 154, 156
unschätzbarem Wert, 145
unsere, 62, 130, 153
Unsicherheit geprägt, 12
Unsicherheit von, 145
unter, 35, 93, 104
untergraben, 49, 52, 149
untermauern, 126
Unterschiede zwischen, 128
unterschiedliche, 2, 40, 56, 104
Unterschiedliche Ansätze, 40
unterstützen, 19, 37, 49, 54, 75, 81, 113, 116, 141, 153
unterstützenden, 2, 10, 100, 138, 141
Unterstützer gewann, 57
Unterstützer handelte, 42
Unterstützungsgruppe erfolgreich, 39
Unterstützungssystemen bei, 71
untersuchen, 14, 25, 57, 65, 67, 76, 83, 102, 109, 126, 135, 139, 154
untersucht, 124, 145
unüberlegter, 66
USA, 121

Vater, 1
verabschiedet, 52
Veranstaltungen, 20
Veranstaltungen konzentrieren, 114
Veranstaltungen können, 114
Veranstaltungen zeigt, 135
verantwortungsvollen, 48
verband, 88
verbessern, 75, 103, 116
verbessert, 54, 55, 103
verbinden, 20, 108, 152
Verbindung zu, 87
Verbindungen, 10, 138
verbot, 92
verbreiten, 19, 29, 31, 45, 46, 48, 59, 61, 75, 77, 102, 123, 139
Verbreitung seiner, 47
Verbreitung von, 109
verdeutlichen, 43, 69, 93
verdeutlicht, 59, 64, 79, 83, 100, 101, 113, 116, 122, 138, 141, 148
verdeutlichte, 39, 40
verdeutlichten, 63
vereint, 37, 153
Verfechter von, 70
verfeinern, 17, 59, 61
vergangenen, 135
Vergangenheit, 31
vergrößern, 40
Verhaftung, 63
Verhalten seiner, 6
verharmlost, 148
verkörpert, 19, 56, 117, 140, 142, 144
verkörperte, 53, 85
Verletzlichkeit, 82
Verletzlichkeit zeigt, 20
vermitteln, 17, 48, 111
vermittelt, 6, 17, 122
vernetzen, 23, 37, 75, 106, 116
verpflichtet, 98
verringern, 71, 72, 87

verschiedene, 8, 17, 18, 27, 29, 53, 64, 77, 83, 84, 116, 145, 151
verschiedenen, 6, 14, 17, 19, 30, 31, 38, 40, 49, 55, 57, 58, 60, 61, 63, 64, 67, 69, 72, 80, 83, 85, 92, 100, 102, 104, 109, 115, 116, 122, 124, 126, 132, 135, 136, 139, 142, 148, 149, 151
verschwand, 3
verstand, 18, 26, 37, 47, 52, 148
Verstecken spielen, 2
verstehen, 2, 25, 33, 42, 59, 60, 75, 100, 115, 117, 128
Verständnis gegenüber, 6
Verständnis von, 64
verstärkt, 8, 60, 66, 148
versuchten, 3, 50, 52
verteidigten, 50, 52
Vertrauen, 74
vertreten, 19, 33
verwendet, 115, 143, 148
verwendete, 61, 77, 145
verwendeten, 60
verwurzelt, 40, 42, 56, 97, 130, 154
verwurzelte, 15, 99
verzerrt, 47
verändern, 14, 26, 107, 109, 111
verändert, 27, 28, 54, 99, 115, 119, 137, 144, 145
veränderte, 51, 88, 101
Veränderung bewirken können, 153
Veränderung möglich ist, 29, 140
Veränderung von, 53
Veränderung Zeit, 133
Veränderungen, 26, 27, 49, 50, 53, 55, 80, 92, 97, 130, 135–137, 139, 144, 145, 149, 156
Veränderungen ausgelöst, 144
Veränderungen beigetragen, 154
Veränderungen bewirken können, 51
Veränderungen bleibt, 136
Veränderungen führen können, 27
Veränderungen herbeizuführen, 40, 41, 60, 63, 103, 142, 144
Veränderungen oft, 52
Veränderungen sind, 51
Veränderungen sprechen konnte, 16
Veränderungen wurde, 46
Veränderungen zeigt, 137
veröffentlichte, 26, 75
Viele, 17, 31
viele, 4, 8, 19, 20, 27, 30, 33, 39, 42, 46, 49, 50, 54–57, 62, 71, 72, 74, 76, 78, 80, 83, 85, 89, 91, 95, 103, 104, 107, 119, 120, 128, 132, 133, 136, 149, 151, 155
vielen, 1, 11, 19, 27, 28, 39, 40, 55, 63, 74, 75, 93, 98–100, 102, 111, 114, 119, 136, 137, 144, 145, 155
vieler, 35, 37, 55, 71, 75, 99, 103, 119, 137, 140, 144, 145
vielmehr, 149, 153
vielversprechend, 80
Vielzahl, 2, 51, 67
Vielzahl von, 58, 60, 72, 78, 91, 101, 104
viraler, 75
visionärer Denker, 51
voller, 51, 132
von, 1–4, 6, 8, 10, 12–20, 23–37, 39–43, 46–48, 50–64, 69–81, 83, 85, 87, 88,

Index

91–109, 111, 113–121, 123–133, 135–156
voneinander, 18, 124
vor, 11, 13, 15, 18, 19, 41, 46, 56, 63, 67, 75, 81, 95, 100, 102, 117, 124, 125, 137, 141, 148
vorangebracht, 105
vorantreibt, 124
voranzutreiben, 16, 127
vorbringen, 70
Vordergrund der, 46
Vordergrund stehen müssen, 95
Vorfall, 69, 149
Vorgehen, 41
Vorschriften reichten, 96
Vorurteile verloren fühlen, 132
Vorurteilen geprägt, 107, 151
vorübergehend, 80
vorübergehenden, 40

wahre Veränderung nur, 141
wahrer, 123
wahrgenommen, 61, 63, 72
Wahrheiten, 89
Wahrnehmung, 55
Wandel, 101, 125
Wandels, 53, 100
war, 1–4, 6, 8–18, 24, 26, 28–30, 35–43, 45, 47–54, 56–63, 69–79, 81, 83, 85, 87–89, 91, 92, 95–98, 100–103, 125, 133, 136, 138, 148, 149, 154
waren, 1–4, 6, 8–12, 14–18, 23, 25, 27, 29, 35, 37, 40–42, 45, 47, 48, 51, 54, 57, 67, 72–75, 80, 81, 83, 92, 93, 127

warum, 61
wecken, 61
Weg vor, 95
Wegbereiter, 107
Wege geht, 15
Wegweiser, 154
Weichen, 12
weil er sich, 6
Weise, 29, 34, 47, 55, 60, 61, 87, 89, 116, 143, 145, 147, 149, 153, 155
weit verbreitet, 136
weiter, 17, 31, 39, 100, 123, 139, 149, 156
weitere, 88
weiteren Veranstaltungen, 17
weiterentwickelt, 57, 144
Weiterentwicklung, 80, 116, 117
weiterer, 4, 20, 24, 60, 77, 81, 91, 92, 105, 115, 116, 138, 139, 145, 150, 153
weitergehen, 107
weiterhin, 43, 95, 101, 153
weiterhin bestehen, 95, 105, 121, 135
weiterhin betreffen, 119
weiterhin effektiv zu, 78
weiterhin eine, 119, 144
weiterhin existieren, 119
weiterhin Generationen von, 137, 152
weiterhin nutzen, 33
weiterhin von, 156
weiterhin wächst, 144
weiterlebt, 145
weiterwirken, 144
weiterzuführen, 121
welche theoretischen Konzepte, 83
welche Theorien, 126

welche Unternehmen, 31
Welle von, 93
Welt kämpfen, 145
Welt leben, 138
Welt spielt, 75, 106
Welt zu, 123
weltweit, 103, 104, 135
weniger, 4, 15, 71
wenn, 61
wenn das Gefühl der, 72
wenn eine, 42
wenn Hoffnung, 141
wenn Individuen sich, 72
wenn man, 144
wenn Menschen sich, 29
Wenn Wren Bond, 116
wer er wirklich war, 13
werden, 1, 4, 6, 9, 10, 14, 15, 18, 20,
    23–26, 29–32, 37, 40, 41,
    43, 49, 52, 56, 57, 60, 62,
    64, 66, 67, 69, 72, 74–76,
    80, 83, 85, 87, 92, 94,
    98–105, 109, 115, 116,
    119, 121–123, 126,
    129–131, 138, 139, 141,
    148, 150–156
Werten wie, 144
Wertschätzung, 125, 138
Wertschätzung von, 140
wesentlichen, 104
wesentlicher Bestandteil des
    Aktivismus, 87
wichtig, 6, 13, 16, 18, 24, 27, 35, 40,
    51, 56, 61, 66, 69, 73, 79,
    81, 82, 88, 95, 104, 107,
    116, 121, 125, 129, 130,
    133, 137, 138, 141, 151,
    153
wichtige Punkte, 148

wichtige Stimmen, 104
wichtigen, 4, 26, 29, 37, 40, 119,
    124, 152
wichtiger, 4, 24, 60, 63, 77, 92, 105,
    116, 138, 150, 152
Widerspruch zu, 3
widmet, 95, 144
Widrigkeiten, 60, 69, 71
wie, 3, 4, 6, 8, 13, 15–19, 24–30, 32,
    34–37, 40–43, 47, 50, 51,
    53, 55, 57, 59–61, 63, 69,
    70, 73–81, 83, 87, 88, 94,
    95, 100, 102, 104, 106,
    107, 109, 113, 115–117,
    119, 120, 124, 126, 128,
    132, 136, 140–142, 144,
    145, 147, 149, 150,
    153–155
Wie können, 145
wieder, 79, 104, 126, 152, 153
wiedererkannten, 17
wiederholte, 26
wiederum, 124, 139
Wiege der, 1
wir, 6, 14, 25, 57, 62, 64, 67, 69, 76,
    80, 83, 85, 102, 104, 109,
    119, 126, 129, 130, 135,
    137, 139, 141, 142, 144,
    145, 147, 153, 154
Wirken, 144
wirken konnten, 8
Wirkung auf, 35
wirkungsvoller, 62
Wissen Macht, 139
Wissen über, 113, 125
Wissensvermittlung, 123
witzige, 143
witzigen Bemerkungen konnte, 148
wodurch, 150

Index 189

Wohlbefinden, 78, 80, 85
Wort, 154
Wren, 3, 18, 19, 26, 31, 34, 49, 50, 53, 56, 59, 60, 81–83, 89, 92, 93, 98, 100, 102, 106, 114, 116, 122, 127, 131–133, 137, 140, 141, 143, 144, 150, 153
Wren aktiv, 28
Wren als, 92
Wren arbeitete mit, 63
Wren argumentiert, 130
Wren Aufklärungskampagnen, 99
Wren begegnete, 52
Wren beteiligte sich, 43
Wren Bond, 1, 10, 12, 16, 19, 23, 27–30, 33, 35, 37, 41, 45, 46, 48, 50, 53–55, 57, 60, 62, 67, 71, 72, 74, 76, 78, 80, 82, 85, 89, 91–95, 97, 100–105, 107–109, 111, 113, 115–117, 121, 123–127, 129, 130, 135–137, 140–142, 144, 145, 147, 148, 150–156
Wren Bond kann nicht, 25
Wren Bond sah, 28
Wren Bond wird, 85
Wren Bond wird deutlich, 132, 144
Wren Bond's, 78
Wren Bonds Reise, 10
Wren Bonds Reise durch, 87
Wren erinnert sich, 1, 3
Wren erkannte auch, 18
Wren forderte, 138
Wren gezwungen, 96
Wren glaubt, 31, 93, 107
Wren Gleichgesinnte, 9
Wren lernte, 59, 61, 81, 85

Wren musste, 15, 42, 63, 73, 81, 83, 96, 100
Wren sah sich, 38, 83
Wren selbst, 95, 136
Wren sprach, 56
Wren trat einer, 75
Wren Unterstützung, 72
Wren wurde, 27, 39, 48, 55
Wren zeigten, 13, 59
Wrens Charakter geformt, 41
Wrens Einfluss auf, 64
Wrens Einfluss ist, 145
Wrens Erfahrungen zu, 42
Wrens Heilungsprozess, 85
Wrens Heilungsprozess hatte, 87
Wrens Leben, 85, 139, 145
Wrens Vorbildfunktion ist, 20
wurde, 1, 2, 4, 6, 25–30, 39, 45–48, 52, 55, 59, 61, 63, 69, 72, 75, 78, 81, 83, 92, 95, 101, 106, 115, 128, 136, 142, 148
wurden, 1, 2, 6, 8, 13, 17, 26, 28, 29, 40, 47, 48, 50, 51, 54, 60, 61, 63, 98, 119, 120, 135
Während, 8, 149
während, 1, 3, 13, 14, 18, 30, 43, 50, 59, 66, 69, 72, 100, 106, 133, 136, 145, 148, 149
Wäldern, 2
würdigen, 137

zahlreiche, 29, 36, 52, 57, 93, 96, 101, 104, 119, 125, 141, 151
zahlreichen Initiativen, 144
zahlreichen Konferenzen teilgenommen, 143
zahlreichen Veranstaltungen, 47

Zeichen, 117
zeigen, 27, 31, 68, 82, 93
zeigt, 16, 20, 55, 59, 62, 71, 74, 87, 92, 94, 115, 116, 125, 135, 137, 139, 149, 151
zeigte, 18, 49, 50
zeigte nicht, 69
Zeit hinausgeht, 53
Zeit spielt, 61
Zeiten, 9, 13, 59, 82, 85, 132, 140, 141, 145
zentrale, 6, 25, 69, 100, 119, 123, 129, 137, 139, 142, 150
zentraler, 42, 60, 61, 76, 85, 115, 139
Zerrissenheit führte, 8
Zeuge des Kampfes, 28
Ziele, 40, 71, 104, 153
Ziele erreichen, 41
Ziele oder, 42
zielen darauf ab, 118, 125
Zielgruppe, 116
zielt, 30, 70
zog, 41, 89, 91
zu, 1–4, 6, 8–20, 23–37, 39, 40, 42, 43, 45–57, 59–64, 66, 69–78, 80–89, 91–109, 111, 113–121, 123–133, 135–146, 148–156
Zu diesen, 84
Zudem, 31, 70
Zugehörigkeit verloren geht, 72
zugrunde, 69, 85
zugänglich, 35, 93, 149
zugänglicher, 14, 151, 155
Zuhörer, 61
zukünftige Initiativen dienen können, 115
zum, 14, 20, 23, 29, 34, 39, 41, 43, 47, 55, 69, 82, 106, 115, 130, 136, 137, 139, 148, 149, 153, 154
Zunahme von, 135
zunächst, 83
zur, 8, 14, 28, 31, 33, 37, 41, 47, 48, 50–55, 57, 59, 60, 62, 64, 70, 80, 82, 83, 92, 93, 96, 99–101, 105, 106, 109, 115, 116, 120, 123, 124, 128–132, 135–139, 144–146, 148, 152, 154
zurechtzufinden, 74
Zusammenarbeit, 18, 31, 37, 39–41, 64, 95, 105, 115, 143, 153
Zusammenarbeit bleibt ein, 41
Zusammenfassend lässt sich, 2, 4, 10, 12, 16, 27, 33, 35, 39, 43, 46, 51, 53, 55, 57, 64, 73, 85, 101, 103, 105, 111, 117, 121, 123, 125, 127, 142, 145, 149, 155
zusammenfasst, 136
Zusammenhang zwischen, 68
Zusammenkünfte schufen eine, 12
zwei, 3, 28
zwischen, 3, 11, 17, 30, 31, 40, 42, 55, 57, 59, 60, 63, 68, 71, 80, 128, 132, 148–150, 153

Ämter brachte, 54
Ängste, 81
Ängste mit, 71
Überlastung, 104
Überschneidungen von, 18
Überzeugung aus, 95
Überzeugungen widerspiegelten, 35
ähnliche, 9, 37, 39, 40, 43, 71, 75, 77, 78, 92, 114, 149

Index

äußern, 60, 61, 78, 103
öffentlich, 102
öffentliche, 17, 19, 42, 47, 48, 51, 52, 57, 100, 101, 114, 129
öffentlichem Druck, 54
öffentlichen, 16–18, 30, 47, 48, 55, 56, 59, 70, 77, 82, 86, 89, 109, 111, 120, 135, 136, 140, 141, 143, 145, 148, 150, 155
öffentlicher, 59
örtlichen, 4, 39
über, 1, 3, 6, 8, 11, 12, 14, 17, 20, 26, 30, 31, 37, 39, 40, 42, 45–48, 50–53, 55–57, 59, 61, 63, 64, 70, 75, 78, 88, 92, 95, 98, 106, 113, 115, 116, 118, 125, 129, 132, 135–139, 143–145, 148, 149, 153
überarbeitet, 98
überleben, 76
übermitteln, 17, 60
überraschendsten, 89
überstehen, 9, 82